掌尚文化

Cultre is Future
尚文化·掌天下

2016年度教育部人文社会科学研究一般项目"我国高校内部教学督导制度建设的现状和效果的实证研究"（16YJA880040）经费资助

我国高校内部教学督导制度建设的现状和效果的实证研究

Research on Current Situation and Effectiveness of the System of Supervision and Inspection of Teaching and Learning in Colleges and Universities of China

童 康 ◎ 著

图书在版编目（CIP）数据

我国高校内部教学督导制度建设的现状和效果的实证研究/童康著. —北京：经济管理出版社，2021.8

ISBN 978-7-5096-8231-9

Ⅰ.①我… Ⅱ.①童… Ⅲ.①高等学校—教育视导—制度建设—研究—中国 Ⅳ.①G647

中国版本图书馆 CIP 数据核字（2021）第 175517 号

策划编辑：宋　娜
责任编辑：王虹茜　张　昕
责任印制：黄章平
责任校对：陈　颖

出版发行：经济管理出版社
　　　　　（北京市海淀区北蜂窝 8 号中雅大厦 A 座 11 层　100038）
网　　址：www.E-mp.com.cn
电　　话：（010）51915602
印　　刷：唐山昊达印刷有限公司
经　　销：新华书店
开　　本：720mm×1000mm /16
印　　张：17
字　　数：226 千字
版　　次：2021 年 10 月第 1 版　2021 年 10 月第 1 次印刷
书　　号：ISBN 978-7-5096-8231-9
定　　价：98.00 元

·版权所有　翻印必究·

凡购本社图书，如有印装错误，由本社读者服务部负责调换。

联系地址：北京阜外月坛北小街 2 号
电话：（010）68022974　　邮编：100836

前 言
Preface

根据掌握的资料，高校内部教学督导作为我国高校内部一项传统的、有特色的教学质量管理活动至少可以追溯到20世纪90年代，但社会各界至今对这种活动了解不多，其发生、发展成为一段有待"考证"的"隐秘历史"。教学督导的称谓沿袭于教育督导。教育督导，在我国过去的称谓是教育视导。改革开放以后，特别是20世纪90年代以后，我国教育督导制度不断发展完善。其标志性事件是国家于1995年颁布的《中华人民共和国教育法》，将教育督导制度列为国家基本教育制度。此前，国家教育行政部门于1991年颁布了《教育督导暂行规定》，对教育督导工作做出了规范。

但长期以来，我国教育督导主要关注基础教育领域。人们对高等教育督导了解不多，对高校内部教学督导更是知之甚少。有证据表明，20世纪90年代，我国一些高校已经相继开展了教学督导活动。比如，调研发现有高校于2016年成立了第八届教学督导组，每届3年任期，由此可以推算出该校内部的教学督导活动应该始于1995年前后。通过中国知网检索期刊论文发现，一篇发表于1996年的论文宣称，该高校的内部教学督导活动开始于1991年前后，但在该网可以检索到的最早论文发表于1994年。

早期的高校内部教学督导活动虽然受到了当时国家宏观层面督导制度改革的影响，但应该是自发进行的。其证据是：直至2012年，国务院正式

我国高校内部教学督导制度建设的现状和效果的实证研究

颁布《教育督导条例》，扩大了教育督导的范围，明确把各级各类教育纳入督导范围，实现了督导对象的全覆盖，为建立和实施高等教育督导制度提供了法规依据。目前，我国在宏观层面已经逐渐形成了包括"督政""督学"和评估监测在内的督导工作格局。其中，"督学"就是指对学校教育教学工作的督导。受内外环境的影响，高校内部教学督导在新的时代背景下已经演进为高校内部本科教学质量保障体系的重要组成部分。

目前，高校在思想上普遍重视开展校内教学督导活动，但在推进这项活动上进展不一。根据调研反馈，一些地方高校的教学督导工作还处于"三无"状态，即无固定编制、无稳定的经费来源、无专用的办公室，教学督导活动长期停留在推门听课、教学秩序检查的发展阶段。高校内部教学督导迫切需要规范化、专业化发展。为此，学界应积极参与，贡献智慧和改进议案。但调研发现，目前学界对这种教学督导活动研究不多，专题研究性文献较少，尤其缺少教学督导现状和成效的实证研究成果，这与高校改革和发展需要不相适应。

笔者因课题研究需要自2008年开始关注该领域的研究，近年来为回应"双一流"建设需要，尤其关注国家重点建设的研究型大学在该领域的进展。根据调研结果，上海高校重视这项工作，在制度建设上比较规范。前不久，笔者有幸应邀参加了一次教学督导专家咨询会议，获悉华东师范大学受上海市有关部门委托，将与有关单位共同举办首届高等教育督导与评价国际论坛。相信这次会议会进一步提升教学督导认识，推进教学督导工作真正落地、取得实效。据悉，当前有关政策法规正在不断完善之中。研判当下进展，笔者认为，高校内部教学督导有望成为或正在成为一个新兴的研究和发展领域。

本书是教育部人文社会科学一般项目研究成果，通过采用 PSM、QRM、BPNN、HLM、SEM、条件过程分析和贝叶斯分析等较新的或前沿领域的统计分析方法，对上海市4所国家重点建设的研究型大学的问卷调研结果进行了量化分析研究，适合教育管理部门、高校内部教学督导机构、高教研究单位的同行和对教育研究感兴趣的读者参考。期待各方共同努力，推动这项具有鲜明中国特色的传统教学质量管理活动，适应新时代高质量高等教育体系建设的需要，成为一项实实在在的能够保障本科教学质量的有效活动。

目 录
contents

第一部分 总论

第一章
绪 论 ······ 003

第一节 研究的目的和意义 /003
第二节 文献述评 /005
第三节 研究框架与本书结构安排 /010

第二章
教学督导制度建设现状对其效果影响的层级回归分析 ······ 014

第一节 研究设计 /014
第二节 调查结果的描述性统计 /017
第三节 层级回归分析结果 /018
第四节 本章结论 /023

第二部分 专题研究

第三章
教学督导人员的政策素养的影响：PSM 分析 …………… **031**

第一节　问题的提出　/031

第二节　PSM 分析原理解读及应用现状　/034

第三节　研究设计　/037

第四节　实证分析　/040

第五节　本章结论　/048

第四章
教学督导人员的专业知识与业务能力的影响：
BPNN 仿真研究 ………………………………………………… **052**

第一节　问题的提出　/052

第二节　人工神经网络仿真研究原理解读及应用现状　/055

第三节　研究设计　/059

第四节　实证分析　/063

第五节　本章结论　/071

第五章
教学督导人员的工作模式的影响：QRM 分析 …………… **076**

第一节　问题的提出　/076

第二节　QRM 分析原理解读及应用现状　/078

第三节　研究设计　/085

第四节　实证分析　/087

第五节　本章结论　/111

第六章
教学督导人员的实践经验的影响：条件过程分析和 RD 实验构想 …………………………………………………… 113

第一节　问题的提出　/113

第二节　条件过程分析原理简介及应用现状　/115

第三节　研究设计　/117

第四节　实证分析　/122

第五节　RD 实验构想　/131

第六节　本章结论　/133

第七章
教学督导人员的待遇水平的影响：HLM 模拟研究 …………… 136

第一节　问题的提出　/136

第二节　HLM 原理解读及应用现状　/137

第三节　研究设计　/146

第四节　实证分析　/150

第五节　本章结论　/173

第八章
教学督导人员的效能感的影响：贝叶斯分析……177

第一节　问题的提出　/177

第二节　贝叶斯分析原理解读及应用现状　/178

第三节　研究设计　/179

第四节　实证分析　/181

第五节　本章结论　/185

第三部分　总　结

第九章
教学督导制度建设现状对其效果的影响路径：SEM 分析……189

第一节　问题的提出　/189

第二节　SEM 分析的优势及应用现状　/189

第三节　研究设计　/190

第四节　实证分析　/191

第五节　本章结论　/195

第十章
教学督导制度建设的思考……197

第一节 问题的讨论 /197
第二节 展望：建设中国特色的高校内部教学督导制度 /204

附录 /207

参考文献 /247

后记 /258

致谢 /260

第一部分

总　论

第一章 绪 论

本章主要讨论本书研究的目的和意义,对专题研究文献进行梳理和评述,并阐述研究框架和本书的结构安排。

第一节 研究的目的和意义

一、核心概念的界定和研究的目的

在本书中,高校是指我国上海地区的 4 所国家重点建设的高校。

高校内部教学督导(以下简称"高校的教学督导"或"高校教学督导"),是指高校按照一定的政策法规,在校内成立专门的机构或组织,聘请经验丰富的教师或管理人员,对本校内部的教学活动进行监督和指导的活动,是高校自我管理过程中的重要环节,体现了我国高校内部质量管理工作的传统和特色。

高校的教学督导主要借鉴我国的教育督导,但两者有本质的区别,教育督导目前主要是政府行政力量对基础教育的外部监督、指导和评估监测的活动,而高校内部教学督导则是高校自主的内部质量保障行为。

我国高校内部教学督导制度建设的现状和效果的实证研究

本书以我国上海地区 4 所国家重点建设的高校为对象，调查和研究这 4 所高校的教学督导制度的建设现状，获得第一手数据，在此基础上研究 4 所高校教学督导制度建设的效果，分析其影响因素，并基于"双一流"建设的背景，提出评价和改进教学督导工作效果的思路或建议。

二、研究的意义

1. 研究的实践意义

随着 20 世纪 90 年代高等教育的扩招和高等教育进入新的发展阶段，"巨型"大学单靠传统的教学管理手段已经无法进行良好的教学管理。在这种背景下，教学督导作为一种新型的教学管理重要方式，在我国高校中逐渐兴起。但根据我们在上海地区的初步调研和预研究发现，在实践中，一些高校的教学督导工作主要处于自发和经验性的传承状态，存在较多问题，比如督导性质不明确，组织设置大多挂靠教务处，督导职责不独立，督导内容单一、缺乏督管等诸多问题，教学督导存在一定的形式主义倾向，其实施效果有待改进。一些国家重点建设的高校面临类似的问题，特别是在教学质量督导方面面临挑战。本书研究可以为判断这类高校教学督导建设现状提供一定的数据支持，有利于进一步发现和分析教学督导效果的影响因素，提出针对性建议，促进教学督导工作的改进。

2. 研究的理论意义

由于高校教学督导工作开展的时间较晚，国内对高校教学督导的研究尚处在初级阶段。目前关于高校教学督导的研究成果主要是从事督导工作的一线教学管理人员经验性的介绍和总结，鲜有深入的理论探讨和较深入的调查与研究；在研究内容上，对教学督导是否对教师教学水平的提高、学生学习的改善以及教学管理目标的实现发挥了重要价值等督导有效性的评价问题鲜有涉足。本书在实证调查的基础上，尝试对教学督导有效性问题进行学理性的分析、评价或概括，有利于高校教学督导理论体系的建设。

3. 研究的政策意义

本书也积极响应国家政策的要求。国家一系列文件，明确将"实施本科生教学质量提升""着力推进教师教学能力的提高""深化教学改革"等作为重点任务之一。近年来，国家又提出了"双一流"建设的目标。因此，对我国的国家重点建设高校的教学督导的建设现状与成效进行调查和评估，并针对性地提出政策性建议，有利于推进这类高校发挥示范作用，促进我国高校教学质量建设、教师教学水平提高和教学改革，这是响应和落实国家政策要求的积极行为。

第二节 文献述评

一、总体情况描述

在中国知网上，以"高校+教学督导"为篇名关键词，可以检索到535篇（2021年5月15日前）专题期刊论文（见表1-1）。

表1-1 在国内期刊公开发表的高校教学督导专题论文数　　单位：篇

年份	总论文数	核心期刊论文数	C刊论文数
1994	1	0	0
1995	1	0	0
1996	4	0	0
1997	1	0	0

我国高校内部教学督导制度建设的现状和效果的实证研究

续表

年份	总论文数	核心期刊论文数	C刊论文数
1998	0	0	0
1999	1	0	0
2000	1	0	0
2001	4	0	0
2002	0	0	0
2003	10	2	2
2004	9	4	2
2005	15	2	1
2006	16	4	0
2007	29	5	2
2008	45	11	4
2009	36	7	4
2010	38	3	2
2011	35	8	3
2012	30	6	5
2013	26	2	0
2014	29	9	5
2015	28	6	1
2016	26	1	0
2017	30	1	1
2018	35	2	2
2019	41	1	1
2020	31	3	1
2021	13	1	1
合计	535	78	37

观察表1-1发现，该领域由1994年开始至今，约有27年"学术"史，2003年后逐渐成为热点，发表高峰在2008年和2019年。

但在核心期刊和CSSCI期刊上发表的论文相对不多，分别占专题论文总数的14.579%和6.916%。2015年以来，在CSSCI期刊上发表的高校教学督导专题论文数合计为7篇，即年均只有1篇。可见，在该领域，有重要影响的专题研究或专业性较强的专题期刊研究文献是相对缺乏的。

具体分布情况如图1-1所示。其中，横轴是年份，纵轴是论文篇数（下同）。

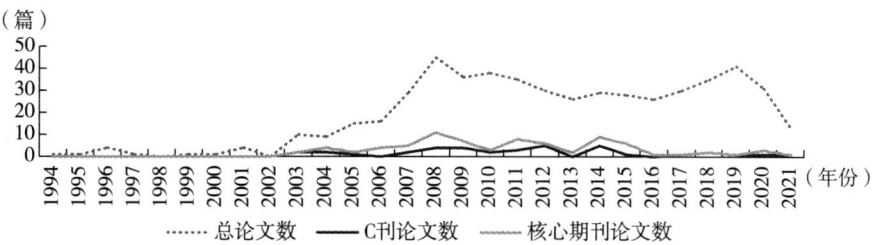

图1-1 在国内期刊公开发表的高校教学督导专题论文数的年度分布

二、论文作者分布

这些期刊论文的作者，主要是从事教学督导工作的教师，包括督导组组长或督导组成员。以上海地区为例，根据笔者硕士研究生的一项调查（高琪凤，2014），教学督导组专家撰写的经验总结，占专题文献总数的93%。

观察535篇专题期刊论文的第一作者分布可以发现，研究者较为集中，其中发表2篇的有14位作者，发表3篇的有8位，发表4篇以上论文的只有2位作者，即浙江工商大学高教所的张勤（2010，2012a，2012b，2014，2018）和华东师范大学高教所的童康（2017，2018，2019，2021），这2位老师的论文都发表于CSSCI期刊。

以"高校+教学督导"为题名关键词，还可以在中国知网上（2021年5月15日前）检索到23篇专题硕士学位论文（未检索到专题博士学位论文），进而发现由2007年开始，间断有一些研究（见图1-2）。

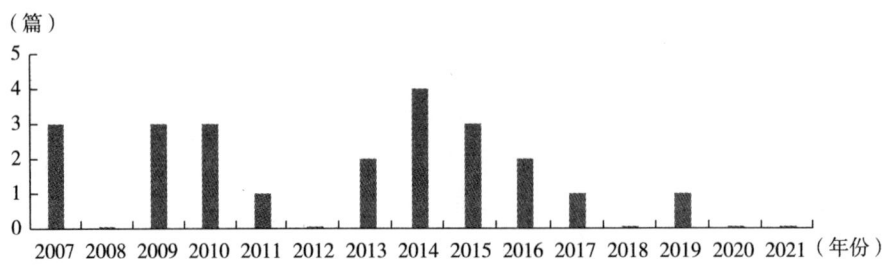

图 1-2　高校教学督导专题硕士学位论文数的年度分布

三、研究的主题、内容和方法

上述期刊文献和学位论文的研究主题、内容和方法，主要分为三大类别：第一类是关于高校教学督导的理论性思考，该方面的研究主要"散见"在一些经验性总结文献中。比如，有研究讨论了督导工作的发展方向，即创新理念、规范督导工作管理、定位准确、处理好与领导和各部门的关系、加强学习、不断提高督导工作水平。有研究讨论了教学督导的作用，即信息收集作用、信息反馈作用、桥梁纽带作用、检查促进作用、指导作用和诊断评价作用等。目前，这一领域的研究涉及教学督导的内涵、理念、功能、原则、内容和方法等。第二类是关于高校教学工作的督导经验总结，这类研究最多。该领域讨论较多的是督导机构设置、督导组织管理制度、督导队伍建设、督导运行机制和学科教学专项督导等。第三类是专题的实证调查研究，这类研究较少，共检索到30篇专题论文（占专题期刊论文和学位论文合计总数的5.376%），其中硕士学位论文占12篇。该类文献始于2004年，2014年达到峰值（见图1-3）。查阅这些文献发现，专题调查或实证研究论文主要是对单个高校内部教学督导现状或发展的调查和研究，只有少数论文做了较大范围或多所高校的调研，比如，李泽民（2004）做过国内40所院校（其中广东占32所）的现状调查,张勤(2012)做过杭州下沙高教园区 12 所高校的现状调查,姚相全等(2011)和高琪凤(2014)分别对 3 所部属重点大学和上海 5 所高校的部分教师进行过问卷调查和实地访谈,童康(2017,2018,2019,2021)对上海地区国家重点建设的 4 所大学的教学督导人员做过问卷调查和访谈。

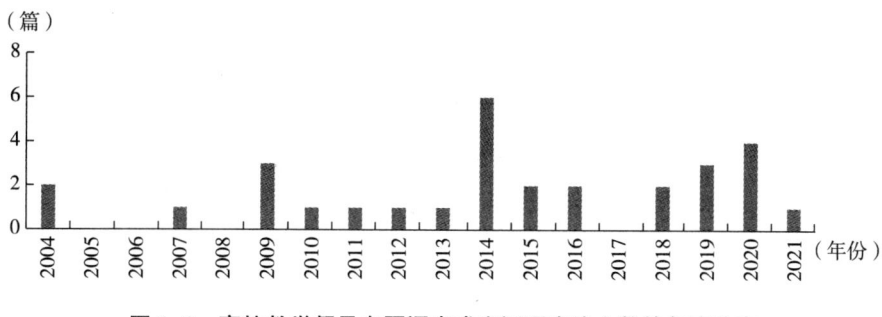

图 1-3　高校教学督导专题调查或实证研究论文数的年度分布

四、国外资料的研究

暂时没有搜集到国外学者对中国高校教学督导进行专题研究的文献。国内关于国外资料的梳理,可见于以上硕士论文,也有专题文献介绍国外的情况,指出督导工作向专业化建设发展,强调督与导相结合等。但这些论文和文献讨论的基本是基础教育督导工作,对国外高校在类似领域的活动,研究不多。

根据笔者在英国访学期间的研究,英国的校外审核员与我国的高校教学督导在功能和工作内容等方面有相似之处,但国内对此研究不多。此外,英国近年来积极开展学生发展活动,涉及学校层面对学生学习活动的辅导等方面的工作安排,近年来我国一些高校的教学督导也对开展或完善学生学习活动的督导表现出浓厚的兴趣,两者有相近之处,但国内对此研究不多。

五、小结

总而言之，有关文献数量较少，且主要是从事教学督导实际工作的一线教师的经验性总结。此外，缺乏全国高校教学督导总体运行情况的描述性介绍，更缺乏一定规模的现状实证调查，无法从现有文献中了解到近年来我国重点建设高校教学督导的建设情况和实施效果，因此，为加快推进"双一流"建设，有必要对我国重点建设高校教学督导建设现状及其效果，做进一步的调查与研究。

第三节　研究框架与本书结构安排

一、研究的思路

本书研究我国高校教学督导制度建设的现状和效果，主要是通过实证调研的方法，研究我国上海地区4所国家重点建设的高校在教学督导工作环境、督导组织体系、督导队伍、督导规章制度、督导标准和督导监督机制等方面的建设现状，以及教学督导对教师教学、学生学习和学校管理的影响；并且在数据支持的基础上，评价我国985高校教学督导制度建设的效果，分析其影响因素，并提出评价和改进教学督导实施效果的构想或政策建议。研究思路如图1-4所示。

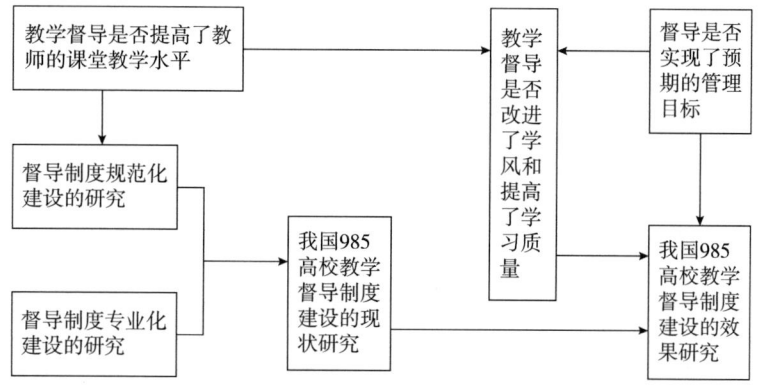

图1-4 高校教学督导现状和效果研究的思路图

二、研究的主要内容

研究工作主要围绕两个方面的内容展开,即现状研究和效果研究。

1. 现状研究

主要抓住上海地区4所高校教学督导制度的规范化建设和专业化建设这两个方面展开。其中,前者主要根据国家颁布的督导条例等政策法规的要求,对4所高校进行规范化建设程度的分析;后者主要是根据4所高校督导人员感知到的自身专业发展状况,结合4所高校督导工作标准,进行专业化发展水平的研究。

2. 效果研究

主要抓住结果和影响两个方面,以理论构想和主观感受为依据,围绕教学督导制度建设的直接结果,及其对教师教学、学生学习和学校管理产生的影响,进行实证调查和研究。

三、研究的方法

本书研究主要采用实证研究的方法和技术,进行基于数据或证据的研究。具体来说，采用问卷调查和访谈法，并结合文献调查法和数据分析技术进行研究。

1. 问卷调查

调查上海地区 4 所高校教学督导的基本情况和效果，问卷对象主要是高校内部教学督导组成员（以下简称"督导人员"）。调查的维度包括：督导工作环境（领导的重视程度、制度建设等）；督导组织体系（督导的内容和方式，督导反馈体系、学生评教体系等）；督导队伍状况（督导人员的人数、年龄、性别、培训情况、对工作的态度等）；督导人员对督导效果的认知和体验等。问卷按量表形式编排（见附录），并按统计要求整理问卷调查所得数据，初步构建上海地区研究型大学教学督导课题研究数据库（"SHHEI-DBSTL-2018"）。

2. 专家访谈

分别邀请 4 所高校教学督导机构主管业务工作的负责人，实施一对一的半结构性访谈，分析高校教学督导实施的效果及其影响因素，探讨教学督导改进设想。

3. 文献调查

通过网络和实地访问，搜集和分析高校教学督导文献资料，包括论文和高校发布的政策文本资料。

4. 数据分析

汇总各类数据，建立小型数据库，使用 SPSS、Stata、R、Matlab 等统计软件进行基于数据的分析研究。

四、研究的重点、难点和核心问题

1. 研究的重点

在研究内容上，与以往研究集中在教学督导技术层面的探讨不同，本书重视研究高校教学督导制度建设的效果及其影响因素。在研究方法上，与以往教学督导人员的经验性总结不同，本书研究开展实证调研，重在进行基于数据的研究。

2. 研究的难点

本书研究要解决以下几个难点问题，即如何在预研究的基础上，开发并完善"高校内部教学督导制度建设的现状和效果"的调查工具？如何汇总各类数据，建立有效的数据库，并研究和运用当代前沿的数据分析方法技术，对数据进行科学的分析和研究？

3. 核心问题

上述研究围绕以下核心问题展开，即教学督导是否提高了教师的课堂教学水平、改进了学风和学习质量、实现了预期管理目标？影响教学督导实施效果的因素有哪些？

五、本书结构安排

本书按"总—分—总"的结构，设计为三个部分。

第一部分是总论。对调查所获得的数据进行总体的描述性分析，并采用层级回归的方法，对督导效果及其影响因素进行了总体的研究。

第二部分是专题研究。采用当代前沿的数据分析方法技术，如 PSM、BPNN、QRM、HLM、贝叶斯分析等，研究教学督导人员的政策素养、专业知识和业务能力、工作模式、待遇水平等对督导成效的影响。

第三部分是总结。采用结构方程模型研究诸因素对教学督导效果的影响路径，并探讨了具有中国特色的高校内部教学督导制度的建设思路。

第二章　教学督导制度建设现状对其效果影响的层级回归分析

本章聚焦教学督导制度建设的现状和效果的总体情况，报告了研究对象的背景信息、专项调查问卷的结构和质量，对上海地区4所高校内部教学督导制度建设的总体观察指标进行了描述性统计分析，在此基础上采用层级（又称阶层）回归方法，研究教学督导成效的影响因素。

第一节　研究设计

一、研究的目的、内容和方法

本书主要采用问卷调查搜集数据，其目的是基于数据对我国上海地区国家重点建设的4所高校的内部教学督导制度的建设现状和效果做出总体分析。研究工作主要围绕两个方面的内容展开，即现状研究和效果研究，以调查对象的主观感知为依据，围绕教学督导制度建设的实施状况、直接结果和影响，及其对教师教学、学生学习和学校管理产生的影响程度，进行分析和讨论。根据需要，本章采用SPSS工具，主要运用描述分析和阶层回归分析的方法，对若干观察指标进行评价，并验证教学督导制度建设效果的模型结构。

二、研究对象的背景信息

本书以上海地区 4 所高校的校内教学督导人员为对象。课题组委托其中 1 所高校的教学督导管理人员采集该校教学督导人员的全员信息，参加其余 3 所高校的教学督导工作会议，现场向全员发放问卷，最终回收有效问卷 195 份，采集到的背景信息如表 2-1 所示。

表 2-1 接受问卷调查的 4 所高校的教学督导人员情况

性别		职称		学科		年龄	工作年限	督导年限
男	女	教授	副教授和讲师	人文社科	自然科学	平均值	平均值	平均值
126 人	69 人	125 人	70 人	73 人	122 人	55 岁	27 年	4 年

三、问卷的结构和质量

问卷涉及多个维度，包括 40 个观察指标和调查对象的 6 类背景变量。基于预研究和探索性数据分析，本章从领导重视程度（简称"重视程度"）、督导制度规范化程度（简称"规范程度"）、督导人员工作水平（简称"工作水平"）三个方面，筛选出 3 个观察指标，研究教学督导制度建设的现状，设计"现状变量"；从教学督导工作的直接结果、产生的影响和取得的成效三个方面，研究教学督导制度建设的效果，设计"效果变量"，其内含"3 组"变量，共筛选出 7 个观察指标。第 1 组变量命名为

"结果变量",含2个观察指标,即督导人员总工作量(简称"总工作量")、督导工作目标实现程度(简称"目标实现程度");第2组变量命名为"影响变量",含2个观察指标,即教学督导促进教学改革的成效(简称"教改成效")、提升学校教学质量文化的成效(简称"文化成效"或"文化建设成效");第3组变量命名为"成效变量",含3个观察指标,即提高教师教学水平的成效(简称"教师提高成效")、改进学风和促进学生学习的成效(简称"学生学习成效")、学校教学质量管理的总体成效(简称"总体成效"或"学校管理成效")。上述变量的构成和筛选情况如表2-2和表2-3所示。以上10个观察指标的测量均采用5级量表正向计分法。

问卷总信度系数(克朗巴哈 Alpha 系数)为 0.850(现状调查问卷信度系数为 0.80,效果调查问卷信度系数为 0.84)。KMO 值为 0.845,Bartlett 球形检验的卡方值为 802.859(自由度45),$p=0.000$,小于 0.001,达到极其显著水平。采用主成分分析法抽取共同性(Communalities),其值最低的指标是"总工作量",该指标的共同性值为 0.217,符合共同性值应该大于或等于 0.20 的判断准则的要求,抽取出的两个共同因素可以解释问卷变量的 59.26%。综合以上分析结果,该问卷信度和效度可以满足本书的研究需要。

四、层级回归方法的设计

本章采用层级(或阶层)回归分析方法,分析影响高校内部教学督导制度建设效果的因素。我们以性别、职称、学科背景、年龄、工作年限和督导年限6个背景变量为自变量,其中的分类变量,转化为虚拟变量,同时以上述10个指标分别为因变量,做回归分析,发现这些背景变量无显著影响。

第二章 教学督导制度建设现状对其效果影响的层级回归分析

为减少共线性的影响，经探索性分析，去除"重视程度"这个指标，将其余的9个观察指标分成4组变量，进行回归分析。其中，"成效变量"组，含3个指标，即"教师提高成效""学生学习成效""学校管理成效"。在高校教学情境中，这组变量反映了教学督导工作的最终成效，因而以这3个观察指标为因变量，以其他3组变量为自变量，根据时间顺序、逻辑顺序和研究假设依次投入分组变量，进行阶层回归分析，以探究不同模型结构中有关变量产生影响的程度。具体分组情况和回归分析结果如表2-3、表2-4和表2-5所示。

层级回归方法，不同于多层或分层回归方法，不需要先行构建零模型，而是基于一定的理论构想或采用一定的规则，通过依次投入分组变量，依次构建含有一定分组变量的多个复杂模型或完整模型，观察模型拟合和参数估计的变化，比较和判断不同模型的拟合优度和有关变量产生的影响程度。

第二节 调查结果的描述性统计

以下对问卷10个观察指标的得分情况进行描述性统计，据此初步分析上海地区4所高校内部教学督导制度建设的总体情况（见表2-2）。

表2-2 描述统计量及其按平均值排序

研究变量	观察指标	个案数	平均值	标准差	排序
现状变量	重视程度	195	4.574	0.633	1
	规范程度	195	4.523	0.661	2
	工作水平	195	4.441	0.601	3

续表

研究变量	观察指标	个案数	平均值	标准差	排序
效果变量	目标实现程度	195	4.113	0.656	4
	总体成效	195	4.056	0.576	5
	文化成效	195	4.026	0.677	6
	总工作量	195	3.923	0.688	7
	教师提高成效	195	3.892	0.669	8
	教改成效	195	3.872	0.703	9
	学生学习成效	195	3.723	0.777	10

根据表 2-2 可以得出，整个问卷的平均得分约 4.114，相当于百分制的 82 分，如果以大于 4.000 为评价"较高"的判断准则，则说明教学督导制度建设的水平及取得的效果在总体上较高。但是，效果变量的量表得分 3.944 低于问卷均值和临界值，表明教学督导人员感知到的教学督导效果有待提升。如果将"现状变量"视为输入变量，将"效果变量"视为输出变量，则可以对两者进行配对比较，后者量表分低于前者 0.569。这为教学督导下一步的工作重点提示了方向，即教学督导不能满足于建章立制，应该继续努力提升督导工作效果。此外，总工作量、教师提高成效、教改成效、学生学习成效 4 个观察指标的得分低于"较高"得分临界值且排序靠后，建议教学督导部门关注并研究这一现象。

第三节　层级回归分析结果

一、教师提高成效的层级回归分析结果

表 2-3 显示，以"教师提高成效"为因变量，三个阶层的回归模型的

整体性统计检验的 F 值分别为 18.932、19.760、26.247，其显著性检验的 p 值均小于 0.001，达到极其显著的水平，是有解释力或预测力的回归模型。

表 2-3 以"教师提高成效"为因变量的阶层回归分析结果

阶层变量	阶层内变量	阶层一 β	阶层一 t 值	阶层二 β	阶层二 t 值	阶层三 β	阶层三 t 值
现状	规范程度	0.286	3.432**	0.218	2.798**	0.044	0.608
现状	工作水平	0.162	1.950	0.050	0.629	0.143	2.007*
结果	总工作量			0.063	0.992	-0.005	-0.084
结果	目标实现程度			0.374	5.402***	0.237	3.610***
影响	教改成效					0.301	4.533***
影响	文化成效					0.224	2.987**
回归模型摘要	F 值	18.932***		19.760***		26.247***	
回归模型摘要	R^2	0.165		0.294		0.456	
回归模型摘要	ΔF 值	18.932***		17.361***		27.994***	
回归模型摘要	ΔR^2	0.165		0.129		0.162	

注：* 表示 p 小于 0.05，** 表示 p 小于 0.01，*** 表示 p 小于 0.001。

在阶层一的回归模型中，"现状变量"作为自变量，整体上能够解释因变量的 16.5%的变异量，主要的预测指标是教学督导制度的规范程度，其标准化回归系数达到 0.286（t=3.432，p<0.01），表明其对提高教师教学水平有正向的极其显著的影响。

在阶层二的回归模型中，增加了一组"结果变量"，其与上述的"现状变量"共可解释因变量的 29.4%的变异量，模型解释力增加了 12.9%（ΔR^2=0.129）且达到显著性水平（ΔF=17.361，p<0.001），说明"结果变量"的投入也产生了极其显著的影响。该模型主要的预测指标有 2 个，即教学督导制度的规范程度和教学督导工作目标的实现程度，其标准化回归系数分别为 0.218（t=2.798，p<0.01）和 0.374（t=5.402，p<

0.001），表明其对提高教师教学水平有正向的极其显著的影响，其中，教学督导工作目标的实现程度所产生的影响，大于教学督导制度的规范程度所产生的影响。

在阶层三的回归模型中，又增加了一组"影响变量"，其与上述的"现状变量""结果变量"一起可解释因变量的45.6%的变异量，模型解释力增加了16.2%（$\Delta R^2 = 0.162$）且达到显著性水平（$\Delta F = 27.994$，$p < 0.001$），说明"影响变量"的投入也产生了极其显著的影响。该模型主要的预测指标有4个，即教学督导人员的工作水平、教学督导工作目标实现程度、教学督导促进教学改革的成效和提升学校教学质量文化的成效，其标准化回归系数分别为0.143（$t = 2.007$，$p<0.05$）、0.237（$t = 3.610$，$p < 0.001$）、0.301（$t = 4.533$，$p<0.001$）和0.224（$t = 2.987$，$p<0.01$），表明教学督导人员的工作水平对提高教师教学水平有正向的显著影响，其余3个预测变量则有正向的极其显著的影响。其中，教改成效所产生的影响最大。由于"影响变量"的投入，教学督导人员工作水平的重要性随之凸显，即如果考虑教改成效和文化成效这两个因素，教师的工作水平会对因变量产生显著的影响，其每提升1个单位，教师教学水平"提高成效"的提升幅度达14.3%。

二、学生学习成效的层级回归分析结果

表2-4显示，以"学生学习成效"为因变量，三个阶层的回归模型分别能够解释因变量的6.4%、17.6%、43.7%的变异量，其整体性统计检验的F值分别为6.601、10.151、24.347，显著性检验的p值分别小于0.01、0.001、0.001，达到极其显著的水平，是有解释力或预测力的回归模型。

第二章 教学督导制度建设现状对其效果影响的层级回归分析

表2-4 以"学生学习成效"为因变量的阶层回归分析结果

阶层变量	阶层内变量	阶层一 β	阶层一 t值	阶层二 β	阶层二 t值	阶层三 β	阶层三 t值
现状	规范程度	0.256	2.903**	0.216	2.564*	0.014	0.182
	工作水平	-0.004	-0.041	-0.066	-0.768	0.062	0.859
结果	总工作量			0.274	4.014***	0.187	3.261**
	目标实现程度			0.154	2.055*	0.014	0.212
影响	教改成效					0.475	7.028***
	文化成效					0.148	1.945
回归模型摘要	F值	6.601**		10.151***		24.347***	
	R^2	0.064		0.176		0.437	
	ΔF值	6.601**		12.883***		43.629***	
	ΔR^2	0.064		0.112		0.261	

注：*表示p小于0.05，**表示p小于0.01，***表示p小于0.001。

在阶层一的回归模型中，"现状变量"作为自变量，整体上能够解释因变量的6.4%的变异量，主要的预测指标是教学督导制度的规范程度，其标准化回归系数达到0.256（t=2.903，p<0.01），表明其对提高学习成效有正向的极其显著的影响。

在阶层二的回归模型中，增加了一组"结果变量"，模型解释力增加了11.2%（ΔR^2=0.112）且达到显著性水平（ΔF=12.883，p<0.001），说明"结果变量"的投入产生了极其显著的影响。该模型主要的预测指标有3个，即教学督导制度的规范程度、教学督导人员总工作量和教学督导工作目标的实现程度，其标准化回归系数分别为0.216（t=2.564，p<0.05）、0.274（t=4.014，p<0.001）和0.154（t=2.055，p<0.05），表明教学督导人员总工作量的影响最大，对提高学习成效有正向的极其显著的影响，其余2个预测变量有正向的显著影响。

在阶层三的回归模型中，由于"影响变量"的投入，模型解释力增加了26.1%（ΔR^2=0.261）且达到显著性水平（ΔF=43.629，p<0.001），

说明"影响变量"的投入产生了极其显著的影响。该模型主要的预测指标有2个，即教学督导人员总工作量和教改成效，其标准化回归系数分别为0.187（t=3.261，p<0.01）和0.475（t=7.028，p<0.001），表明其对提高学习成效有正向的极其显著的影响，其中，教改成效所产生的影响最大。但是，文化成效没有产生显著影响。

三、学校管理成效的层级回归分析结果

表2-5显示，以"学校管理成效"为因变量，三个阶层的回归模型分别能够解释因变量的14.5%、25.7%、54.2%的变异量，其整体性统计检验的F值分别为16.295、16.398、37.125，显著性检验的p值都小于0.001，达到极其显著的水平，是有解释力或预测力的回归模型。

表2-5 以"学校管理成效"为因变量的阶层回归分析结果

阶层变量	阶层内变量	阶层一 β	阶层一 t值	阶层二 β	阶层二 t值	阶层三 β	阶层三 t值
现状	规范程度	0.296	3.518**	0.239	2.995**	-0.002	-0.032
现状	工作水平	0.119	1.413	0.026	0.324	0.124	1.896+
结果	总工作量			0.161	2.484*	0.080	1.553
结果	目标实现程度			0.283	3.994***	0.061	1.018
影响	教改成效					0.215	3.520**
影响	文化成效					0.497	7.227***
回归模型摘要	F值	16.295***		16.398***		37.125***	
回归模型摘要	R^2	0.145		0.257		0.542	
回归模型摘要	ΔF值	16.295***		14.251***		58.671***	
回归模型摘要	$ΔR^2$	0.145		0.112		0.285	

注：+表示p小于0.10，*表示p小于0.05，**表示p小于0.01，***表示p小于0.001。

在阶层一的回归模型中，"现状变量"作为自变量，整体上能够解释

因变量的 14.5% 的变异量，主要的预测指标是教学督导制度的规范程度，其标准化回归系数达到 0.296（t=3.518，p<0.01），表明其对提高学校管理成效有正向的极其显著的影响。

在阶层二的回归模型中，增加了一组"结果变量"，模型解释力增加了 11.2%（$\Delta R^2 = 0.112$）且达到显著性水平（$\Delta F = 14.251$，p<0.001），说明"结果变量"的投入产生了极其显著的影响。该模型主要的预测指标有 3 个，即教学督导制度的规范程度、教学督导人员总工作量和教学督导工作目标实现程度，其标准化回归系数分别为 0.239（t=2.995，p<0.01）、0.161（t=2.484，p<0.05）和 0.283（t=3.994，p<0.001），表明教学督导工作目标实现程度的影响最大，对提高学校管理成效有正向的极其显著的影响，其余 2 个预测变量也有正向的显著影响。

在阶层三的回归模型中，由于"影响变量"的投入，模型解释力增加了 28.5%（$\Delta R^2 = 0.285$）且达到显著性水平（$\Delta F = 58.671$，p<0.001），说明"影响变量"的投入产生了极其显著的影响。该模型主要的预测指标有 3 个，即教学督导人员的工作水平、教学督导促进教学改革的成效和提升学校教学质量文化的成效，其标准化回归系数分别为 0.124（t=1.896，p<0.10）、0.215（t=3.520，p<0.01）和 0.497（t=7.227，p<0.001），表明其对提高学校管理成效有正向的显著影响。其中，文化成效所产生的影响最大，对提高学校管理成效有正向的极其显著的影响。但是，教学督导制度的规范程度、教学督导人员的总工作量和教学督导工作目标实现程度没有产生显著影响。

第四节　本章结论

高校内部教学督导制度在新的时代背景下已经演进为高校内部本科教

我国高校内部教学督导制度建设的现状和效果的实证研究

学质量保障体系的重要组成部分。本章基于195份问卷所提供的数据信息，实证考察了上海地区4所研究型高校内部教学督导制度建设的现状和效果，以期推动有关工作进展。本章认为，校内教学督导制度建设的现状，可从领导重视程度、督导制度规范化程度、督导人员工作水平三个维度进行研究；教学督导制度建设的效果，可以从结果、影响和最终成效三个维度进行探讨。其中，结果是指教学督导工作的直接结果，通过督导人员总工作量和督导工作目标实现程度反映出来；影响是指教学督导工作对本校教学改革和文化建设所产生的影响；最终成效是指教学督导的成效最终体现在提升教师教学水平的成效、改进学风和促进学生学习的成效，以及学校教学质量管理的总体成效上。基于实证数据和上述分析，本章得出如下结论与建议：

（1）上海地区4所研究型高校内部教学督导制度建设总体上居于较高的水准，但教学督导效果有待提升。

研究结果表明，上海4所研究型高校的教学督导人员能够感受到学校领导对督导工作的高度重视，教学督导规范化程度和督导人员工作水平较高，但教学督导人员的工作量和督导工作产生的影响相对不足，教学督导的最终成效是"短板"。督导人员的这些判断没有受到其性别、职称、学科背景、年龄、工作年限和督导年限6个背景变量的影响。这为教学督导制度建设提示了今后的工作方向：教学督导工作一方面应继续完善制度规范，另一方面应该研究解决各种制约因素，"着力"提升教学督导工作成效。

（2）影响教学督导效果的因素复杂，教学督导只有真正聚焦和鼓励教学改革，才能最终提升教学督导成效。

1）合理核定教学督导工作量。

研究发现，教学督导人员感受到督导工作量不足，但这不是关键问题。以"教师提高成效"为因变量的阶层回归分析结果（见表2-3）显

第二章 教学督导制度建设现状对其效果影响的层级回归分析

示,在三个模型中,督导人员的工作量影响都可以忽略不计,其解释力也都没有达到统计意义上的显著水平。因而教学督导在提升"教师教学水平"方面的成效低,不是督导人员的工作量不足引发的。虽然督导人员的工作量不足是教学督导促进"学生学习成效"不足的重要解释变量(见表2-4),但其解释力较低。如果教学督导不能明确自身的方向,盲目提升工作量,反而可能对教师教学工作造成干扰和负向影响。在实践中,教学督导工作量往往与督导人员的待遇水平挂钩,因此督导工作量核定成为一个敏感问题,建议两者适当脱钩,在待遇与教学督导人员的基础工作量、岗位设置和工作质量之间建立起实质性联系。

2)进一步提升教学督导人员的工作水平。

研究结果显示,就教学督导制度建设的现状而言,教学督导人员的专业化仍有提升的空间。教学督导人员一般是学科专家,但是在教学方面的研究相对不足。随着教学改革的推进,教学督导人员的工作水平存在不适应现象。国家重点建设的研究型大学面临相似情形。但是数据分析表明,教学督导人员对自身工作水平估计较高,没有充分感受到督导人员工作水平提升的意义。表2-3显示,当教学督导开始转向关注教学改革和文化建设,进一步提升教学督导人员工作水平的重要性才凸显出来。教学督导是一项政策性和专业性都很强的工作,教学督导人员不仅是学科专家,还应该熟悉政策法规,学习、研究和掌握教学督导工作的规律和特殊要求。教学督导人员提升专业化工作水平,可以更好地发挥专家的专业引领作用。为此,高校应该规范开展教学督导培训和专项工作,丰富和增进督导人员的学习机会和反思体验。

3)明确和澄清教学督导的中心工作。

研究发现,教学改革成效是影响教学督导最终成效的最重要变量。虽然表2-3的模型2和模型3以及表2-4的模型2都显示教学督导工作目标的实现程度是主要的预测变量之一,其在实践中也常被管理人员视为教学督导工作效果的关键衡量指标，但是在投入"成效变量"后，模型的解释力才有了显著提升。在"成效变量"中，文化建设成效具有特殊意义，但教学改革成效具有更重要和更显著的影响。因此，高校教学督导应该转向"教学改革"这个中心。在实践中，高校教学督导往往围绕本校的教务管理确定工作目标，在"督"的方面做了不少安排，但在"导"的方面工作意识相对不强。为提升教学督导的影响和成效，一方面，教学督导工作目标应该与本校教务管理工作相适应；另一方面，教学督导不应满足于完成有限的教务管理辅助任务，应该围绕"教学改革"的中心工作，研究和规划工作内容和方法。

（3）高校应该结合自身发展阶段探索教学督导制度建设与发展的路径。

1）加强教学督导制度的研究。

本章主要采用阶层回归分析模型展开研究，模型验证的过程及结果对督导制度建设有一定的启示价值。阶层回归分析模型通过分阶段依次投入分组变量，研究模型的结构演化和重要预期变量的影响程度。在表2-3和表2-4中，模型1反映了教学督导启动阶段的情况，模型2可以解释不少高校当下督导工作的进展，模型3具有改革借鉴意义。高校可以根据自身情况，进一步加强研究，开展基于研究和证据的教学督导制度改革。

2）教学督导的启动、发展和提升阶段，采用不同的发展路径。

在表2-3和表2-4中，三个模型的研究结果提示了高校教学督导制度建设及其成效改进的路径：在建章立制的启动阶段，应提升教学督导制度的规范程度，这是取得预期成效的主要解释变量。在发展阶段，一方面要继续完善规章制度，另一方面可以通过提高督导工作目标的达成度来提升教学水平，并核定督导工作量以提升学习成效，这是两个主要的预测变量。在提高阶段，教学督导不能满足于为教务管理服务，完成有限的督导工作任务，应将关注的重点转向教改成效的提升。在这一阶段，教学督导提升专业化工作水平和文化建设的成效,对于提升教师教学水平具有显著的影响。

(4)上海地区4所研究型高校教学督导制度建设应该抓住"123"推进下一步改革以提升教学督导成效。

根据上述分析,我们尝试采用我国教学管理实践中的"流行话语"(将有关建议浓缩为便于宣传的标语或口号),将有关结论、推论和建议概括为"123",即上海地区4所研究型高校教学督导制度建设应该抓住"123"推进下一步改革。其中,"1"是指一个中心,即教学督导不应满足于为教务处或行政管理部门服务,而应转向"教学改革"的中心工作,为提升教学质量服务;"2"是指两项基础工程,即高校教学督导工作应做好"督导工作量核定和督导工作目标达成度提升"这两项基础工程;"3"是指"三驾马车",即高校教学督导工作应驾驭好"规范管理、专业引领和文化认同"这"三驾马车"。目前有关研究较少,建议就此展开进一步研究。

(5)高度重视文化建设成效在提升教学质量管理的总体成效中的重要作用。

研究结果(见表2-5)显示,当高校只考虑教学督导制度的常规建设(或现状建设)和教学督导的直接结果时,教学督导的规范程度、总工作量和目标实现程度就会成为保证教学管理成效的关键选项。但是,当高校进入新的发展阶段时,一方面,要重视教学督导人员的工作水平的提升,另一方面,应重视教学督导的教改成效和文化建设成效的作用,尤其要高度重视文化建设成效所产生的极其显著的影响。观察实践案例可以发现,一些高校在加强教学管理规范建设,完善工作量考核和保证教学督导工作目标达成度上做了大量的工作,但难以量化的文化建设成效没有得到足够重视,尤其对一些过于僵化的教学管理制度规定是否适应高校的创新文化或质量文化,缺少足够的思考。为探索建设好中国特色的"世界一流大学和一流学科",应结合中国大学的优良传统、上海高校先进与开放的文化特色、世界一流大学的发展经验、当下"双一流"建设的现实需要和未来挑战,积极思考和探索建设一流的质量文化,以卓越的质量文化建设成效,从根本上保障教学督导成效。

第二部分

专题研究

第三章　教学督导人员的政策素养的影响：PSM 分析

本章结合前期研究成果，尝试采用 PSM 分析方法，对政策素养与督导成效的关系进行实证分析，以揭示教学督导人员的政策素养所产生的重要影响。

第一节　问题的提出

一、政策素养的研究现状

政策，从广义上讲，是政策法规的总和；从狭义上讲，是不包括法律条文在内的行政决定（袁振国，1996）。在本章中，政策是指政策法规，包括教育法规、规章和国家教育方针、政策，以及高校为落实国家或地方政策法规和学校发展战略而实施教学改革的政策或举措，这些政策是教学督导人员开展工作的重要依据。政策素养，目前还没有成为一个广为流传的学术概念，其证据是"有关研究不足"。在华东师范大学图书馆链接的中国知网上，以"政策素养"为篇名关键词进行论文检索，结果是 0 篇。

有关高校教学督导人员素质的一些专题研究文献（王忠萍，2005；顾群，2012；刘光亮，2015），给人以很大启发，但没有对此进行深入讨论。政策素养的相关概念是政策意识和政策水平，在中国知网上，以两者为篇名关键词进行论文检索，结果分别是 11 篇和 25 篇，其中关于"研究者的政策意识"的一篇论文令人印象深刻（袁振国，2001），但检索结果主要涉及的是新闻宣传（王京芝，1996）、行政管理（童中贤、杨娟，2002）和经济管理（赵正斌，1993）等领域的研究。

二、政策素养的界定

政策意识，反映了人们对教育政策的重视程度；政策水平则体现了人们对教育政策的认识、理解的准确程度。本章主要关注教学督导人员对教育政策的"熟悉程度"，据此研究其政策素养及其所产生的影响。虽然目前学界对政策素养没有做出清晰界定，但是《教育督导条例》的第七条中明确提出，教育督导人员应当"熟悉教育法律、法规、规章和国家教育方针、政策，具有相应的专业知识和业务能力"。这为我们理解高校内部教学督导人员的政策素养提供了依据和支持。综上，在本章中，我们尝试提出政策素养这一概念，并将教学督导人员的政策素养界定为教学督导人员对教育政策的熟悉程度。教学督导人员应该具有专业知识、业务能力和政策素养。目前，有关研究并不多见。本章关于政策素养概念的提出及其操作性定义，不是基于理论演绎的结果，而是基于上述《教育督导条例》第七条中有关内容的抽象。素养是人们在长期的学习和工作中形成发展的心理品质，通过人们的态度和认识能力等反映出来，并成为人们活动的条件。从广义上看，政策意识和政策水平是人们开展政策工作的基本条件，前者反映了人们对待政策的态度，后者反映了人们认识政策的能力，两者都应该是政策素养的构成要素。政策素养的内涵丰富，我们可以从不同的视角揭示其内涵。《教育督导条例》第七条从"熟悉程度"这一视角提出了对政策素养的要求，有其合理性。根据《现代汉语词典》的释义，"熟悉"一词有"因常见和常用而知道得清楚""对事物了解得很透彻"和"分析事理详尽而深入"等多层含义。只有高度重视学习和运用政策，准确地认识和理解政策，才有可能对复杂的政策达到"详尽而深入"的熟悉程度。教学督导人员熟悉教育政策的程度，反映了其对教育政策的态度和认识能力，在一定程度上体现了其政策意识和政策水平。在内容上，教学督导人员不仅要熟悉教育法规、规章和国家教育方针、政策，还要熟悉本校为落实国家或地方政策法规和学校发展战略而实施教学改革的政策或举措。

三、政策素养的研究意义

政策素养这一概念的提出，有现实针对性。我国是教育政策的大国，各级机构或组织每年出台大量政策。其中有些政策需要加大落实力度，比如，国家教学改革政策中宣传的先进教学理念，就需要教学督导人员促进其实施。有些政策或规范可能需要出台细则或完善，教学督导人员就有责任搜集各类反馈意见，分析这些规定或意见是否符合国家政策法规，以促进高校教学管理规范的调整或完善。这就对教学督导人员的政策素养提出了很高要求。但是，在一些高校中，教学督导人员只是学科专家，学科专业水平很高，却并不熟悉各类政策要求或督导工作职责。虽然《教育督导条例》第七条已经对督导人员的政策素养提出了要求，但是在一些高校中提升政策素养的必要性，尚未得到足够重视。因此，提出并研究高校内部教学督导人员的政策素养及其影响这一课题，具有积极意义。

第二节　PSM 分析原理解读及应用现状

一、PSM 的原理解读

本章尝试采用 PSM 方法，研究教学督导人员的政策素养对其督导成效所产生的影响。该方法是当前国内外关注的一种较新的统计方法，适用于因果推断。接下来，尝试分析其基本原理。

研究事物的影响或成效，涉及因果推断的方法论问题。根据有关文献，如果要研究干预变量（即自变量）对结果变量（即因变量）的影响，至少会面临两个难题。

第一个难题就是所谓的"因果推断的基本问题"。参照郭申阳和马克·W.弗雷泽（2012）、Rosenbaum 和 Rubin（1983）等的文献，该问题可表示为 $Y_i = Z_i Y_{1i} + (1-Z_i) Y_{0i}$。式中，$Y_i$ 表示结果变量，Z_i 表示个体 i 接受干预与否，$Z_i = 1$ 表示接受干预，$Z_i = 0$ 表示未接受干预，Y_{1i} 和 Y_{0i} 分别表示个体 i 接受干预和未接受干预状态下的结果。观察上式可以发现，不论 Z_i 取值是 1 还是 0，我们只能观察到 Y_{1i} 和 Y_{0i} 中的一个结果。如果 $Z_i = 1$，我们只能观察到 Y_{1i}，Y_{0i} 是观察不到的，在这种状态下，Y_{1i} 是可以观察到的事实，观察不到的潜在结果 Y_{0i} 就是所谓的"反事实"。关于干预效应的科学研究，通常所关注的就是"事实"和"反事实"的差异。但是对于同一个体 i 而言，我们无法"同时"观察到他（她）的事实和反事实的结果，因为该个体不可能同时出现在干预和控制的状态下。常用的分析案例是"上大学对个体收入的影响"，在这个案例中我们可以观察到的事实是个

第三章 教学督导人员的政策素养的影响：PSM 分析

体 i 上大学之后的收入，但无法同时观察到个体 i 不上大学之后的收入这一反事实。解决问题的基本思路就是设法构建反事实的"替代"，即构建相似的未接受干预的控制组，并以控制组的结果均值 $E(Y_0|Z=0)$ 估计干预组的反事实结果的均值 $E(Y_0|Z=1)$，由此，平均的干预效应可表示为 $T=E(Y_1|Z=1)-E(Y_0|Z=0)$。式中，T 表示平均的干预效应，$E(Y_1|Z=1)$ 表示干预组中所有个体的结果均值，$E(Y_0|Z=0)$ 表示控制组的结果均值。上述思路在经典的实验研究中可以实现，但在观察研究中不易实现。这就需要解决第二个难题。

第二个难题是样本选择偏差或混淆变量的处理问题。在经典的"实验研究"中，通过严格的条件控制或随机化样本，可以实现干预组和控制组之间的"替代"，但是，在基于调查资料的所谓"观察性研究"中，则无法做到预先控制或随机化。在这种情形下，一方面，我们选择的研究样本会带有"偏差"；另一方面，不同 Z 状态下 Y 所显现的干预效应中，会受到其他变量影响的混淆，这些施加影响的共变量或协变量就是所谓的混淆变量（记为 X）。解决问题的基本思路是采用数据平衡技术，使样本选择或混淆变量的处理，满足"可忽略的干预分配假定"或"条件独立性"假设，可表示为 $(Y_0, Y_1) \perp Z|X$，即在控制共变量 X 的情形下，干预分配状态 Z（即是否接受干预）独立于干预的潜在结果 Y，干预的分配或分组所伴生（或内生）的混淆变量（或初始条件）对结果偏差的影响是可以忽略的。分组或分层是常用的数据平衡技术，分组或分层的精细化可以实现同一层或同一组内的样本的特征相同或相似，但随着特征变量的数量的增加，组别或层级的划分会变得越来越困难。Rosenbaum 和 Rubin（1985）曾以 20 个（二分）变量为例说明在 2^{20}（约等于 100 万）个类别中做匹配的难题。在样本量有限的情况下，这就无法保证每一组或每一层都有足够样本。回归也是常用的控制协变量的技术，但随着变量复杂性的增加，变量之间可能会产生共线性或复杂的交互作用等问题，分析变得烦琐复杂，

结果也会有较大偏差。

正是基于对上述有关问题的思考和分析，倾向值匹配（Propensity Score Matching，PSM）方法得以产生与发展。一般认为，虽然 Heckman（1979）、Rubin（1972）等在 20 世纪 70 年代进行了相关探索，但是 Rosenbaum 和 Rubin 于 1983 年发表的论文，提出了倾向值（Propensity Score，PS）的术语，并论证了运用 PS 在干预组和控制组之间做匹配，实现协变量控制，达到数据平衡的思想和方法。PS 是一种综合值或代表值，研究者一般是通过构建 Probit 或 Logistic 回归模型，将多个混淆变量的影响转化为一个综合的概率值。倾向值分析，通过控制 PS 或 PSM（比如，依据 PS 进行加权，或采用 PS 相同或相邻近等筛选规则，构造新的样本集合，使干预组和控制组中个体相匹配），实现干预组和控制组之间的多个混淆变量的平衡。在这种情形下，对两组样本结果的分析，近似于针对样本的事实与反事实结果做分析。

二、PSM 的应用现状与"医学检验"模式

作为一种较新的统计方法，PSM 在国外的经济学、医学、社会学等领域已得到广泛关注。美国著名的智库"兰德公司"自 20 世纪 80 年代就开始研究这种方法（李云飞，2016），在其发布的大量报告中，采用了这种方法，并将这种方法置于因果推断方法的中心位置（Method Center）。我国近年来在相关学科领域也已注意到这种方法，但在教育学领域完整地使用该方法的研究相对较少。

PS 分析，可采用两步法和三步法。PSM 分析通常采用的是其中的三步法，即 PS 计算、PS 匹配、匹配后分析（包括差值比较或回归分析等），但研究者在具体实践中会根据实际条件和需要，采用合理的思路、形式或模式。比如，在医学领域，研究者可能会根据结果变量（患病与否），做

若干协变量（与结果变量相关的混淆变量）的 PS 平衡，最后检验某种干预变量（某种致病因素）的效应，这种思路不同于常规 PSM 分析思路，可尝试称其为"医学检验"模式。

在经济学领域中，有研究者也采用了类似的模式。比如，有研究者在构建违规操作的上市公司的 PSM 配对样本后，采用回归方法实证检验了高管性别对违规操作决策的影响（淦未宇、徐细雄、林丁健，2015）。在这种模式中，PS 的计算和干预效应的验证过程十分清晰且合乎逻辑，研究结果便于理解和运用。本书尝试运用这种模式。

第三节　研究设计

一、研究的目的、对象、内容和方法

本章以上海 4 所国家重点建设的研究型大学内部教学督导人员为对象，采用 PSM 方法，研究高校内部教学督导人员的政策素养与督导成效的关系，以揭示教学督导人员的政策素养所产生的重要影响。

PSM 分析过程含三个步骤：第一，计算，即定义结果变量和混淆变量，建立合理的 Logistic 回归模型，计算 PS 值。第二，匹配，即确定样本筛选方法，完成 PSM，并检验匹配后变量的平衡性。第三，分析，即采用匹配后样本集合，通过"配对 Logistic"回归分析，探究政策素养对督导成效的影响。

二、研究的样本、变量设计和工具

本章采用的问卷和样本的基本信息,参见前一章。本章从前述问卷中选取 12 个变量,做进一步的专题研究。其中 6 个变量是反映督导人员背景的混淆变量,包括性别、年龄、职称、学科背景、工作年限、督导年限。其余 6 个变量,以教学督导人员的主观感知为依据,采用 5 级量表正向计分(见表 3-1)。

表 3-1 问卷中的有关变量及其观察指标描述

变量类型	变量名称	观察指标	$\overline{X}$ (S)
混淆变量(督导人员工作状态变量)	督导态度	督导人员对督导工作及其职责的认同程度、督导人员在督导工作中运用的专业知识和业务能力水平的自我评价。独立测量,无须加总	4.536 (0.478)
	专业知识和业务能力		4.208 (0.546)
混淆变量(督导工作环境变量)	本校督导工作规范程度	督导人员对本校督导工作规范程度和从事督导工作的待遇水平的自我评价。独立测量,无须加总	4.523 (0.661)
	待遇水平		3.6256 (0.890)
自变量	政策素养	督导人员对国家政策法规的熟悉程度的自我评价、对本校推行教改政策或举措的熟悉程度的自我评价。需加总计分	4.018 (0.693)
因变量	督导成效	督导人员对本人教学督导结果成功与否的体验和关于体验中的深刻性、创新性和丰富性的主观感知。需加总计分	3.662 (0.682)

通过变量设计而构造的专项问卷的总信度系数(克朗巴哈 Alpha 系数)为 0.890(政策素养、督导成效、混淆变量 3 个分项调查问卷的信度系数分别为 0.773、0.892、0.744)。包括政策素养和督导成效的主体调查

问卷的 KMO 值为 0.783，Bartlett 球形检验的卡方值为 638.456（自由度 15），p=0.000，小于 0.001，达到极其显著水平；采用主成分分析法抽取共同性（Communalities），其最低值为 0.725（即"督导创新性体验"指标的共同性值），抽取出的 2 个共同因素可以解释问卷变量的 77.851%。混杂变量调查问卷的 KMO 值为 0.820，Bartlett 球形检验的卡方值为 316.767（自由度 15），p=0.000，小于 0.001，达到极其显著水平；采用主成分分析法抽取共同性（Communalities），其最低值为 0.275（即"待遇水平"指标的共同性值），符合共同性值应该大于或等于 0.20 的判断准则的要求，抽取出的 2 个共同因素可以解释问卷变量的 63.492%。

本章采用的数据处理工具，包括 SPSS、R 和 Stata，利用不同工具在数据处理上的便利和优势解决相应问题。

三、研究变量的定义

在本章的实证分析部分，我们将有关变量及其测量结果按一定规则转换为二分变量进行研究。此外，我们发现有些连续变量，比如督导年限，其对督导人员的影响不一定按年度变化，一个聘期（3 年或 4 年）产生的影响可能更大。因此，有必要采用不同的数据形式进行研究。有关变量定义的详情如表 3-2 所示。

表 3-2　本章研究变量的定义

变量名称	变量符号	定义
性别	x_1	女（$x_1=0$）；男（$x_1=1$）
年龄	x_2	较小（若 $x_2 \leq 55$，$x_2=0$）；较大（若 $x_2>55$，$x_2=1$）
职称	x_3	副教授和讲师（$x_3=0$）；教授（$x_3=1$）
学科背景	x_4	文（$x_4=0$）；理（$x_4=1$）
工作年限	x_5	短（若 $x_5 \leq 30$，$x_5=0$）；长（若 $x_5>30$，$x_5=1$）

续表

变量名称	变量符号	定义
督导年限	x_6	短（若 $x_6 \leq 3$，$x_6 = 0$）；长（若 $x_6 > 3$，$x_6 = 1$）
督导态度	x_7	低（若 $x_7 \leq 4.5$，$x_7 = 0$）；高（若 $x_7 > 4.5$，$x_7 = 1$）
专业知识和业务能力水平	x_8	低（若 $x_8 \leq 4$，$x_8 = 0$）；高（若 $x_8 > 4$，$x_8 = 1$）
政策素养	x_9	低（若 $x_9 \leq 4$，$x_9 = 0$）；高（若 $x_9 > 4$，$x_9 = 1$）
本校督导工作规范程度	x_{10}	低（若 $x_{10} \leq 4$，$x_{10} = 0$）；高（若 $x_{10} > 4$，$x_{10} = 1$）
待遇水平	x_{11}	低（若 $x_{11} \leq 4$，$x_{11} = 0$）；高（若 $x_{11} > 4$，$x_{11} = 1$）
督导成效	y	低（若 $y \leq 4$，$y = 0$，对照组）；高（若 $y > 4$，$y = 1$，处理组）

第四节 实证分析

一、筛选变量后建立的 PS 计算模型

1. 预测变量的筛选

在 PSM 中，对预测变量进行筛选与否，这取决于样本的数量和模型的复杂性程度。根据本章的实际情况，应该做这项工作。

采用 Logistic 回归分析的方法，进行数据分析，结果发现就教学督导人员的督导成效体验而言，有 4 个具有统计显著性的预测因素，即督导年限、专业知识和业务能力水平、政策素养、待遇水平。其中，政策素养的影响最大，这验证了以政策素养为自变量的合理性。详情如表 3-3 所示。

表 3-3 以"督导成效体验"为因变量的 Logistic 回归分析结果

变量名称	B	S.E.	Wald 值	自由度	显著性	Exp（B）	关联强度
性别	0.766	0.520	2.172	1	0.141	2.151	
年龄	−0.531	0.692	0.590	1	0.442	0.588	
职称	0.462	0.509	0.821	1	0.365	1.587	
学科背景	0.192	0.506	0.144	1	0.704	1.212	
工作年限	−0.289	0.705	0.168	1	0.682	0.749	
督导年限	1.258	0.506	6.175	1	0.013	3.519	
督导态度	0.080	0.590	0.018	1	0.893	1.083	Cox-Snell R^2 = 0.349
专业知识和业务能力	1.826	0.593	9.477	1	0.002	6.208	Nagelkerke R^2 = 0.519
政策素养	2.001	0.508	15.502	1	0.000	7.400	
本校督导工作规范程度	0.097	0.506	0.037	1	0.847	1.102	
待遇水平	1.107	0.534	4.306	1	0.038	3.026	
常量	−4.556	0.868	27.526	1	0.000	0.011	
模型预测的总体检验	卡方值 = 83.665，p = 0.000						
模型适配度的检验	Hosmer-Lemeshow 检验值 = 7.543，p = 0.479						

结合表 3-1 来看，政策素养的量表得分（4.018）低于问卷均值（4.095），也低于专业知识和业务能力水平的量表得分（4.208）。这提示上海 4 所研究型高校教学督导人员对其政策素养的自我评价总体较高，但仍有提升空间。

2. PS 匹配前的变量平衡性检验

进行 PS 匹配前的混淆变量的平衡性检验。在上述 4 个具有统计显著性的预测因素中，如果将政策素养视为自变量，其余 3 个变量可视为混淆因素。卡方检验的结果如表 3-4 所示。该表直观显示出这 3 个变量在两组间存在不平衡，组间存在极其显著的差异（p 值均小于 0.01）。

表 3-4 匹配前混淆变量的平衡性检验结果

变量名称	督导成效低 (n=147)	督导成效高 (n=48)	卡方值	显著性
督导年限, n (%)				
短	101 (68.7)	22 (45.8)	8.129	0.004
长	46 (31.3)	26 (54.2)		
专业知识和能力水平, n (%)				
低	106 (72.1)	9 (18.8)	42.581	0.000
高	41 (27.9)	39 (81.2)		
督导人员待遇水平, n (%)				
低	132 (89.8)	27 (56.3)	27.050	0.000
高	15 (10.2)	21 (43.7)		

3. PS 估计模型的构建与计算

为简化模型，根据以上分析，本书以督导年限（x_6）、专业知识和业务能力水平（x_8）、待遇水平（x_{11}）这 3 个有显著影响的混淆变量为协变量，构建估计倾向值（PS）的拟合方程如下：

$$\text{Logit} p = \ln(\frac{p}{1-p}) = \alpha + \beta_6 x_6 + \beta_8 x_8 + \beta_{11} x_{11}$$

$$P = \frac{\exp(\alpha + \beta_6 x_6 + \beta_8 x_8 + \beta_{11} x_{11})}{1 + \exp(\alpha + \beta_6 x_6 + \beta_8 x_8 + \beta_{11} x_{11})}$$

式中，p 是发生概率，α 是常数项，β 是回归系数，x 是混杂变量。本章研究采用 SPSS 和 R 作为执行 PS 计算和匹配任务的工具。

二、PS 的匹配结果及其检验

1. PS 匹配的算法及结果

本章根据估算的 PS 值，将督导成效高的组别（含 48 人）与督导成效低的组别（含 147 人）按 1∶2 比例设定值，进行样本匹配，卡尺

（Caliper）设定为 0.2，结果筛选出 87 个样本。在督导成效高的组别中有 36 人，与督导成效低的组别中的 51 人完成了匹配，最终获得 51 对样本。

2. PS "共同支持域" 分析

PSM 的重要假设之一是 PS 应 "满足共同支持条件"。一些研究者通过观察有关图形进行检验。但李荣林、于明言（2014）认为，采用概率模型预测得到的概率值总是介于 [0, 1]，这保证了获得的 PS 值满足共同支持条件。一般而言，图形检验比较直观，但在提供有关参数上存在一定不足。研究者可以提供配对样本数占总样本数的百分比作为一个相关的参考值。在本书中，我们采用 Stata 进行了（Com 参数）分析，发现督导成效高的组别中的 48 个样本的 PS 值没有超出督导成效低的组别中的 147 个样本的 PS 值的最大值和最小值，最终 75% 的样本找到了匹配对象，且实现配对（51 对）的样本数（87 个）占全部样本数的 44.615%。

3. PS 匹配结果的平衡性检验

在完成 PS 匹配后，研究者一般应对匹配结果进行平衡性检验，常用的参照指标是标准化的组间均值差（Std. Mean Diff.）的绝对值（Rosenbaum & Rubin, 1985）等。有关情况如表 3-5 所示。

表 3-5 匹配后有关变量的平衡性分析（标准差异的变化）

变量	督导成效高的组平均数		督导成效低的组平均数		标准差（SD Control）		标准差异（Std. Mean Diff.）	
	匹配前	匹配后	匹配前	匹配后	匹配前	匹配后	匹配前	匹配后
倾向分	0.485	0.408	0.168	0.408	0.187	0.220	1.307	0.000
督导年限	0.542	0.500	0.313	0.500	0.465	0.505	0.454	0.000
专业知识和能力水平	0.813	0.750	0.279	0.750	0.450	0.437	1.353	0.000
待遇水平	0.438	0.306	0.102	0.306	0.304	0.465	0.669	0.000

注：模型的 Relative Multivariate Imbalance L1 测量值由匹配前的 0.562 减小为 0。

在表3-5中，督导年限、专业知识和业务能力水平、待遇水平3个变量的标准差异（Std. Mean Diff.）的绝对值由匹配前的0.454、1.353、0.669均减小为0，小于10%（即0.1）临界值。在匹配后的模型平衡性度量（Relative Multivariate Imbalance L1）方面，模型的测量值由匹配前的0.562减小为0。以上提示匹配良好。

4. PS匹配后混淆变量的卡方检验

卡方检验的结果如表3-6所示。该表直观显示出3个混淆变量在两组间已实现平衡，组间没有显著差异（p值均大于0.05）。

表3-6 匹配后有关变量的平衡性分析（卡方检验）

变量名称	督导成效低 （n=51）	督导成效高 （n=36）	卡方值	显著性
督导年限，n（%）				
短	30（58.8）	18（50.0）	0.664	0.415
长	21（41.2）	18（50.0）		
专业知识和能力水平，n（%）				
低	16（31.4）	9（25.0）	0.418	0.518
高	35（68.6）	27（75.0）		
待遇水平，n（%）				
低	39（76.5）	25（69.4）	0.536	0.464
高	12（23.5）	11（30.6）		

三、PS匹配后的政策素养影响及其稳健性分析

1. "配对Logistic"回归分析结果

在督导成效高低两组按督导年限、专业知识和业务能力水平、待遇水平三个变量进行倾向值匹配后，我们采用"配对样本"数据集合，通过分

第三章 教学督导人员的政策素养的影响：PSM 分析

层 Cox 回归设计，进行"配对 Logistic"回归分析，进一步验证政策素养的影响。根据分层 Cox 回归模型的特点，着重研究督导成效的风险分析模型。

结果显示，该模型预测性的总体检验的卡方值 = 5.369，p = 0.020 < 0.050，提示该模型总体具有显著的预测效果。政策素养低的组发生"督导成效低"的风险是政策素养高的组的 2.336 倍；反之，政策素养高的组发生"督导成效低"的风险是政策素养低的组的 1/2.336，即 0.428 倍（见表 3-7）。

表 3-7　政策素养低的组别发生督导成效低的风险分析结果

变量名称	B	S.E.	Wald 值	自由度	显著性	Exp（B）	Exp（B）的 95.0% 置信区间	
							下限	上限
政策素养	0.849	0.375	5.122	1	0.024	2.336	1.120	4.872

2. PS 匹配前后的研究结果的比较

为进行匹配前后结果的比较，我们回到匹配前的分组数据，以督导年限、专业知识和业务能力水平、待遇水平、政策素养为预测变量，以政策素养高的组为参照类别，重新设计 Logistic 回归模型，我们发现，政策素养低的组别发生"督导成效低"的风险是政策素养高的组别的 5.946 倍；反之，政策素养高的组别发生"督导成效低"的风险是政策素养低的组别的 1/5.946，即 0.168 倍。该模型预测性的总体检验的卡方值 = 77.775，p = 0.000 < 0.05；伪决定系数的下限和上限分别为 0.329 和 0.489，即 Cox-Snell R^2 = 0.329，NagelkerkeR^2 = 0.489；模型适配度检验值（Hosmer-Lemeshow）= 5.505，p = 0.481 > 0.05；模型预测的总体准确率达 85.1%，以上提示模型拟合较好。根据表 3-7 和上述有关信息，我们可以将 PSM 匹配前后的分析结果，简要列表如下（见表 3-8）。

表 3-8 倾向值匹配（PSM）前后的政策素养对督导成效影响的研究结果对比

时间	影响因素		OR（95%CI）	显著性
匹配前	政策法规素养			
	高	1	
	低	5.946（2.424~14.590）	0.000
匹配后	政策法规素养			
	高	1	
	低	2.336（1.120~4.872）	0.024

3. PS 匹配后研究结果的稳健性或敏感性分析

表 3-8 显示，在通过 PSM 控制了混杂变量后，我们获得了一个较"纯净"的政策素养效应值。政策素养虽然在效应值上较"匹配前"有所变化（政策素养低的组别发生"督导成效低"的风险下降），但仍然是具有统计显著性的预测因素。这验证了政策素养在教学督导工作中的重要性，也在一定程度上显示出政策素养效应的"稳健性"。

本章尝试探索了罗森鲍姆界限（Rosenbaum Bounds），采用 Wilcoxon 符号秩检验和 Stata 工具，计算匹配组间干预效应的差值，对研究结果进行敏感性分析。敏感性分析的目的是检验 PSM 过程是否遗漏重要变量，这些所谓的潜在变量是否产生了隐藏偏差，该偏差是否在合理范围内，以及对研究结果产生影响的程度。研究者一般通过 Γ 值的赋值，估算匹配样本单元之间的干预概率发生比的比率的理论分布，在一定的统计显著性水平上，检验干预效应。检验结果如表 3-9 所示。

表 3-9 政策素养效应研究的敏感性分析结果（显著性水平的范围）

敏感性分析的 Γ 值	最小的 p 值（sig-）	最大的 p 值（sig+）
1.00	0.000	0.001
1.05	0.000	0.002
1.15	0.000	0.004

续表

敏感性分析的 Γ 值	最小的 p 值（sig-）	最大的 p 值（sig+）
1.20	0.000	0.005
1.25	0.000	0.007
1.30	0.000	0.009
1.35	0.000	0.012
1.40	0.000	0.015
1.45	0.000	0.018
1.50	0.000	0.022
1.55	0.000	0.027
1.60	0.000	0.032
1.65	0.000	0.038
1.70	0.000	0.044
1.75	0.000	0.050
1.80	0.000	0.057
1.85	0.000	0.065
1.90	0.000	0.073
1.95	0.000	0.082
2.00	0.000	0.091
2.05	0.000	0.100

表 3-9 显示，在 0.05 统计显著性水平上，当 Γ>1.75 时，PSM 研究结果才会发生变化，因此，本章的研究结果具有一定的敏感性，我们忽略的或无法观察到的潜在变量产生了一定影响，虽然这不足以否认干预效应的存在，但提示该领域需要进一步加强研究。同时，表 3-9 显示，在 0.10 统计显著性水平上，当 Γ>2.05 时，研究结论才会改变，这提示本章的研究在此水平上通过了敏感性检验，研究结果是具有可靠性证据的。

第五节 本章结论

一、研究小结

目前，我国不少高校已经相继开展教学督导工作，高校内部教学督导已经演进为高校本科教学质量保障体系的重要组成部分。与我国宏观层面的教育督导制度相适应，高校内部教学督导在重视专业指导的同时，在性质上具有一定的"执法性"，重视增强全校"依法办学"的意识，树立正确的教学思想。为取得督导成效，高校应加强有关的政策法规培训，以促进督导队伍建设。同时，承担督导任务的教学督导人员自身也应努力提升政策素养。但从实际情况看，一些高校及其教学督导人员对此没有给予足够的重视。

本章基于195份问卷数据，采用了当前国内外经济学、医学、社会学等领域较为关注的一种较新的统计分析方法——PSM方法，探究了上海地区4所研究型高校内部教学督导人员的政策素养对其督导成效的影响。

研究发现，教学督导人员的政策素养、督导年限、专业知识和业务能力、待遇水平等因素对其主观感知到的督导成效有显著预测力。在采用PSM方法控制协变量后，"配对Logistic"回归分析结果证实，政策素养仍然具有显著的干预效应，政策素养低的教学督导人员发生"督导成效低"的风险显著高于政策素养高的教学督导人员，反之，政策素养高的教学督导人员发生"督导成效低"的风险显著较低。对比匹配前后的研究结果，并经敏感性检验，我们得出结论：上海地区4所研究型高校内部教学督

第三章　教学督导人员的政策素养的影响：PSM 分析

人员的政策素养对其督导成效体验有显著的、较稳定的正向影响；从风险分析的角度看，提升政策素养会降低"督导成效低"的发生概率。

二、启示或建议

1. 完善政策素养的研究

研究发现，采用 PSM 方法具有独特优势，我们可以采用该方法构建类似随机化实验的匹配组，从而获得一个较"纯净"的政策素养效应值。与此相比，在本书中采用传统回归方法获得的研究结果，有向两端拓展的极化趋势，既放大了政策素养低可能导致的影响，又低估了政策素养高仍可能存在的潜在风险。但是，随着 PSM 方法论和技术的发展，该方法的运用过程显得复杂，如果忽略某些环节，则研究结果存在问题。常规的匹配方法，也易导致样本损失。此外，PSM 方法要求研究设计满足若干严格假设，特别是混淆变量的选择会对研究结果产生影响。虽然本章的研究发现并控制了若干混淆变量的显在影响，但研究结论仍有一定的敏感性，隐藏于因果链条中的所谓的"丰富故事"还有待建构、描述或解释。今后需加强对 PSM 方法和"政策素养"结构的研究，进一步探索和控制潜在影响因素，丰富研究成果。本章基于《教育督导条例》第七条，将教学督导人员的政策素养界定为教学督导人员对教育政策的熟悉程度。虽然教学督导人员熟悉教育政策的程度在一定程度上体现了其政策意识和政策水平，但是政策意识和政策水平作为人们开展政策工作的基本条件，应该是政策素养的构成要素。从重视程度、准确程度和熟悉程度等多视角进行研究，可以丰富政策素养的内涵。总之，PSM 方法的研究和实践，扩大了研究者选择研究方法和比较研究结果的机会，是一种有潜力的研究方法，可以利用该方法做进一步的探索和研究。

2. 重视教学督导人员政策素养的提升

目前，教育政策已经引起各方关注，一些有影响的教育研究者及时编写了《教育政策辞典》(范国睿，2017)，有的大学回应政府部门需求，专门设立了"教育政策研究院"或研究中心，这些都是教育领域的决策者和研究者之间加强协作和互动的良好例证，但是教育督导的监督和指导在其中的作用，尚有待改革来推进。一个好的政策不仅需要好的研究成果作为依据，还需要好的监督和指导去配合执行和反馈。在一些高校中，高校内部教学督导人员，还只是传统的学科专业意义上的好教师，他们（她们）对教育政策的熟悉程度不够，其政策素养的状态影响了其督导成效的进一步提升。高校内部教学督导作为我国高校一项传统的有特色的质量管理活动，正在被赋予新时代的新内涵。在当下，教学督导人员应该承担多种角色，他们（她们）是教学工作的监督者、专业指导者，也应该是教学改革政策的宣传者、执行者、反馈者。综上所述，教学督导是专业性和政策性都很强的工作，建议各方充分认识到"教学督导人员应具有很高的政策素养"这一推论，不仅要重视督导人员的专业知识和业务能力水平，还要重视提升其政策素养，因为政策素养对督导成效有显著的干预效应，本章可以为此提供一定的实证依据。

3. 加强教学督导人员的政策培训

人的素养是在长期学习和工作中逐渐形成发展的。政策培训是高校促进教学督导人员学习、提升其政策素养的重要途径。研究发现（见表3-1），教学督导人员政策素养的量表得分低于问卷均值，也低于专业知识和业务能力水平的量表得分。这提示高校应关注和加强政策培训。高校通过对教学督导人员的政策培训做出系统安排，可以提升培训的规范性；根据督导人员对国家政策法规的熟悉程度和对本校推行教改政策或举措的熟悉程度，分别或综合安排培训内容，可以提升培训的针对性；改进培训方法，促进教学督导人员真正理解和及时掌握政策决策的背景、政策所关注解决的问题以及政策理念、政策目标和实施路径等，可以提升培训的实效性；建立激励制度，可以提升教学督导人员参与培训的积极性。此外，教学督导人员提升自身政策素养的另一重要途径是自主学习和学用结合,将掌握的政策与对本校教学现实问题的分析与思考结合起来,对各类政策构成的复杂政策系统逐渐达到"详尽而深入"的熟悉程度,在服务教学督导实践中形成发展自身的政策素养。

第四章 教学督导人员的专业知识与业务能力的影响：BPNN 仿真研究

本章采用一种改进的 BP 人工神经网络算法，针对上海地区 4 所研究型高校内部教学督导人员的专业知识和业务能力（Professional Knowledge and Competence，PKC）对其督导成效的影响效应进行专题仿真研究，期待能为高校教学督导队伍建设和专业化发展的有关政策决策，引入和提供一种较新的算法和一定的实证依据。

第一节 问题的提出

一、研究的意义

高校内部教学督导是我国高校教学质量保障体系的重要组成部分。虽然目前有关研究不足，但该领域正在成长为一个新兴的研究与发展领域。教学督导在性质上具有一定的"执法性"，因此督导人员应该具有一定的政策素养。教学督导也是一项专业性很强的工作，督导人员还应具有一定的专业知识和业务能力。2012 年国务院颁布的《教育督导条例》第七条明

第四章 教学督导人员的专业知识与业务能力的影响：BPNN 仿真研究

确规定，教育督导人员（督学）应当"熟悉教育法律、法规、规章和国家教育方针、政策，具有相应的专业知识和业务能力"。由此可见，高校内部教学督导人员的职业素养结构中应具有专业知识、业务能力和政策素养等要素。目前有关这些要素的内涵及其影响的专题研究和实证研究较为缺乏。这与教学督导实践需要不相适应。为增进教学督导实际成效，高校内部督导管理部门在实践中需要进一步明确界定这些要素，认识到这些要素发挥影响的程度，并依此科学选聘督导人员，改进督导队伍结构，完善人员培训制度，促进教学督导专业化。本章研究成果可为高校内部教学督导实践提供一定的参考。

二、研究的现状

在中国知网上，以"教学督导+专业知识"或"教学督导+业务能力"为篇名关键词进行论文检索，结果是 0 篇。这在一定程度上说明 PKC 领域的专题研究是缺乏的。相关研究主要散见在督导人员素质、督导队伍建设等研究文献中，梳理这些文献可发现其中存在两条研究演进路线。一条是从早期的督导人员素质的研究，发展为督导人员职业素养的研究；另一条是从初期的督导队伍建设的研究，演进为当下的督导专业化研究。上述有关研究提出了一些有价值的议题或观点，比如，有研究认为，在教学改革新形势下，应明确界定高校教学督导人员素质的内涵（王忠萍，2005）；"教育督导人员的职业性质决定了教育督导人员必须具有较高的职业素养"（穆岚，2007）；在教育督导体制尚未最终理顺、外部环境尚待建设的情况下，督导队伍质量是教育事业发展中举足轻重的影响因素（谷人，1999）；教学督导队伍建设是开展教学督导工作的首要问题（蔡锋，2007）；教育督导走专业化之路，教育督导人员必须向专业人士方向发展（王桃英，2009）；现代教育督导往往运用教育测量、教育评价、教育统计等相关专业技术手段作为基础工具（于慧，2009）。这些研究主要采用哲学思辨或逻辑推演的传统研究方法，实证研究方法运用不足。进一步检索发现，教育部于2016年发布的《督学管理暂行办法》第二十二条明确规定了教育督导人员接受培训的基本内容，具体包括教育理论知识、教育法规、评价与监测技术、现代信息技术、督导规划实施、督导报告撰写等。上述研究与宏观政策规定，为针对教学督导人员专业知识和业务能力进行专题实证研究，提供了一定的研究基础和政策依据。

三、教学督导人员专业知识和业务能力的界定

从分析的视角看，高校内部教学督导人员应该承担多重角色，比如，一方面作为单位督导人员应该配合做好本单位督导工作规划的制定与实施，执行教学监督与检查等教学管理任务；另一方面作为专家型教师或资深专家应发挥专业指导教师或专家作用，做好教学指导或业务咨询等工作。本章根据高校内部教学督导人员应该履行上述多重角色要求，参照教育部发布的督导人员常规培训内容的规定，对有关概念做如下界定：教学督导人员的专业知识，一方面是指督导人员应该具备的教学业务知识，即作为专业指导教师或资深教学专家应该具备的教学专业知识（简称"TPK"），包括教育科学的基础知识（如教育学、心理学、学校管理、教育信息技术、教育法规和校园安全知识等）、任教学科领域的知识、学科教学法知识、教学实践案例知识等；另一方面是指督导人员应该具备的督导专项知识，即作为单位督导人员从事一定督导工作必备的专门知识，包括督导工作标准（简称"St"）、督导工作内容（简称"Co"）和督导工作方法（简称"Me"）的知识等。教学督导人员的业务能力是督导人员将专业知识运用于实践而形成与发展的能力，一方面是指教学专业实践能

力（简称"TPC"），即作为教师或专家从事专业教学活动或教学工作的能力或专长，包括教学设计、教学实施等教学技能；另一方面是指教学督导专项能力，即作为单位督导人员从事一定督导工作必备的专门能力，包括教学督导专项测评能力（如督导人员听课、评课或观课等，简称"As"）、组织协调和表达能力（如制订和落实督导计划、撰写督导报告、现场检查指导与反馈，简称"Mc"）等。教学督导人员专业知识和业务能力的具体内涵和外延的规定，是随着时代发展而变化的，因此具有一定的开放性。本章关于教学督导人员专业知识和业务能力的概念界定，是从一定的研究视角出发，参照教育部发布的有关宏观政策要求，所做出的一种约定，是量化研究中常见的一种操作性概念界定。上述概念更加丰富的含义，限于研究目的和条件，不在本章讨论。

第二节 人工神经网络仿真研究原理解读及应用现状

一、人工神经网络构造原理

本章采用人工神经网络（Artificial Neural Network，ANN）对有关督导议题进行仿真研究。ANN 可以被视为一种数学模型，其在早期采用的有关算法，就已被认为超越了传统的回归分析方法（Werbos，1974）。自国外学者于 20 世纪 80 年代进一步探讨 BP 等算法后（Rumelhart et al.，1986），ANN 的相关研究与实践发展加快，在当代科研与生产实践中正在产生越来越大的影响。ANN 是模仿人脑工作原理而构造的模型。人脑的信息处理单元是神经元，神经元彼此连接构成复杂的神经网络。一个神经元接受其他神经元传来的信号，并对其进行整合，在一定条件下被激活，产生信号输出。ANN 通过构造各层人工神经元之间的全链接网络拓扑结构，模拟人脑的信息处理过程。一个神经元（又称 ANN 节点）的输入信息是来自前一层神经元的输出信息的加权求和，这是信息整合的过程。当整合后的信息超过该神经元的阈值水平（即人脑神经元的阈电位水平），该神经元就被激活，借助转移函数，产生非线性的信息输出。权重和阈值模拟了神经元的性质和强度，加权和激活（转移）函数模拟了人脑的信息加工和非线性信息输出的过程。

二、BP 算法的数学原理

本章研究主要采用了 BP 网络算法。BP（Error Back Proragation）网络，即反向传播人工神经网络（简称"BPNN"），这是目前已得到广泛运用的一种人工神经网络，其算法是常见的机器学习的核心算法，也是流行的深度学习的基础算法（Lecun et al., 2015），包括输入信号的正向传递和误差信号的反向传播过程。BPNN 通常包括输入层（P 层）、隐藏层（H 层）和输出层（T 层），其中 H 层是无法直接观察的，其可以根据需要设计为多层。根据 BP 网络设计原理（Rumelhart et al., 1986），以下试举例说明 BP 算法的数学原理。以只含一个 H 层的三层的人工神经网络为例，设 P 层、H 层和 T 层分别有 m、n 和 s 个神经元，定义 $x_i(i=1, 2, \cdots, m)$ 为来自 P 层神经元的信号值，y_j 和 $h_j(j=1, 2, \cdots, n)$ 分别为 H 层神经元的输入和输出值，z_k 和 $d_k(k=1, 2, \cdots, s)$ 分别为 T 层神经元的输入和输出值，W_{ij} 为 P 层到 H 层的权重，V_{jk} 为 H 层到 T 层的权重，θ_j 和 θ_k 分别为 H 层和 T 层神经元的阈值或偏置值，转移函数 $f(x)$ 为单极性 Sigmoid 函数，则 BPNN 正向传递过程可表示如下：

第四章 教学督导人员的专业知识与业务能力的影响：BPNN 仿真研究

$$y_j = \sum_{i=1}^{m} w_{ij}x_i + \theta_j$$

$$h_j = f^1(y_j) = f^1\Big(\sum_{i=1}^{m} w_{ij}x_i + \theta_j\Big)$$

$$z_k = \sum_{j=1}^{n} v_{jk}h_j + \theta_k$$

$$d_k = f^2(z_k) = f^2\Big(\sum_{j=1}^{n} v_{jk}h_j + \theta_k\Big) = f^2\Big\{\sum_{j=1}^{n} v_{jk}f^1\Big(\sum_{i=1}^{m} w_{ij}x_i + \theta_j\Big) + \theta_k\Big\}$$

$$f(x) = \frac{1}{1+e^{-x}}$$

输入信号的正向传递是输入信号的加权求和与转移输出的过程，误差信号反向传播是指输出层的输出值 d_k，与期望输出值相比，如果存在误差，则将误差信号反方向逐层传导，借助误差的梯度下降算法，将误差视为权值和阈值的函数，通过按梯度的反方向调整权值和阈值，经多次迭代，使误差趋向最小或某个极小值。定义 t_k（k=1, 2, ⋯, s）为期望输出值，δ_k 为输出层的输出误差，E 为输出层的均方误差（即 MSE）。将 Qr 记为第 r 次迭代时各层神经元之间的权值或神经元的阈值；η（0<η<1）为固定设置的学习速率或学习步长，可控制 Qr 的变动幅度，则 BPNN 反向传播过程可表示如下：

$$\delta_k = t_k - d_k$$

$$E = \frac{1}{s}\sum_{k=1}^{s}(\delta_k)^2 = \frac{1}{s}\sum_{k=1}^{s}(t_k - d_k)^2$$

$$\Delta Q_r = -\eta \frac{\partial E_r}{\partial Q_r}$$

$$Q_{r+1} = Q_r + \Delta Q_r = Q_r - \eta \frac{\partial E_r}{\partial Q_r}$$

研究运用 BPNN，一定要研究其数学原理，这样才能科学设计网络，不断改进算法。与传统的回归分析相比，BPNN 增加了隐藏层，可以更好地模拟现实生活中复杂的非线性关系，适用于研究黑箱情境下的输入与输出之间的映射关系。BPNN 模拟人脑的分布式存储和加工的结构和功能，表现出较强的自主学习、自主消除误差和自主调整的能力。该网络在模型设计上对研究者的经验要求较高，一些模型参数的设计需要采用试错法或反复实验法（Trial and Error）（Stathakis，2009）。此外，采用常规的梯度下降算法容易陷入局部最优点。本章在多次实验的基础上，尝试优选各类最佳参数，并采用能够自适应调整学习率的带动量项的算法函数（Lippmann，1987；Sarkar，1995），以改进研究工作。有关情况详见本章的研究设计部分。

三、BPNN 应用现状

随着人工智能应用在我国的快速发展，BPNN 研究已广泛运用于我国工农业生产领域。根据中国知网检索结果，BPNN 专题应用研究论文已达 10000 余篇，1994 年以前年度发表 10 篇以下，2002 年后快速增长，2019 年度突破 1000 篇，涉及工程管理（王天宇，2014）、地理测绘（张菊清等，2008）、资产评估（倪渊等，2020）、网络异常行为监测（蔡坚等，2004）、智能控制（刘晓东等，2019）、质量评价（白润才等，2001）、故障诊断（冯玉芳等，2019）、交通流量预测（孔繁辉等，2020）、财务风险预警（孙新宪等，2019）、信号识别（袁梦等，2019）等领域，在发挥模型仿真研究、评价与预测等功能方面显示出了良好的应用前景。在我国教育学领域，完整地运用 BPNN 的研究论文相对较少。但"教育+人工智能"正在成为一个新兴的发展方向。因此，本章尝试清晰且完整地运用 BPNN，针对教育领域的督导议题开展研究，以期为运用人工智能解决教育研究问题提供一个实践案例。

第四章 教学督导人员的专业知识与业务能力的影响：BPNN 仿真研究

第三节 研究设计

一、研究的目的、对象、内容和方法

本章以上海 4 所国家重点建设的研究型大学的内部教学督导人员为对象，采用 BP 人工神经网络（即 BPNN），对高校内部教学督导人员专业知识和业务能力（简称"PKC"）的影响效应进行仿真研究，为改进督导成效（简称"Ev"）的有关政策决策提供参考依据，并为运用人工智能研究教育议题提供实践案例。

模型仿真研究的具体过程分为以下 5 个步骤：第一，模型构建，即根据研究目的和内容，合理设计 BPNN 模型结构，确定 P 层、H 层和 T 层的神经元数和有关模型参数；第二，模型训练和验证，即采用随机抽样方法，将研究样本随机分为训练组、验证组和测试组 3 个组别，随机输入相应组别的样本数据或"模式对"，对模型进行训练和验证，并采用一定的性能指标和方法，评价模型的性能和推广能力；第三，仿真测试，即将测试组中督导人员的专业知识和业务能力的指标值作为输入项，输入模型，随后比较模型的仿真输出值与期望输出值，并根据一定的指标，判断模型的精度；第四，仿真结果优化，即采用一定的优化方法，探索模型优化和特定精度指标值提升的可能性；第五，综合判断，即计算评估后的最佳模型中各输入项的权重，结合有关信息综合判断督导人员专业知识和业务能力的影响效应。

BPNN 拓扑结构和有关模型参数设计如表 4-1 和图 4-1 所示。有关情况报告如下：

第一，P 层和 T 层设计。参照本书对 PKC 和 Ev 的定义或描述，从有关专项量表中提取指标，分别设计 P 层和 T 层，如表 4-1 所示。其中，P 层有 7 个神经元，T 层有 1 个神经元。

表 4-1　BPNN 的输入层和输出层所对应的测量量表指标

网络层级	指标	观察指标	神经元信号值	神经元个数
输入层（P）	专业知识	TPK	x_1	7
		St	x_2	
		Co	x_3	
		Me	x_4	
	业务能力	TPC	x_5	
		As	x_6	
		Mc	x_7	
输出层（T）	督导成效	Ev	t（d）	1

第二，H 层设计。根据常用的经验公式，确定 H 层神经元数量的下限和上限，构建一个合理区间，分别采用其中的 3、6、9、12、15 个神经元做实验，并在 H 层和 T 层采用 6 种不同的转移函数组合，其他模型参数采用默认值，经 5×10×6 次随机实验，每次都计算实验结果（即模型输出的 MSE），以全部实验结果的平均值和标准差最小为标准，发现 H 层最佳神经元数量应该在 12 个附近区间内，如表 4-2 所示。随后，设置固定的模型随机初始值，分别以 11、12、13 个神经元做实验，根据实验结果，H 层最终确定采用 13 个神经元。

第四章 教学督导人员的专业知识与业务能力的影响：BPNN仿真研究

表 4-2　H 层选择不同神经元数的 10 次实验结果（以最佳转移函数组合为例）

H层神经元数	3	6	9	12	15
1	0.0172	0.0173	0.0173	0.0165	0.0170
2	0.0182	0.0211	0.0167	0.0169	0.0178
3	0.0164	0.0171	0.0171	0.0174	0.0183
4	0.0169	0.0168	0.016	0.0172	0.0170
5	0.0170	0.0182	0.0168	0.0172	0.0168
6	0.0168	0.0170	0.0168	0.0166	0.0178
7	0.0166	0.0174	0.0167	0.0163	0.0173
8	0.0168	0.0165	0.0177	0.0170	0.0170
9	0.0171	0.0170	0.0167	0.0172	0.0170
10	0.0177	0.0178	0.0168	0.0165	0.0171
$\bar{x}$	0.017070	0.017620	0.016860	0.016880	0.017310
s	0.000531	0.001316	0.000445	0.000379	0.000489

注：表 4-2 为 H 层和 T 层采用最佳函数组合情形下的实验结果。

第三，模型参数和结构设计。确定 P 层、H 层和 T 层的神经元后，对其他模型参数进行微调，选择其中最佳模型参数。根据 BPNN 原理，在各层神经元之间设计全链接的结构关系，如图 4-1 所示。其中，H 层和 T 层的转移函数分别为 Tansig 和 Logsig。模型训练函数采用自适应调整学习率（初始值为 0.01）的带动量项（设定值为 0.04）的算法函数（Traingdx），最大训练次数设定为 10000，训练的性能目标值设定为 0.001。模型的输出原理和反向传播过程已在书中说明，不再赘述。图 4-1 中的 ΔQ_r 可以被定义为前一次权值或阈值的微小变化量，即 $\Delta Q_r = Q_r - Q_{r-1}$。

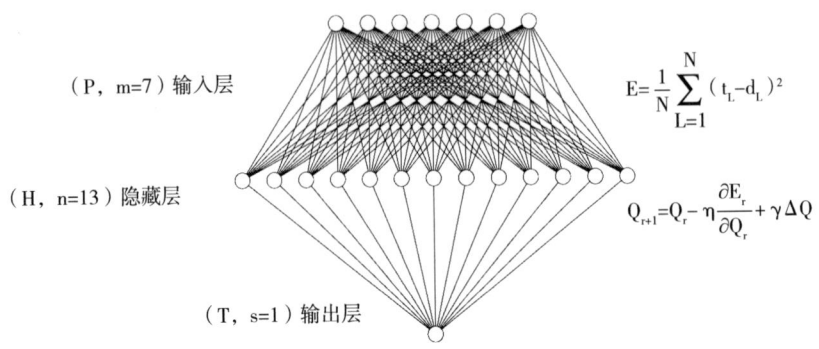

图 4-1 本书采用的 BPNN 模型简要示意图

注：图中 N 是输入模型的样本数或模式对数；γ 为动量项；其他符号已在书中说明。

二、研究的样本、工具及数据来源

研究样本及数据来自笔者自建的小型数据库，该数据库含 195 份研究样本数据，反映了上海地区 4 所国家重点建设的研究型大学在校内开展教学督导的有关情况。专项问卷已通过信效度检验。表 4-3 对各神经元信号值做了简要描述性分析。

表 4-3 BPNN 神经元信号值的描述（按 5 级量表值）

神经元	x_1	x_2	x_3	x_4	x_5	x_6	x_7	t
$\bar{x}$	4.292	4.174	4.344	4.195	4.123	4.241	4.071	3.662
s	0.602	0.681	0.665	0.637	0.622	0.608	0.613	0.682

本章采用分层随机抽样方法，按 BPNN 通用抽样比例，设计训练组、验证组和测试组。分层依据为督导人员对本人督导成效（Ev）主观体验的 5 级量表测量值，据此设计 3 个层级。样本的该项量表得分为 3 分及以下，属于第一层级，4 分及以上属于第三层级，其余属于第二层级（见表 4-4）。

第四章 教学督导人员的专业知识与业务能力的影响：BPNN 仿真研究

表 4-4 BPNN 实验组别划分及分层抽样方案

分层	训练样本数（60%）	验证样本数（20%）	测试样本数（20%）	合计
1	31	10	11	52
2	37	12	12	61
3	49	17	16	82
合计	117	39	39	195

训练组数据用于建立模型，验证组用于验证模型的泛化性能，测试组用于检测模型的精度。本章采用 SPSS 和 Matlab 作为数据演算和建模分析工具。

三组数据在数据预处理阶段均转换为对数值，以满足建模和验证模型的要求，并根据模型仿真和预测研究的需要，再将有关数据的对数值还原为 5 级量表量纲值，做结果对比分析。

第四节 实证分析

一、模型训练结果

采用训练组数据，建立神经网络模型并进行模型训练，数据运算经 185 次迭代后，趋于收敛。根据督导人员的专业知识和业务能力的测量值，采用训练后模型，仿真计算督导人员对督导成效（Ev）的主观体验值。依据仿真值（d）与期望值（t）之间绝对误差计算的均方误差为 0.0185，平均绝对误差为 0.0976，平均相对误差为 0.0872。训练组的 117 个样本的仿真值与期望值的变化趋势在总体上基本一致，其中可发现 8 个样本（6.83%）属于异常点（见图 4-2）。

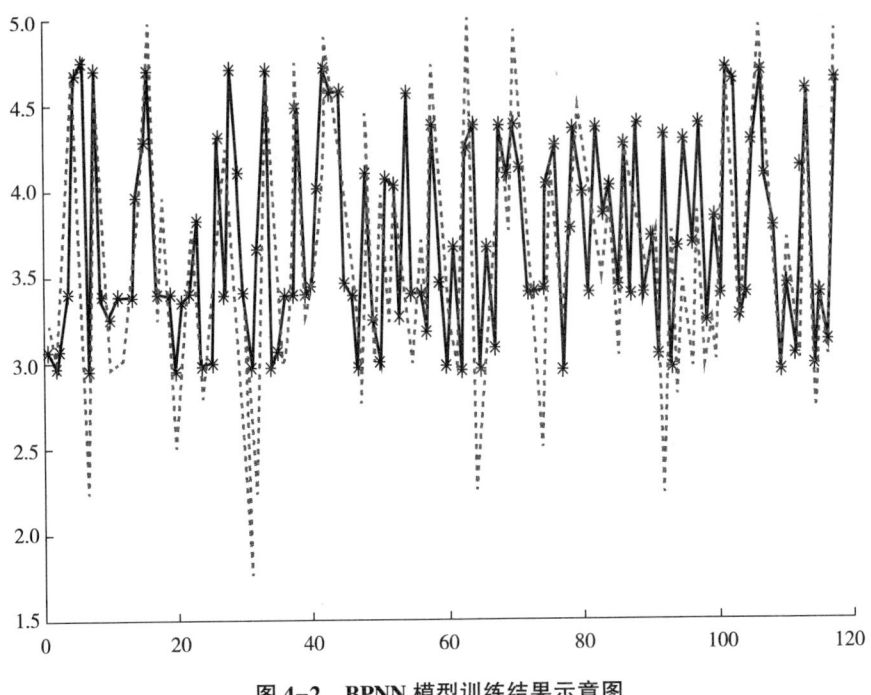

图 4-2　BPNN 模型训练结果示意图

注：横轴为训练组中督导人员编号，纵轴是督导人员对自身督导成效体验（Ev）的 5 级量表量纲值。虚线是 Ev 期望值 t 的变化趋势线，加星号实线表示 Ev 的仿真值 d 的变化。

以上显示，训练后的模型反映了训练组数据的基本特征，能够在一定程度上拟合 Ev 的期望值变化趋势。

二、泛化性能验证

训练后的模型需要采用验证组数据进行泛化性能验证，即验证该模型推广运用于新的数据集的性能，以调整参数和优化模型。常用的泛化性能观察指标是模型输出的均方误差（MSE）。由于均方误差依据绝对误差（E_i）计算，其数值大小受到量纲尺度影响，相对误差（E_u）应该是相对较好的性能指标。因此，本章采用了多个性能指标。一般而言，验证组的性能指标值会低于训练组。BPNN 模型的泛化性能验证结果如表 4-5 所示。结果显示，验证组指标值稍有变化。

表 4-5 BPNN 模型运用于训练组和验证组的性能指标值对比

性能指标	均方误差	平均绝对误差	平均相对误差
训练组指标值	0.0185	0.0976	0.0872
验证组指标值	0.0281	0.1277	0.1073

如果进一步考虑量纲影响，通过观察模型仿真值还原为 5 级量表量纲值之后的绝对误差波动幅度，可以进一步观察分析模型的泛化性能（见图 4-3）。图 4-3 显示，E_i 围绕 0 上下波动，有 3 个样本（7.69%）是异常点，其余样本 E_i 的变动范围均在正负 0.30 范围内，相当于 5 级量表变动幅度的 7.50%。

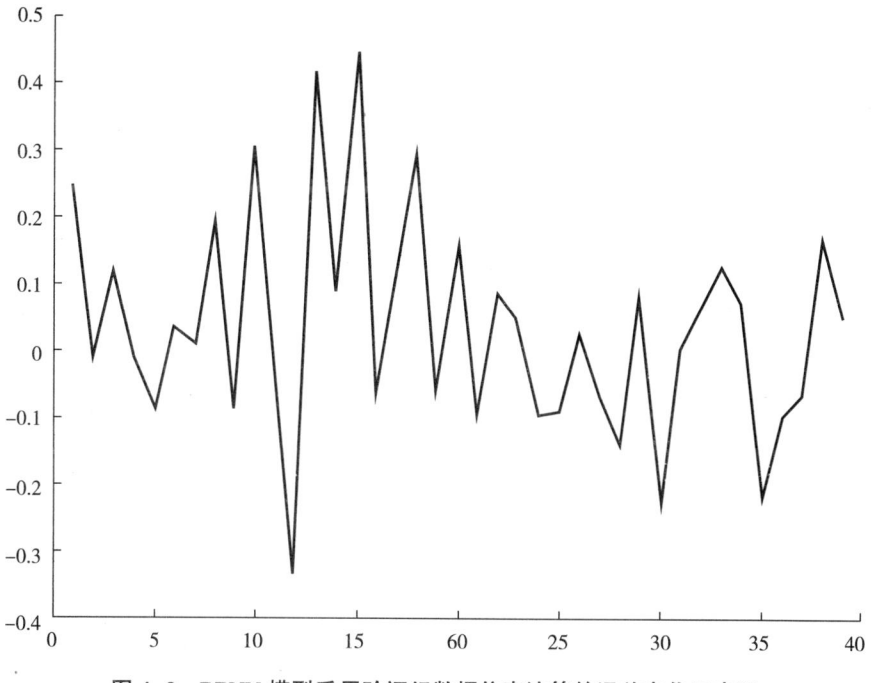

图 4-3 BPNN 模型采用验证组数据仿真演算的误差变化示意图

将验证组原始数据转换为对数值输入模型，对 E_i 做 K-S 正态性检验，可得到检验统计值为 0.105，显著性（双尾）p 值为 0.200，大于 0.05，由此可推断 E_i 具有一定随机性。以上提示，训练后的 BPNN 模型具有一定的泛化性能，可以在一定范围内采用。

三、测试结果

经过训练和验证之后的模型运用于测试组，可以获得以下结果，以检测模型的精度。有关结果如表 4-6 所示。其中，模型仿真计算结果已还原为 5 级量表量纲值。

表 4-6 BPNN 模型运用于测试组的仿真研究结果（部分）

样本编号	期望输出	模型输出	绝对误差	相对误差
1	4	3.67	-0.33	0.08
5	4.25	3.83	-0.42	0.10
6	4	4	0	0
8	3.25	3.41	0.16	0.05
9	3.75	3.72	-0.03	0.01
12	3	2.99	-0.01	0
14	3.75	3.41	-0.34	0.09
15	3.75	3.41	-0.34	0.09
16	2.75	2.96	0.21	0.08
18	4.25	4.09	-0.16	0.04
19	3.75	3.85	0.1	0.03
22	3	2.96	-0.04	0.01
24	5	4.7	-0.3	0.06
25	4	4.39	0.39	0.10
26	3.25	3	-0.25	0.08

第四章 教学督导人员的专业知识与业务能力的影响：BPNN 仿真研究

续表

样本编号	期望输出	模型输出	绝对误差	相对误差
27	4.25	4.27	0.02	0
30	4.25	4.09	−0.16	0.04
31	4.75	4.66	−0.09	0.02
32	3.75	3.47	−0.28	0.08
34	3	3.03	0.03	0.01
35	4.25	4.25	0	0
36	4	4.02	0.02	0.01

模型的精度一般采用测试组数据检测，通常以无量纲的相对误差（E_u）是否达到某一标准，来计算准确率或达标率等精度指标值。具体判断标准存在行业差别，通常可根据研究实际需要确定。本章采用 BPNN 模型仿真预测的准确率（Ew），预测结果如表 4-7 所示。

表 4-7 BPNN 模型的预测结果

判断标准	(1) $E_u \leq 5\%$	(2) $E_u \leq 10\%$	(3) $E_u \leq 15\%$	(4) $E_u \leq 20\%$
准确率（%）	33.33	56.41	71.79	82.05

在生产领域，可以将模型的仿真计算值与产品标准件实际测量值的平均值相比较，参照一定的置信区间（如95%的置信区间），判断仿真结果的达标率或模型预测的正确率或准确率等（潘华等，2007）。这涉及总体均值和抽样误差的估计。但对于小样本，参照样本期望值的平均值和标准差做判断，也有一定参考价值。本章中，模型仿真输出值均在期望输出值平均值的正、负 1.5 个标准差范围内。如果以此为标准，则达标率为 100%。其实，测试结果精度的判断，不仅受主观的判断标准影响，还受模型设计和原始数据特点的影响。精度相对不高的原始数据，可以尝试运用于模式识别。由于模式识别通常会有门限或区间设计，这对模型预测值的

精确度的要求相对较低，模型仿真结果的准确率或正确率可能会较高。

四、模式识别

模式识别，即按一定判别门限规则，对与输入向量相联系的输出向量进行特征辨别和类别区分。一个输出神经元，可以表示两类模式。本书将 5 级量表量纲值的第 4 级作为模式判别阈值，若模型仿真输出值 d 的 5 级量纲还原值 D≥4，则为督导人员高体验模式，定义 D=1；若 D<4，则为低体验模式，定义 D=0。运用 BPNN 模型进行模式识别的结果如表 4-8 所示。其中，有 8 个识别错误，模式识别正确率为 79.49%。对照表 4-7，可发现模式识别的正确率或准确率相对较高，介于判断标准（3）和（4）所对应的判断结果之间。

表 4-8 测试组运用 BPNN 模型进行模式识别的结果

N	1	2	3	4	5	6	7	8	9	10	11	12	13
D	1	1	0	0	1	1	1	0	0	0	0	0	0
T	0	1	0	1	0	1	1	0	0	0	0	0	0
N	14	15	16	17	18	19	20	21	22	23	24	25	26
D	0	0	0	0	1	0	1	0	0	1	1	1	0
T	0	0	0	0	1	0	0	0	0	1	1	1	0
N	27	28	29	30	31	32	33	34	35	36	37	38	39
D	1	0	1	1	1	0	0	0	1	1	0	0	0
T	1	0	1	1	0	0	0	0	1	1	0	1	1

注：N 为研究样本编号；D、T 分别为仿真输出值和期望值的模式分类结果。

五、算法优化

根据有关文献（李敏强等，1999），在 BPNN 研究中，可利用遗传算

第四章 教学督导人员的专业知识与业务能力的影响：BPNN 仿真研究

法（GA）的优化求解功能，尝试获得最优的 BPNN 权值和阈值，从而获得最优的仿真结果。遗传算法是一种模拟生物遗传进化机制的全局优化求解方法，通过编码机制、适应度函数和遗传算子等算法设计，优选新生代种群，最终获得针对目标函数值的最优解。本章采用常用的遗传算法，经反复研究和实验，有关算法参数初始设计如下：采用二进制编码，种群规模 n=10，遗传迭代次数 maxgen=100，交叉概率 p_c=0.3，变异概率 p_m=0.1，根据误差计算适应度函数值。随后进行 10 次实验，每次都记录和分析该次实验中 100 次遗传迭代后的结果，最终获得的最佳结果如表 4-9 所示。该表中实验序号 7 是指第 7 次实验，以此类推，2（7）是指第 2 次和第 7 次实验出现相同结果；MSE（1）和 MSE（2）分别为训练组和验证组的均方误差的最小值；E_w 为 10 次实验中测试组准确率（以样本 $E_u \leqslant 10\%$ 为判断标准）的最大值；R（1）和 $\overline{R}$ 分别为训练组的拟合度 R 值和平均拟合度 R 值的最大值；负值和正值分别表示 GA 优化实验的最佳结果与本章前述 BPNN 仿真结果比较后的下降和提升的幅度。

表 4-9 GA 优化实验的最佳结果

实验序号	7	10	2（7）	8	10
最佳结果	$MSE_{(1)}$=0.0038	$MSE_{(2)}$=0.0268	Ew=51.28	$R_{(1)}$=0.9128	$\overline{R}$=0.7913
与 BP 比较	-0.0147	-0.0013	-5.13	+0.1850	+0.0543

表 4-9 显示，采用 GA 优化后，训练组和验证组的均方误差得到一定的下降，训练组的拟合度和平均拟合度值都有所提高，尤其是训练组的拟合度 R 值达到了 0.9 以上，但测试组的准确率有一定的下降。这说明 GA 优化后的模型较好地反映了有关组别数据的特征和变化趋势，在训练组和验证组的均方误差以及训练组的拟合度值等关键参数方面都有改善，但测试组的预测精度没有得到提高。实验表明，训练组和验证组的过度拟合，会在一定程度上影响测试组的精度。由此形成以下两个决策方案：方案

一,以一定的均方误差和 R 值为依据,选择 GA 优化模型;方案二,以测试组精度(Ew)为依据,选择 GA 优化前的 BPNN。虽然实验发现,GA 对运行参数设计和优化较为敏感,但是常规的 GA 在模型精度微调方面不如 BPNN,已有研究者也发现了该局限性,且本章采用的 BPNN,是带动量项的自适应调整学习率的 BPNN,已经对标准 BPNN 进行了优化,综合以上分析,选择方案二有合理性,能较好满足本章的研究需要。

六、权重计算与判断

根据上述步骤最终获得较为合理的 BPNN 模型,提取其中的 W_{ij}(即 P 层到 H 层的权重,共 7×13 个),按以下公式计算输入层各神经元信号值的权重。其中,W_i 为 x_i 神经元信号值的权重。有关结果如表 4-10 所示。

$$w_i = \frac{\sum_{j=1}^{k} w_{ij}}{\sum_{i=1}^{m} \sum_{j=1}^{k} w_{ij}}$$

表 4-10　BPNN 输入层各神经元信号值的权重

神经元	x_1	x_2	x_3	x_4	x_5	x_6	x_7
权　重	0.155	0.136	0.114	0.164	0.098	0.172	0.162
排　序	4	5	6	2	7	1	3

根据评价学原理,指标的权重反映了该指标的相对重要性或影响效应的大小。因此,输入层的 7 个神经元信号值的权重大小反映了其影响效应的相对大小。表 4-10 显示,输入层的 7 个神经元的影响效应,按由大到小排序,其排序结果依次为 x_6、x_4、x_7、x_1、x_2、x_3 和 x_5。督导专项能力和督导专项知识中的督导方法知识产生的影响较大。其中,督导人员在督导

第四章　教学督导人员的专业知识与业务能力的影响：BPNN 仿真研究

评价方面的专项能力（即督导专项测评能力 x_6）对督导成效所产生的影响最大。

第五节　本章结论

一、研究结论

本章基于上海地区 4 所研究型高校内部教学督导课题研究数据库，采用 BP 人工神经网络，针对督导人员的专业知识和业务能力对督导成效的影响效应，进行专题仿真研究，以为改进督导成效提供决策参考，并为运用人工智能研究督导议题提供实践案例。本章认为，教学督导人员的专业知识可以从教学专业知识和督导专项知识等方面进行分析；其业务能力可以从教学专业实践能力和督导专项能力等方面进行探讨。基于上述分析框架、数据和方法，本章得出如下结论或推论：第一，人工神经网络为教学督导研究提供了一种较新的量化研究方法和技术，在"教育+人工智能"的教育改革背景下，有良好的应用前景。在传统的回归分析中，研究者需要尽可能地打开黑箱，发现与控制其中的各种影响因素。督导人员的专业知识和业务能力对督导成效的影响，涉及众多影响因素，其中的影响机制和复杂非线性关系，难以被研究者完全认识或控制。有了 BPNN，我们在处理现实中的有关黑箱问题时不会感到束手无策。我们可以采用 BPNN，面对现实中复杂的非线性关系，抓住我们可以观察的主要因素，通过独特的隐藏层设计和算法设计，进行逼近现实的仿真研究。采用 BPNN，对督导成效的主要影响因素及其影响程度，在一定程度上进行仿真模拟、评价或预测研究是可行的研究方案。第二，教学督导对督导专业性要求较高。我们可以将"教学督导"专业性分解为"教学"专业性和"督导"专业性两个方面进行讨论，前者通过教学督导需要较高的教学专业知识或教学实践能力而体现出来，后者常表现于其对督导专项知识能力的要求之中。在实践中，由于督导专业性要求较高，后者往往会成为督导专业化和督导成效的关键影响因子。本章发现了类似现象，在影响督导成效体验的7个研究因素中，督导专项能力中的督导专项测评能力、督导专项知识中的督导方法知识、督导专项能力中的组织协调与表达能力等因素的影响较大，按其影响由大到小排序，分别排在第1、第2、第3位。因此，督导专项能力及有关的督导专项知识的影响较大。教学督导人员承担教学专家、单位督导人员等多种角色，不仅要掌握教师教学专业知识和教师教学实践技能，更要具备督导专项能力，为此应掌握有关的督导专项知识。高等院校在选聘校内教学督导人员时，不仅应重视以优秀教师或资深专家应具备的教学专业知识技能为标准，更应重视以单位督导人员应具备的督导专项知识能力为准则，并重视督导专项培训和研究，通过促进督导人员的专业化和知识积累，促进督导工作的专业化或科学化，最终使教学督导成为一项实实在在的能够保证和提高本科教学质量的有效活动。

二、启示或建议

结合上述研究过程、发现和结论，本章尝试进一步提出以下五点思考和建议：

第一，重视提升教学督导人员在督导评价方面的专项能力。研究发现，在督导人员的专业知识和业务能力的若干构成要素中，督导专项测评能力（x_6）的权重最大，对督导成效所产生的影响最大。对此，我们应予以充分关注。在当代教学督导工作中，评价是其主要工作方法之一。这种

第四章 教学督导人员的专业知识与业务能力的影响：BPNN 仿真研究

评价服务于特定高校安排的一定的督导对象和任务，就会成为该校内部教学督导工作的主要内容之一。由于督导与评价之间存在紧密联系，督导评价已成为高校教育教学评价的一种特殊形式或内容，居于特殊地位。这种评价的特殊性，是与教学督导的对象、目标、内容和要求等相联系的。督导评价有自身的特殊要求，以常见的督导人员听课、评课为例，这不同于一般教师去观课，我们需要对此加强研究，并将研究成果运用于督导培训实践。督导评价具有特殊性，这要求督导人员不断提升督导评价的专项能力，以保证教学督导的专业性或科学性。

第二，增进教学督导人员在督导方法方面的专项知识。本书通过模型数据演算，发现督导方法方面的专项知识是督导成效的第二大影响因素。我们的实地调研也发现，在一些高校中，教学督导人员习惯于采用行政检查、通报和约谈等传统的督导方法，并取得了一定成效，但在面对当代复杂的教学改革问题时，由于其对现代教学督导方法不够熟悉，常常感到督导方法不足。除了上述督导评估所涉及的专项知识外，所谓的和谐督导、临床督导、发展性督导等"专业化督导"改革所涉及的多种方法知识有待进一步发现、总结、提升和传播。研究人类知识演化过程可发现，专业工作没有良好的专门知识基础，就会徘徊于所谓的"工艺技巧阶段"。方法知识涉及方法论和技术等层面，需要相关的理念、理论、制度、文化和技术等方面的支撑。研究机构加强督导研究，高校推进改革并鼓励督导人员学习和创新，可以不断丰富和增进督导方法的专项知识，从而有利于督导人员提升专项能力。

第三，发展教学督导人员的组织协调和表达能力。该项能力反映了国务院颁布的《教育督导条例》第七条第五款对督导人员（督学）任职条件的要求，也是本书发现的影响督导成效的第三大因素。其中涉及制订督导计划、合理调配资源和实施督导计划、撰写督导报告、线上和线下进行检查、指导与反馈等方面的能力，这在一定程度上体现了教学督导的管理属性。教学督导承担的多种角色反映了教学督导的多重属性，其中两大属性表现突出，即教学督导的教学属性和管理属性。前者要求督导人员发挥资深教师或教学专家的教学引领作用，后者则要求其承担单位委托的各项监督管理职责，做好教学督导工作的计划、实施和总结。教学督导的两大属性在理论上是统一的，在实践中不论是前者服务于后者还是后者服务于前者，这都有可能带来一定的冲突。教学督导不仅面对教学上的挑战，还面对管理上的诸多挑战，这可以解释一些高校教学督导工作面临困境的部分成因。为解决有关问题创造有利条件，高校需要重视和发展督导人员的组织协调和表达能力。督导人员承担单位委托的督导职责，其表达能力要服务于特定的管理任务，为此需要面向不同对象，发展一定的口头、书面和在线进行交流和表达等方面的综合能力。

第四，完善督导人员的专业知识和业务能力的要素结构。研究发现，在督导成效的影响因素中，按影响权重由大到小排序，教学专业知识、督导专项知识中的督导标准知识和督导内容知识、教学专业实践能力，分别排在第4、第5、第6、第7位。这些因素的影响相对较小，反映了研究样本所在高校的实际情况，但不可忽视。比如，督导人员对督导工作标准和督导工作内容等督导专项知识的掌握程度，就会影响督导工作的规范化或专业化程度。根据实践观察，上述有关因素一般存在个体差异。以教学专业知识为例，督导人员作为资深教师或教学专家一般都较好掌握了任教学科领域的知识、学科教学法知识、教学实践案例知识等，但在教育科学的基础知识方面（如教育学、心理学、学校管理、教育信息技术、教育法规和校园安全知识等）与理想状态尚有一定差距，一些督导人员对此没有足够重视，没有做到与时俱进。没有教育科学知识的支持和先进的教育理论的指导，不重视教学学术的研修，督导人员表现出来的熟练的教学专业实践技能，不一定能够适应当代教学改革需要，也往往难以充分发挥引领或示范价值。完善督导人员的知识能力结构，可以选择以下两条路径，一条

第四章 教学督导人员的专业知识与业务能力的影响：BPNN 仿真研究

路径是加强督导队伍建设，选聘和培训多种类型的教学专家，各类专家通过优势互补，合作完成任务；另一条路径是促进督导人员补齐个体知识能力上的短板，在个体专业化发展中完成任务。后一条路径对督导人员提出了较高要求。

　　第五，推进人工神经网络的学习和应用研究。本书采用改进的 BPNN 算法，即带动量项的自适应调整学习率的反向传播误差的算法函数，但这种人工神经网络设计，仍属于常规的层状结构设计，即各层之间神经元节点全链接，但对同一层神经元节点之间的关系没有进行设计和研究。这体现了 BPNN 的优势，即其算法原理清晰、相对简单且方便运用，事先不需要对若干指标之间的关系做分析，只要提供足够的"模式对"和最佳参数，就可以提炼出其中的数据特征或变化趋势，但在模拟人脑的复杂网状结构和揭示复杂因果机制上表现出一定局限性。此外，BPNN 的仿真研究技术的运用过程较为复杂且严谨，对网络和算法设计较敏感，因而对研究者的知识储备和经验要求高，需要研究者付出很大的耐心和很多时间，去不断思考和分析算法及实验结果，探索设计最佳网络和参数。但 BPNN 作为复杂网络的基础和核心算法之一，以及其在黑箱研究和仿真研究等方面表现出的独特性，值得研究者进行学习或研究。比如，BPNN 对隐藏层的设计较独特，因此采用传统的统计分析方法所得的结果与 BPNN 有关结果会有差异；BPNN 对数据预处理有多种方法可选择，但预先整理数据时，去除异常点，这会偏离真实情境，也不一定能够提高模型精度，因此影响模型精度的因素及解决方案值得研究。随着 ANN 发展，反馈式神经网络、自组织竞争神经网络、卷积神经网络等多种神经网络设计不断发展，算法函数和优化算法不断丰富。这些都提出了有趣且有意义的课题和研究方向。随着"教育+人工智能"的发展，ANN 运用于教育研究和督导议题的优势和局限性有待进一步研究和探讨。

第五章 教学督导人员的工作模式的影响：QRM 分析

第一节 问题的提出

本章的选题灵感来自于亨利·明茨伯格（H. Mintzberg）的管理学经典著作《经理工作的性质》，该书奠定了管理学中"经理角色理论"的基础，其主要讨论"经理们究竟在做些什么"。经理的管理活动或行为，在明茨伯格之前，长期没有得到应有关注。教学督导在教学管理中的监督与指导的活动或行为，同样长期没有得到专业研究人员的重视。受其启发，本章关注的问题是：教学督导人员究竟在做些什么？他们或她们究竟是如何工作的？

在明茨伯格看来，角色理论可以用来描述和解释经理人员的行为，"角色就是属于一定职责或地位的一套有条理的行为"（明茨伯格，1999）。这些行为是事先规定好的，但各人有自己的解释和行为方式。本章则尝试提出工作模式这一概念，从工作模式的视角研究督导人员的工作与行为。

虽然教学督导的工作环境在不同院校存在差异，教学督导人员的工作

第五章　教学督导人员的工作模式的影响：QRM 分析

有个体特征，但是教学督导人员要遵循共同的行为规范，因而表现出一套有章可循的结构化工作体系或有条理的行为。本章主要关注其中的结构性和共同规定性而不是个性化行为方式，也正是基于这一视角提出工作模式概念。

所谓教学督导人员的工作模式，是指教学督导人员的合法身份或工作职责赋予教学督导人员的一套理想的、有条理的工作体系或行为方式，反映在教学督导的工作目标（W1）、工作内容（W2）、工作方法（W3）、工作动机（W4）和工作发展（W5）方面（简称"5W"）。对这些方面的描述或研究，可以从多方面揭示教学督导人员的理想工作体系或有条理的行为方式。

工作模式是一种理想的工作体系，该体系的基本要素就是 5W。教学督导人员有条理的行为方式，是一种体现共同规范要求的行为特征，正是通过 5W 而得以表现。根据国务院于 2012 年颁布的《教育督导条例》和我们的调研与思考，理想的 5W 应该表现如下：在工作目标上，教学督导各项工作（包括各项围绕教学改革与发展的工作）最终应以提升教育教学质量为核心；在工作内容上，应该适应现代教学改革要求，引导教师更加关注学生学习，加强对学生学习的督导；在工作方法上，重视与被督导对象和同行进行对话和研讨；在工作动机上，应有事业心和理想追求，不能满足于完成管理部门安排的督导任务；在工作发展上，应有浓厚的兴趣参加业务培训，重视各类专业发展活动。本章提出工作模式这一概念，有利于进一步研究教学督导人员在具备一定的政策素养、专业知识和业务能力并应聘上岗之后，依法履职的工作过程，对于我们更好地理解和改进教学督导工作，有积极意义。

为更细致地研究教学督导的工作体系或行为方式，本章采用一种较新的统计分析方法——分位数回归模型（QRM），包括 CQR 模型和 UQR 模型，在较细致地描述样本校的教学督导工作模式的基础上，进一步研究工作模式在督导成效的不同条件分位数或无条件分位数上的影响,以及督导成效的条件分布或边际分布及其变化趋势。

第二节 QRM 分析原理解读及应用现状

一、QRM 的原理

分位数回归模型(Quantile Regression Models,QRM)是一种相对较新的统计分析方法,近年来发展很快,已成为国外社会科学研究的前沿领域之一,在国内也已成为社会学和经济学等领域的前沿研究方法之一。分位数(Quantiles)和均值(Mean),都是常用的描述变量分布特征的统计量。其中,均值或平均值作为一种集中量数,在变量呈正态分布的情形下对变量有较好的代表性,但在变量总体分布未知或呈现非正态分布情形下,分位数比均值能更好地描述随机变量的分布特征。

参照 Koenker 和 Bassett(1978)、Koenker 和 D'Orey(1987)、Buchinsky(1994)、Hao 和 Naiman(2017)等的论述,根据分位数的定义,随机变量 Y 的第 θ 分位数 $Q_{(\theta)}$ 是 Y 的分布函数 F(y)在 θ 点的反函数的值。对于 F(y)= θ(0<θ<1),如果 $Q_{(\theta)}$ = y,则在 y 值之下的比例为 θ,即 $F_Y(y)$ = θ(Y≤y)。就一组分位数而言,$Q_{(\theta)}$ 作为 θ 的函数,可以定义为 F(y)的分位数函数(F(y)≥θ),即:

$F^{-1}(\theta) = Q_{(\theta)}$

$Q_{(\theta)} = \inf\{y: F(y) \geq \theta\}$

在标准回归模型(LRM)中,常用的参数估计方法是普通最小二乘估

计（Ordinary Least Squares，OLS），即最小化残差平方和，其数学原理是最小化平方差，可表示为 $E[(Y-\mu)^2]$，μ 的最优解是 Y 的均值，即 $\mu = E(Y)$；在回归方程中 μ 是给定 X 情形下的随机变量 Y 的条件均值或 Y 关于 X 的条件期望函数，即 $\mu = E(Y|X_i)$，通过最小化目标函数和求导过程，可得 X_i 的系数 β 的估计值。

分位数回归模型，常用的参数估计方法是最小化残差绝对值的加权算法，其数学原理是加权 LAD（Least Absolute Deviation or Least Absolute Distance），又称加权 MAD（Minimum Absolute Deviation）、加权 LAV（Least Absolute Value）等，可表示为 $E[\rho_\theta|Y-\mu|]$。其中，ρ_θ 为权重，取值有两种定义，如果 $Y \geq \mu$，则 $\rho_\theta = \theta$；如果 $Y < \mu$，则 $\rho_\theta = 1-\theta$。采用上述方法和定义，经数学推演，可证明 μ 的最优解是 Y 的第 θ 分位数 $Q_{(\theta)}$，即：

$$E[\rho_\theta | Y - \mu|] = (1-\theta)\int_{-\infty}^{\mu}(\mu - y)f(y)dy + \theta\int_{\mu}^{+\infty}(y - \mu)f(y)dy$$

$$\frac{\partial E}{\partial \mu} = (1-\theta)F(\mu) - \theta(1 - F(\mu)) = F(\mu) - \theta = 0$$

$$F(\mu) = \theta$$

$$\mu = F^{-1}(\theta) = Q_{(\theta)}$$

分位数回归模型（QRM），常见的是条件分位数回归模型（Conditional Quantile Regression Models，CQRM），其表达形式如下：

$$y_i = x_i\beta_{(\theta)} + \varepsilon_{(\theta)_i}$$

$$Q_{(\theta)}(y_i|x_i) = x_i\beta_{(\theta)}$$

其中，$Q_{(\theta)}(y_i|x_i)$ 代表在给定 x 的情形下 y 的第 θ 条件分位数函数。

条件分位数回归模型的最小化目标函数为残差绝对值的加权和，可表示如下：

$$\mu = Q_{(\theta)}(y_i|x_i), \quad Q_{(\theta)}(y_i|x_i) = x_i\beta_{(\theta)}$$

$$Q(\widehat{\beta}_{(\theta)}) = \min\sum_{i=0}^{n}[\rho_\theta(y_i - \mu)|x_i] = \min\sum_{i=0}^{n}\rho_\theta(y_i - x_i\beta_{(\theta)})$$

$$v = y_i - x_i\beta_{(\theta)}, \quad \rho_\theta(v) \equiv \begin{cases} \theta v, & v \geq 0 \\ (\theta - 1)v, & v < 0 \end{cases}$$

$$Q(\hat{\beta}_{(\theta)}) = \text{Min}[\sum_{y_i \geq x_i\beta} \theta \mid y_i - x_i\beta_{(\theta)} \mid + \sum_{y_i < x_i\beta} (1-\theta) \mid y_i - x_i\beta_{(\theta)} \mid]$$

其中，$0<\theta<1$，如果 θ 取值 0.5，即中位数回归（Median Regression），这是分位数回归的特例，ρ_θ 取值为对称权重。在其他情形下，ρ_θ 取值为不对称权重。条件分位数回归，通过 θ 取值和 ρ_θ 权重，将样本数据分为两部分，形成最优的回归线或回归面（Plane），以得到最小化目标函数。通过最小化目标函数，采用线性规划（如单纯形法、内点法）等方法，可得 x_i 的系数 $\beta_{(\theta)}$ 的估计值。

二、LRM 的局限性和 QRM 的特点

在社会科学研究中，由于标准回归模型（LRM）的应用具有一定的局限性，采用 QRM 表现出较为突出的优势。

首先，常见的标准回归模型（LRM），又称条件均值模型，由于均值是集中量数，受离群值或变量分布两端的异常点的影响，LRM 估计结果在一定情形下显得不够稳定。分位数与顺序统计量相关，因而对离群值或异常点不敏感，这使得分位数回归结果较为稳健。

其次，LRM 需满足残差服从正态分布且方差齐性等严格假设，否则回归结果不可靠。分位数回归模型（QRM），放宽了 LRM 的严格假设，可假设残差来自未知的分布函数，在残差呈非正态分布和异方差性的情形下，QRM 表现出 LPM 所不具有的优势。

再次，LRM 构建单一的回归方程，描述了自变量的变化带来的因变量的条件均值的变化，过均值点可以拟合一条最优的回归线（或一个最优的回归面）。QRM 则可以反映自变量的变化带来的因变量的条件分位数的变化，由于第 θ 分位数中的 θ 在 (0, 1) 区间自由取值，可以构建若干个回

归方程，拟合若干条最优的回归线（或若干个最优的回归面）。因此，QRM 与均值回归模型相比，不仅能够反映自变量对因变量条件分布的特定位置的异质性影响（比如能够反映一项教育政策对学生成绩条件分布的两端部分的影响），还能够根据需要更细致、更全面地描述随机变量的分布特征和变化趋势。

最后，LRM 只具有线性同变性（Linear Equivariance）的特征，被解释变量发生线性变换，LRM 的条件均值会产生同样的变换，即 $E(a+by|x)=a+bE(y|x)$。QRM 不仅具有这一特征，还具有 LRM 所不具有的单调同变性（Monotone Equivariance）特征。对于一个单调函数 h（y），y 的变换形式的分位数函数等于 y 的分位数函数的变换形式，即 $Q_{(\theta)}\{h(y)|x\}=h\{Q_{(\theta)}(y|x)\}$。LRM 则不具有单调同变性，即 $E\{h(y)|x\}\neq h\{E(y|x)\}$。

由于分位数回归具有上述特点，分位数回归模型（QRM）为解决相对复杂的问题提供了相对复杂、精细的分析方法。其中一些新的分析方法，如无条件分位数回归（UQR）和广义分位数回归（GQR）等，在国外也刚刚起步，有待研究者进一步探索、发展、应用与完善。

三、CQR 的适用范围以及 UQR 和 GQR 的新进展

综上所述，有关分位数回归（QR）的一些研究，常见的是条件分位数回归（CQR）的研究。近年来，分位数回归研究领域有新的进展。比如，FFL（Firpo、Fortin 和 Lemieux 这三位学者在外文文献中通常被简称为 FFL）于 2009 年提出，可采用再中心化影响函数（Recentered Influence Function，RIF），研究解释变量 X 的分布变化对被解释变量 Y 的边际分位数（Marginal Quantiles）的影响，即 X 的分布变化对被解释变量 Y 的分位数函数的边际分布（或无条件分布）的影响。为与 KB（即 Koenker 和 Bassett）于 1978 年提出的分位数回归方法（即条件分位数回归，

Conditional Quantile Regression，CQR）做区分，FFL（2009）将基于 RIF 的分位数回归，即将 Y 的分位数函数转换为 RIF 估计值对 X 做回归，称之为无条件分位数回归（Unconditional Quantile Regression，UQR）。

RIF 可表示如下：

$$\mathrm{RIF}(Y; Q_\theta, F_Y) = Q_\theta + \frac{(\theta - 1\{Y \leq Q_\theta\})}{f_Y(Q_\theta)}$$

式中，$Q_\theta = Q_{(\theta)}$。Q_θ 是因变量 Y 在第 θ 分位数的值，F_Y 是 Y 的累积分布函数。根据 RIF 表达式，如果 θ=0.20，则大于和小于 $Q_{0.20}$ 的 Y 的 RIF，则分别取值 $Q_{0.20}+0.20/f_Y(Q_{0.20})$ 和 $Q_{0.20}-0.80/f_Y(Q_{0.20})$。RIF 取值与 X 无关，只取决于 Y 的无条件分布的密度（Density）和分位数函数（Quantile Function），具有哑变量的性质，可用于构建线性概率模型（RIS-OLS）、Logit（RIF-Logit）或非参数 Logit（RIF-NP）回归模型。如果构建 RIS-OLS，则将 RIF 的估计值作为因变量，对 X 做回归，可得无条件分位数效应的估计值。

UQR 中的分位数与 CQR 不同，是在回归建模之前就已定义的，不是由自变量或协变量 X 来定义的，不是所谓的条件分位数。CQR 和 UQR 的含义存在较大差异，可用于研究不同的问题。国外有学者（Killewald & Bearak, 2014）曾撰文讨论了 CQR 和 UQR 这两者之间存在的区别。CQR 可用于研究自变量 X 对因变量 Y 的条件分位数的影响，即 Y 中具有相同（Identical）协变量特征（x_i）的群组内的差异或异质性的研究。研究群组间的差异，应该采用无条件分位数回归（UQR）。UQR 可以反映自变量对因变量无条件分位数的整个分布的影响，由此可得到所谓的自变量影响的分位数偏效应。

根据资料，在无条件分位数回归（UQR）研究领域，国外学者（Powell，2010，2013）已开始对广义分位数回归（GQR）进行探索。考察一些 GQR 研究案例及其算法设计可发现，GQR 将解释变量细分为处理变量 D 和控制变量 X 等多类别变量，即 $Y = q(D, X, Z, \mu)$，在此基础上，通过矩估计方法，运用倾向值权重或工具变量设计等技术，可最终获得 D 的无条件分位数处理效应（Unconditional Quantile Treatment Effects, UQTE）。在理论层面，GQR 参考了 Chernozhukov 和 Hansen（2008）等结构分位数函数（Structural Quantile Function, SQF）的概念，基于 SQF 的一定假设和方法，估计条件分位数处理效应（CQTE）或无条件分位数处理效应（UQTE）。根据常见的 GQR 研究假设，被解释变量 Y 的第 θ 或 τ 分位数函数 $Q_{(\theta)}$ 或 $q_{(\tau)}$ 总是受到处理变量 D 的影响，关键是如何控制其他变量（包括可以观察的协变量 X 和其他不能观察的干扰变量 μ）的影响。如果处理变量 D 是随机分配的，可考虑不需要控制协变量的情形。常见的条件分位数处理效应（CQTE）的研究，将所有的解释变量视为处理变量，即 $Y=q(D, \mu^*)$，这是 GQR 应用的特例，在这种情形下，Y 的分位数分布反映了干扰变量 μ^* 影响下的条件分布，CQTE 反映了处理变量对这种条件分布的影响。在上式中，如果定义 $\mu^* \equiv f(X, \mu)$，则在 UQR 中，研究者通常感兴趣的是无条件分位数效应，即一定处理变量 D 对 Y 的无条件分布的影响，而不是 X 变量影响下的 Y 的条件分布变化，研究者关注的 Y 的分位数分布是 D 影响下的条件分布而与 X 无关。GQR 尝试将 CQR 和 UQR 联系起来，构建统一的理论框架，为进一步研究 UQR 提供了新思路。

综上所述，从理论上来说，由于 UQR 中 RIF 取值与 X 无关，无须对 D，μ^* 之间的关系做出严格假定，且 GQR 中可使用倾向值权重或工具变量设计等技术，UQR 和 GQR 可在一定程度上缓解回归分析或因果分析中所谓的"内生性问题"的困扰，因此，虽然与经典的 OLS 相比，CQR 的适用范围更大且表现出较突出的优势，但是与 CQR 相比，UQR 和 GQR 有更好的应用前景。由于 CQR 发展较为成熟，UQR 和 GQR 尚在探索之中，研究者可侧重采用 CQR 做分析。

四、QRM 的应用现状

在中国知网上，以"分位数回归"作为篇名关键词进行检索，可得337 篇 C 刊论文，主要是经济学（朱喜、李子奈，2007）、统计学（伍兴国，2018）、社会学、管理学领域的文献，较早的文献可追溯到2006 年（吴建南、马伟，2006）。上述论文大多采用 CQR 方法。CQR 对于研究者精细化分析因变量条件分布的整体特征是有一定价值的，比如有研究者（樊增增，2020）主要采用 CQR，对中国家庭收入的分配特征进行了所谓的"整体性研究"。近年来，有研究者开始关注 UQR 和 GQR。比如，有研究者采用 UQR（朱平芳、张征宇，2012），研究了居民收入增加 1 元与增加 1% 时，对总体医疗支出分布的边际影响；运用 GQR 等方法（朱平芳、邱俊鹏，2017），研究了最低工资标准提升政策对居民工资分布的影响。总体而言，由于 GQR 的求解过程和技术较复杂，关于 GQR 的应用研究较少。如果限定在教育类文献中以"分位数回归"作为篇名关键词进行检索，可得 18 篇 C 刊论文，其中在教育类专业杂志上发表的论文只有 6 篇，两类期刊上较早的文献可分别追溯到 2008 年（刘生龙，2008）和 2013 年（胡咏梅、唐一鹏，2013）。大多数论文没有在分位数回归方法论层面做更多的研究和分析，这影响了研究设计和研究结果的解释。

综上所述，国内在教育学研究领域，还没有广泛使用分位数回归这一前沿的方法与技术。其中，在教学督导领域，没有发现分位数回归应用研究文献。基于上述分析，本书尝试将分位数回归方法引入教学督导研究领域，并采用了 CQR、UQR 和 GQR 等多种分位数回归技术，以保证研究结果的稳健性和可靠性。但考虑到 CQR 的相对成熟性，Koenker 和 Bassett（1978）、Koenker 和 D'Orey（1987）、Hao 和 Naiman（2017）等已发展出一系列较为成熟的分析技术，本章以 CQR 为主要研究方法。

第三节 研究设计

一、研究目的、对象、内容和方法

本章以上海 4 所国家重点建设的研究型大学的内部教学督导人员为对象，采用分位数回归方法（包括 CQR、UQR 和 GQR 等，以 CQR 为主），研究高校内部教学督导人员的工作模式与督导成效的关系，以揭示教学督导人员的工作模式的影响效应。

研究过程包括五个步骤：第一，描述，即对主要变量做分位数分布的描述；第二，对比，即比较均值回归和中位数回归的结果，初步判断采用 QRM 方法的合理性；第三，拟合，即采用 CQR，做 19 个等距分位数模型的拟合；第四，分析，即结合模型估计结果及有关图表，分析教学督导人员的工作模式在督导成效的不同条件分位数上的影响及变化趋势，分析条件分位数分布的位置、尺度和偏态变化，以及尾端效应和效应模式；第五，检验，即采用 UQR 和 GQR 等方法，对 QRM 结果进行稳健性检验。

二、研究的样本、变量设计和工具

本章采用上海地区研究型大学教学督导课题研究数据库（简称"SHHEI-DBSTL-2018"）进行研究，该小型数据库含 195 份有效样本的问卷调查数据。有关此次调研和样本的具体信息，参见第二章。由于预研究发现有关个体背景变量（如性别、年龄、职称等）没有产生显著影响，考虑到模型的简洁性,本章主要从数据库中抽取三组变量进行研究,如表 5-1 所示。

表 5-1 研究变量及其观察指标

变量类型	变量名称	变量符号	观察指标
自变量	工作模式	x_1	督导人员对教学督导的工作目标(W1)、工作内容(W2)、工作方法(W3)、工作动机(W4)和工作发展(W5)方面的认同程度。需加总计分
控制变量	政策素养	x_2	督导人员对国家政策法规的熟悉程度,对本校推行教改政策或举措的熟悉程度的自我评价。需加总计分
控制变量	专业知识和能力	x_3	督导人员在督导工作中运用的专业知识和业务能力的自我评价。需加总计分
因变量	督导成效	y	督导人员对本人教学督导结果成功与否的体验和关于体验中的深刻性、创新性和丰富性的主观感知。需加总计分

通过变量设计而构造的专项问卷的总信度系数(克朗巴哈 Alpha 系数)为 0.837(主体调查问卷的信度系数为 0.762,控制变量问卷的信度系数为 0.784),包括工作模式和督导成效的主体调查问卷的 KMO 值为 0.810,Bartlett 球形检验的卡方值为 677.055(自由度 36),$p=0.000$,达到极其显著的水平;采取主成分分析法抽取共同性,其最低值为 0.167(即工作目标观察指标的共同性值),其余指标的共同性值均在 0.44 以上,抽取出的 2 个共同因素可以解释问卷变量方差的 57.224%。控制变量调查问卷的 KMO 值为 0.745,Bartlett 球形检验的卡方值为 274.038(自由度 6),$p=0.000$,达到极其显著的水平;采取主成分分析法抽取共同性,其最低值为 0.761(督导专业知识观察指标的共同性值),抽取出的 2 个共同

因素可以解释问卷变量方差的 81.210%。

本章采用 SPSS、R 和 Stata 作为数据处理工具，利用不同工具在数据处理上的便利和优势解决相应问题。

第四节 实证分析

一、描述性统计分析

首先，对研究变量进行描述性分析，主要通过正态或偏态分布情况、变量尺度或标准差等，描述变量分布的形状。变量分布形状会影响回归模型的选择。表 5-2 显示了督导成效（y）、工作模式（x_1）、政策素养（x_2）、专业知识和能力（x_3）等变量的基本统计量和有关分布特征指标值。

表 5-2 研究变量的描述性分析

变量	$\overline{X}$	S	Q10	Q50	Q90	QSC	QSK
y	3.66	0.68	3.0	3.75	4.5	1.5	0
x_1	3.83	0.48	3.2	3.8	4.4	1.2	0.13
x_2	4.02	0.69	3.0	4.0	5.0	2.0	0
x_3	4.20	0.55	3.5	4.0	5.0	1.5	1.0

注：表中的 QSC 和 QSK 反映了中间位置 80% 数据的分布情况。

在 LRM 研究中，通过观察均值（$\overline{X}$）和中位数（Q50）的关系，可推断偏态分布情况。比如，对 y 的均值和中位数进行比较可发现，y 的均值小于其中位数（两者之差为 0.09），分布略显左偏态，说明有一半以上的

我国高校内部教学督导制度建设的现状和效果的实证研究

样本的 y 值高于其均值，左侧的长尾拉低了其平均值。x 的均值都大于其中位数，可推断 x 的分布可能有右偏特性，即有一半以上的样本的 x 值低于其均值，含较少部分样本的上尾侧拉高了其平均值。

但在变量总体分布未知的情形下（比如存在多峰分布或数据抖动的情形下），上述观察与推断，不一定符合实情，为此还需要做出进一步的检查和验证。上述 4 个研究变量的密度分布图如图 5-1 所示。观察图 5-1 可发现，采用 QRM 进行研究较为合理。

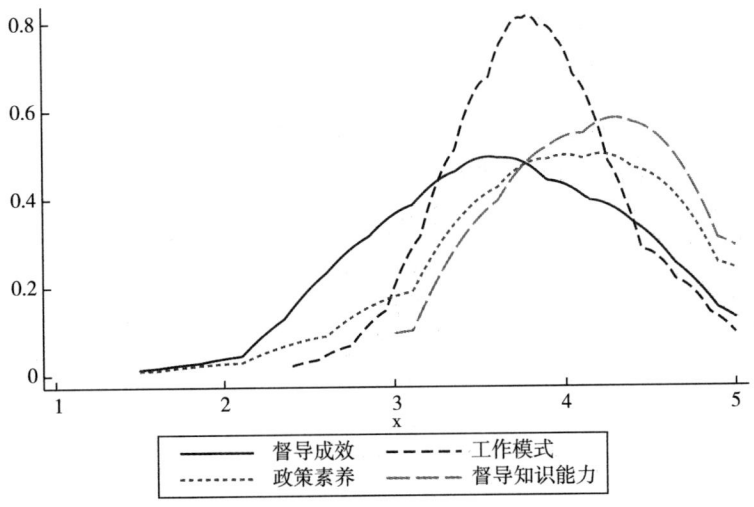

图 5-1 研究变量的分布图（密度分布）

在 QRM 研究中，一般采用 QSC 和 QSK 分别作为分位差尺度测量指标和偏态测量指标对变量分布形状进行分析。以 $\theta<0.5$ 为条件，$QSC_{(\theta)} = Q_{(1-\theta)} - Q_{(\theta)}$，$QSK = [(Q_{(1-\theta)} - Q_{(0.5)}) \div (Q_{(0.5)} - Q_{(\theta)})] - 1$。LRM 采用标准差测量尺度，而 QRM 中的 QSC 以分位差测量尺度。QSK 以变量分布的上端部分（即中位以上部分）与下端部分（即中位数以下部分）的比值，测量偏态性。

表 5-2 中，QSC 和 QSK 分别反映了 θ 值为 0.1 情形下的分位差尺度测

第五章 教学督导人员的工作模式的影响：QRM 分析

量和偏态测量的结果，即样本中间位置 80% 数据的离散程度和对称分布情况。该表显示，x_2 的中间 80% 的数据离散程度最大，x_1 的离散程度最小。y 和 x_2 的中间 80% 的数据呈对称分布，x_1 和 x_3 为右偏分布。对照图 5-1 可以发现，QRM 中的有关分析比 LRM 分析更加精细和合理。

由于采用量表测量所得的数据易抖动，可以引入一个随机变化的微小量进行平滑处理。图 5-2（分位数与 ECDF 图）以 y 为例，左侧为量表数据分布，右侧为平滑处理后数据分布。

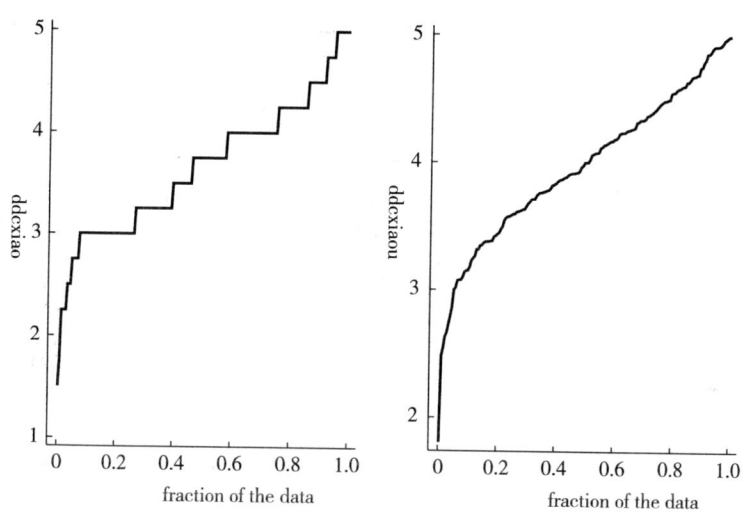

图 5-2 研究变量（y）的平滑处理对比

采用数据平滑处理技术，可对研究变量的分布做进一步的分位数精细描述分析，本书有关的分位数描述性分析如表 5-3 所示。

表 5-3 研究变量的分位数描述性分析

变量	Q05	Q10	Q25	Q50	Q75	Q90	Q95	QSC	QSK
y	2.70	2.92	2.99	3.68	3.99	4.45	4.90	1.53	0.01
x_1	2.99	3.17	3.39	3.75	3.98	4.39	4.73	1.22	0.10
x_2	2.92	2.97	3.47	3.94	4.44	4.95	4.97	1.98	0.04

我国高校内部教学督导制度建设的现状和效果的实证研究

续表

变量	Q05	Q10	Q25	Q50	Q75	Q90	Q95	QSC	QSK
x_3	2.93	3.43	3.93	3.98	4.47	4.94	4.97	1.51	0.75

注：表中的 QSC 和 QSK 反映了中间位置 80% 数据的分布情况。

表 5-3 显示，y 和 x_1 的离散和偏态程度较小，x_2 的离散程度（QSC）最大，x_3 的偏态程度（QSK）最大。显然，平滑处理没有改变数据分布的基本形状。

一般而言，将统计表和图像分析结合起来，可更好地分析变量分布形状，从而可帮助研究者推断采用 LRM 或 QRM 的合理性，并做好相关的稳健性检验。4 个研究变量的密度分布图如图 5-3 所示。该图比较了研究变量的分布（采用虚线）和标准正态分布（采用实线）的形状，图中的两条垂直线分别表示该变量的均值（实线）和中位数（虚线）。

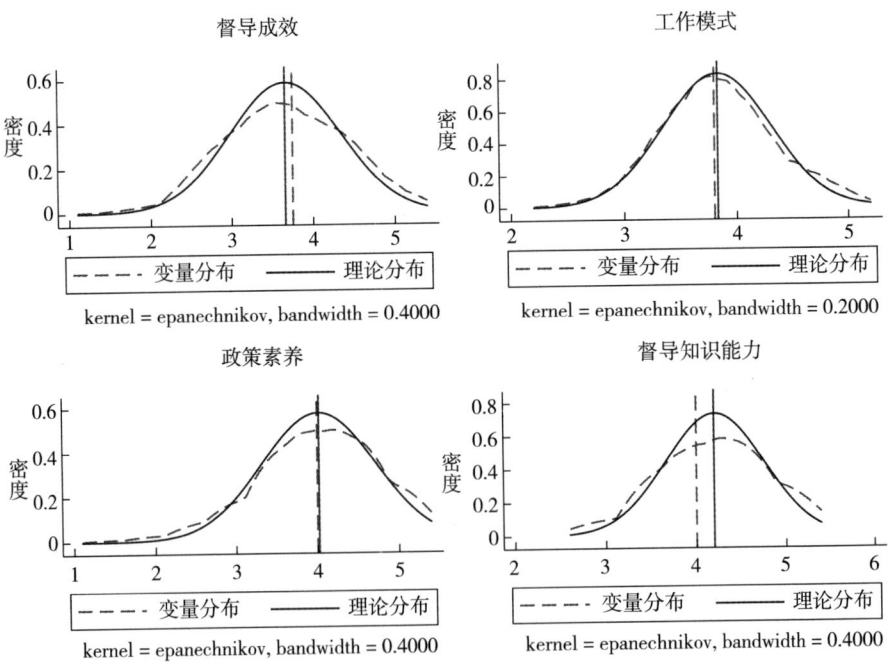

图 5-3 研究变量的分布与标准正态分布图（密度分布）

第五章 教学督导人员的工作模式的影响：QRM 分析

虽然对上述图表进行比较发现，平滑处理没有改变数据的分布形状，且可能会提供更好的模型拟合，但是 QRM 放宽了线性回归的基本假设，因此本章中如果没有特别注明，仍采用原始量表数据做 QRM 研究。

二、条件均值回归和中位数回归结果的对比

督导成效（y）对自变量或控制变量（x）的条件均值回归的结果如表 5-4 所示。结果表明，x_3 和 x_1 对 y 有显著影响，且 x_3 的影响效应大于 x_1。

表 5-4 督导成效（y）的条件均值回归结果

y	系数	标准误	t 值	p 值	95%置信区间		Sig.
x_1	0.437	0.083	5.24	0	0.273	0.601	***
x_2	0.067	0.064	1.04	0.3	-0.06	0.194	
x_3	0.571	0.083	6.84	0	0.407	0.736	***
常数	-0.684	0.331	-2.07	0.04	-1.336	-0.032	**

注：*** 表示 $p<0.01$，** 表示 $p<0.05$，* 表示 $p<0.10$；R-squared=0.484。

如果将表 5-4 与表 5-5（条件中位数回归结果）做比较，可发现中位数回归下 x 的影响效应的显著性没有发生变化，且 x_3 的回归系数仍大于 x_1。

表 5-5 督导成效（y）的中位数回归结果

y	系数	标准误	t 值	p 值	95%置信区间		Sig.
x_1	0.511	0.109	4.71	0	0.297	0.725	***
x_2	0.068	0.084	0.81	0.418	-0.097	0.234	
x_3	0.591	0.109	5.44	0	0.376	0.805	***
常数	-1	0.431	-2.32	0.021	-1.849	-0.151	**

注：*** 表示 $p<0.01$，** 表示 $p<0.05$，* 表示 $p<0.10$；Pseudo $R^2=0.3213$。

但比较可发现，均值回归效应小于中位数回归效应，这反映了 y 的左偏分布的影响。由于 x_1 和 x_3 具有一定的右偏分布特征，x_1 和 x_3 的回归系数之差在缩小（由 0.134 缩小为 0.08）。此外，x_2 没有产生显著效应，而在前面的章节中，将 x 转换为二分变量，则结果截然不同，这提示应做进一步的分析。以上比较结果已初步显示，采用 QRM 方法能更好地说明变量整体分布特征所产生的影响，为精细地描述并推断 x 的影响效应，应采用 QRM 方法。

三、分位数模型拟合及参数估计结果的分析

本书最后的附表 5-1 给出了 0.05 到 0.95 之间 19 个等距分位数的 QRM 估计结果，同时呈现了均值回归模型（OLS）的估计结果，以下进一步做比较分析（见附表 5-1）。

1. 分位数模型的拟合优度

QRM 采用与 LRM 中的 R^2 相类似的伪 R^2 值测量模型的拟合优度，可通过对嵌套模型的比较，比如对包含协变量的模型与只包含截距项的模型的比较，计算伪 R^2 值。19 个等距分位数的 QRM 的拟合优度（伪 R^2 值）的变化情况，如图 5-4 所示。其中，平均伪 $R^2 = 0.290$。当 $0.10 < \theta < 0.40$ 时，伪 R^2 值不断增大；当 θ 取值落入一定区间，即 $0.40 < \theta < 0.70$，伪 R^2 值变化较为平稳。上尾的拟合优度要高于下尾处，当 $\theta > 0.75$ 时，模型的拟合优度更大。

2. 分位数回归的标准误

分位数回归的标准误，反映了分位数模型参数估计的精度。图 5-5 以 x_1 为例，呈现了标准误的变化趋势。结合附表 5-1，观察图 5-5 可发现，相对于低尾处而言，中间部分的标准误较小，即分位数分布的中间部分的估计精度更高。当 $0.30 < \theta < 0.90$ 时，标准误变化较为平稳。

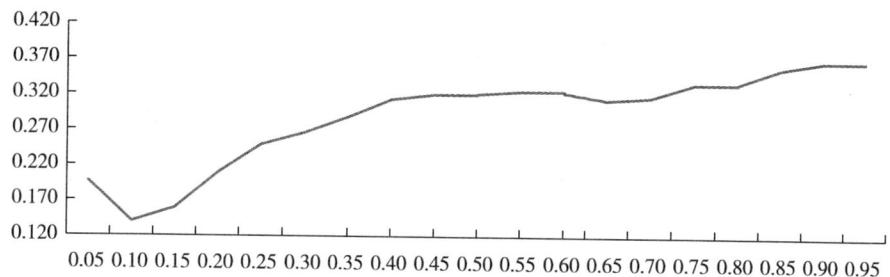

图 5-4 19 个等距分位数的 QRM 的伪（pseudo）R^2 值的变化

注：横坐标为分位数 θ 的取值。

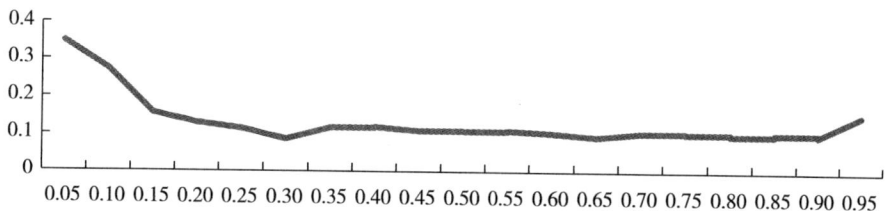

图 5-5 19 个等距分位数的 QRM 的 SE 值的变化

注：横坐标为分位数 θ 的取值。

3. 分位数回归系数估计结果的分析

（1）分位数回归系数估计结果。

19 个等距分位数（θ 取值在 0.05 和 0.95 之间）的 QRM 的自变量或协变量的回归系数，如附表 5-1 所示。x 的回归系数的正负和大小，反映了 x 对 y 的影响效应的性质和大小。

观察附表 5-1 中的显著性检验结果可发现，当 θ≥0.15 时，x_1 对 y 有正向的显著影响。当 θ=0.65 和 θ≥0.80 时，x_2 对 y 有正向的显著影响，即 x_2 在其他协变量保持不变的情形下，主要对 y 的条件分位数分布的上尾部分有显著的正向影响，而在均值回归和中位数回归中 x_2 没有通过显著性检验，这体现出采用 QRM 做精细化分析的优势。当 θ≥0.15 时，x_3 在其他协变量保持不变的情形下，对 y 有正向且显著的影响。上述分析结果如

表 5-6 所示。

表 5-6　x 对 y 的条件分位数分布的影响效应

θ	≥0.15	0.65	≥0.80
x_1	+		
x_2		+	+
x_3	+		

注：+表示正向且显著影响。

（2）分位数回归系数估计结果的图像分析。

有关情况可结合图像做进一步分析，如图 5-6 所示，三条水平线反映了 OLS（或 LRM）的回归结果。OLS 结果不随分位数变化，因此呈水平线。居于中间的水平线，显示出了 OLS 估计的截距或回归系数值；上下两条水平线，标出了 OLS 估计的 95% 置信区间。图的左上、右上、左下和右下，分别是 QRM 的截距值和 x_1、x_2、x_3 的回归系数估计值的图像。灰色区域，给出了分位数回归估计的 95% 置信区间。

图 5-6 的右上图显示，当 $0.10<\theta<0.90$ 时，x_1 的影响效应总体上呈上升趋势，x_1 的 QRM 回归系数也没有超出 OLS 的 95% 置信区间 [0.273, 0.601]。虽然 OLS 和 QRM 的估计较为一致，但 QRM 能更精细化描述 x_1 的效应。图 5-6 的左下图表明，x_2 的效应在总体上也呈上升趋势，但低尾处有负向影响，但该负向影响没有通过显著性检验，当 $\theta=0.05$ 和 $\theta\geq0.85$ 时，QRM 对 x_2 系数的估计超出 OLS 的 95% 置信区间 [-0.06, 0.194]，这说明 QRM 和 OLS 估计存在较大差异，采用 QRM 做分析较为合理。图 5-6 的右下图显示，当 $0.30<\theta<0.85$ 时，x_3 的影响效应总体上呈下降趋势，当 $0.20\leq\theta\leq0.35$ 和 $\theta\geq0.80$ 时，x_3 的 QRM 回归系数超出 OLS 的 95% 置信区间 [0.407, 0.736]，这说明 x_3 的影响较复杂，采用 QRM 能更好地描述和推断 x_3 对 Y 的条件分布的影响。

第五章 教学督导人员的工作模式的影响：QRM 分析

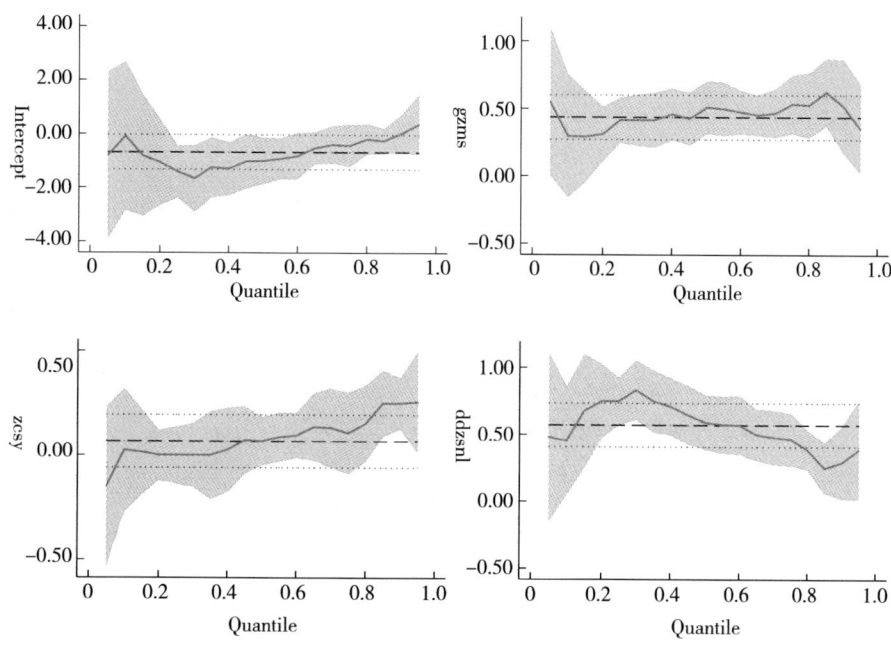

图 5-6　19 个等距分位数的 QRM 的截距和回归系数的变化

注：横轴为分位数 θ 的取值；纵轴是截距或回归系数值，表示预测变量的效应。

观察图 5-6 还可发现，x_1 和 x_3 的灰色区域（即 QRM 的 95% 置信区间）只在低尾处包含（y 轴）零点，因此在此处的效应不显著。x_2 的大部分区域都包含零点，只在上尾处不包含零点，因此 x_2 只在上尾处表现出显著影响。x 的灰色区域的宽窄还显示出参数估计的标准误（SE）的大小，在图像中 x 的两端的灰色区域较宽，中间部分较窄，这说明中间部分的估计更精确。

此外，就 y 的条件分布的位置和形状的变化而言，x 的中位数回归效应为正值且大于均值效应，这表明 y 的条件分布发生向右的位置移动，同时 QRM 系数拟合曲线呈递增或递减趋势，表明 y 的条件分布的尺度（即离散测量值）发生了相应的上升或下降的变化趋势。当 $0.10<\theta<0.90$ 时，x_1 的尺度变化逐渐扩大，呈上升趋势。x_2 的尺度变化在总体上呈上升趋

势。当 $0.30<\theta<0.85$ 时，x_3 的尺度变化呈现下降趋势。尺度变化中有可能隐含偏态变化，通过一定的指标测量值（如下文中计算的 SKS 值）可对此做进一步研究。

4. 分位数回归效应的模式分析

在 QRM 研究中，对条件分位数分布的位置和形状的变化进行测量和综合分析，可进一步发现 x 对 y 的条件分布的影响效应模式。根据郝令昕和奈曼（Hao & Naiman，2017）的研究，位置的变化可通过中位数模型系数获得，形状的变化可采用尺度变化和偏态变化的指标进行测量。

SCS 指标值，描述 y 的条件分位数分布的尺度变化，可定义 $SCS_{(\theta)} = \hat{\beta}_{(1-\theta)} - \hat{\beta}_{(\theta)}$。其中，$\hat{\beta}_{(\theta)}$ 是第 θ 分位数回归模型中某个解释变量的估计系数，且 $\theta<0.5$。$SCS_{(\theta)}$ 反映了某个解释变量增加一个单位，在一定的分布范围（即 $1-\theta-\theta=1-2\theta$ 范围），y 的第 θ 分位数间距发生的变化，即 y 的条件分布的尺度变化的情况。如果 θ 取值 0.15，则 $SCS_{(0.15)}$ 反映了分布中间 70% 部分的尺度变化。如果 SCS<0，则尺度发生负向变化，尺度减小；如果 SCS>0，则尺度发生正向变化，尺度增大；SCS＝0，则尺度没有变化。本章有关情况如表 5-7 所示。表 5-7 显示，x_2 使尺度发生正向变化，x_3 使尺度发生负向变化；当 $\theta \geqslant 0.10$，x_1 使尺度发生正向变化。

表 5-7 条件分位数分布的尺度变化（x 增加一个单位时的 SCS 指标值）

θ	0.05	0.10	0.15	0.20	0.25	0.30	0.35	0.40	0.45
x_1	-0.197	0.223	0.331	0.216	0.119	0.052	0.038	0.015	0.073
x_2	0.406	0.226	0.235	0.154	0.107	0.132	0.136	0.069	0.015
x_3	-0.095	-0.16	-0.426	-0.365	-0.286	-0.354	-0.25	-0.14	-0.071

注：表中数字为 SCS 值。

偏态变化（Skewness Shift，SKS）指标，测量 y 的条件分布的偏态形状的变化幅度，该变化也可通过残差分布图像进行推断或检验。SKS 建立在上述样本 QSK 概念基础上，但引入了比较组和参照组的概念。根据资料分析，其一般以截距模型（或一定的所谓典型设定模型）为参照组，将含有解释变量的嵌套模型视为比较组。以下参照 SKS 的概念，略做变动。如果将 USC 和 LSC 分别定义为某个解释变量的拟合系数的上位离散幅度和下位离散幅度，即 USC = $\hat{\beta}_{(1-\theta)} - \hat{\beta}_{(0.5)}$，LSC = $\hat{\beta}_{(0.5)} - \hat{\beta}_{(\theta)}$，其中，$\hat{\beta}_{(\theta)}$ 是第 θ 分位数回归模型中某个解释变量的估计系数，且 θ<0.5，USK 和 LSK 分别为比较组与参照组之间的上位离散幅度的比值和下位离散幅度的比值，则 SKS =（USK÷LSK）-1。如果 SKS<0，则偏态幅度减小；如果 SKS>0，则偏态幅度增大；如果 SKS=0，则偏态幅度没有变化。SKS 指标值的计算较为烦琐，如表 5-8 所示，对于分布中间的 50%部分（即 θ=0.25）、40%部分（即 θ=0.30）、20%部分（即 θ=0.40）而言，在控制其他解释变量或协变量的前提下，x_1 增加一个单位，会减小该部分分布的偏态幅度，减小幅度在 14.8%和 30.9%之间；x_2 影响相对较小，影响幅度在 0.4%和 8.1%之间；x_3 的影响较大，影响幅度在 25.7%和 47.1%之间。对于更大范围的 80%个案而言，x_1 和 x_2 的影响较大，使偏态幅度分别增大了 31.5%和 23.8%，而 x_3 的影响相对较小，使偏态幅度减小了 16.7%。这说明 x 产生的影响较复杂，需结合显著性检验做进一步的研究，而 QRM 与 LRM 相比提供了精细化分析的可能性。

表 5-8　条件分位数分布的偏态变化（x 增加一个单位时的 SKS 指标值）

θ	0.10	0.25	0.30	0.40
x_1	0.315	-0.148	-0.185	-0.309
x_2	0.238	-0.081	0.004	0.010
x_3	-0.167	0.257	0.277	0.471

注：表中数字为 SKS 值。

根据上述分析结果，对 x 影响下的 y 的条件分布的模式可做进一步汇总分析，具体的分析情况如表 5-9 所示。该表借鉴 Hao 和 Naiman（2017）的同步变化（In-Sync）的概念（已略做改造），将位置、尺度和偏态这三方面变化的方向，依次标注在表格中。如果三者变化的方向一致，则为同向变化模式（简称"模式 1"），反之，则为不同向变化模式（简称"模式 2"）。随着 θ 取值的变化，对于 1-2θ 范围而言，x 的影响模式较复杂，多数表现为模式 2。一般而言，模式 2 相对于模式 1，会削弱总体效应，但应结合案例做具体分析。

观察表 5-9 可知，当 θ 取值 0.15 时，对于 y 的条件分布中间的 70%分布范围数据而言，x 的影响模式属于模式 2，具体而言：在控制其他解释变量或协变量的情形下，x_1 每增加一个单位，y 的条件分布会产生显著的正向位置变化（即中位数发生正向显著变化），分布的离散程度增大（即尺度增大），但其偏态变化幅度减小；x_2 每增加一个单位，y 的条件分布的中位数的变化不显著（即所谓的位置变化没有通过显著性检验），其尺度变化和偏态变化的幅度同向增大；x_3 每增加一个单位，y 的条件分布发生了正向显著的位置变化，其尺度变化和偏态变化的幅度同向减小。

表 5-9　x 的影响效应的模式分析（位置、尺度和偏态变化）

θ	0.05	0.10	0.15	0.20	0.25	0.30	0.35	0.40	0.45
x_1	+--	+++	++-	++-	++-	++-	++-	++-	++-
x_2	0+-	0++	0++	0+-	0+-	0++	0+-	0++	0++
x_3	+-+	+--	+--	+--	+-+	+-+	+-+	+-+	+--

注：0 表示中位数回归模型的系数没有通过显著性检验，+表示正向变化，-表示负向变化。

由于位置的变化反映组间差别，尺度和偏态的变化反映组内差异，QRM 研究中的上述综合模式分析可以帮助我们更好地理解 x 对 y 的影响效应。

5. 分位数回归尾端效应的分析与检验

LRM 主要关注条件均值效应，对条件分布的尾端或其他特定位置的效应并不关注。QRM 与 LRM 相比，在研究 y 的条件分布的尾端效应上表现出优势。因此，QRM 研究通常会关注上尾和下尾端的分位数回归效应，尾端效应反映了 y 的条件分布的两端受到解释变量影响的程度。

（1）y 对 x_1 的分位数回归尾端效应的图像分析。

图 5-7 显示，0.85 和 0.15 分位数回归（y 对 x_1 的回归）模型拟合值的条件分布存在较大差异。上尾端中位数 4.17，其分布（虚线）较为分散和平缓；下尾端中位数 3.05，其分布（实线）较为集中和陡峭。这说明，虽然 x_1 对下尾端有显著影响，但 x_1 在上尾端的影响更大，也可以推论在考虑其他协变量正向影响的前提下，x_1 强化了上尾端存在的效应。

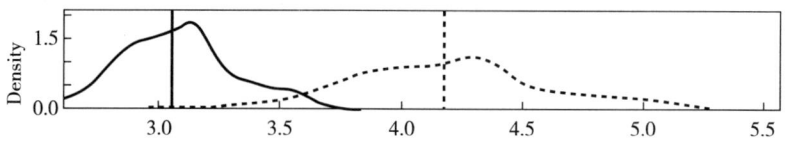

图 5-7　y 对 x_1 的分位数回归拟合值的密度图（θ=0.15, 0.85）

注：N=195，Bandwidth=0.09748。

图 5-8 显示，0.85（虚线）和 0.15（实线）分位数回归（y 对 x_1 的回归）模型的残差密度分布存在一定差异，两者中位数分别为 -0.5 和 0.6，残差分布的位置和形状都发生了一定的变化。

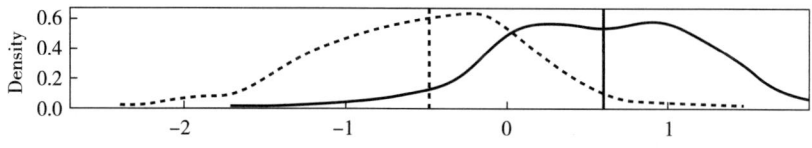

图 5-8　y 对 x_1 的分位数回归的残差密度图（θ=0.15, 0.85）

注：N=195，Bandwidth=0.1812。

图 5-9 显示，虽然中间的中位数回归拟合线（实线）和均值回归线（虚线）很接近，但最上方的 0.85 分位数回归拟合线和最下方的 0.15 分位数回归拟合线存在差异，两条直线的截距和斜率都存在一定差异。

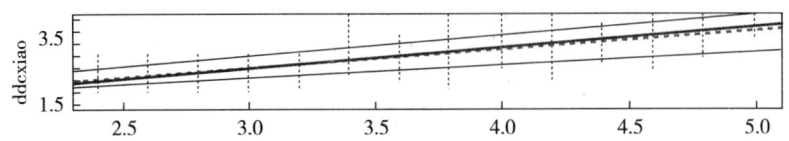

图 5-9　y 对 x_1 的分位数回归拟合线（$\theta=0.15$，$\theta=0.50$，$\theta=0.85$）

上述分析表明，y 对 x_1 的分位数回归的尾端效应存在一定差异，均值回归（LRM）和中位数回归都掩盖了这种差异。因此，为更深入和全面地认识 x 对 y 的条件分布的影响，有必要采用 QRM 做精细化分析。

（2）y 对 x 的分位数多元回归尾端效应的检验。

图 5-10 的上方和下方，分别是 0.85 和 0.15 分位数回归模型的样本拟合值变动示意图，两者变动趋势相似，但影响机制是否相似，还需检验。

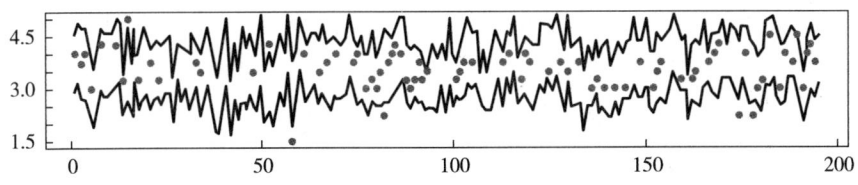

图 5-10　分位数多元回归模型的 195 个样本拟合值的变动示意图（$\theta=0.15$，0.85）

进一步观察残差密度图（见图 5-11），可发现 0.85 分位数回归模型的残差分布（虚线）比 0.15 分位数回归模型的残差分布（实线）更为平滑，拟合优度更好。其中，两个模型的残差中位数分别为 -0.5 和 0.5。

0.85 和 0.15 分位数回归模型的差异检验（Anova 检验）结果表明（见表 5-10），两个模型的拟合结果存在显著差异，其中，x_3 对差异的贡献最大，其次是 x_1 和 x_2。

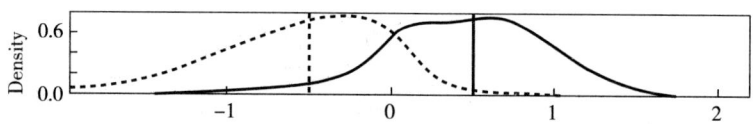

图 5-11　y 对 x 的分位数回归的残差密度图（θ=0.15，θ=0.85）

注：N=195，Bandwidth=0.1552。

表 5-10　分位数多元回归模型的差异检验（θ=0.15，θ=0.85）

Statistics	Df	Resid Df	F value	Pr（>F）
x_1	1	389	7.2422	0.0074 **
x_2	1	389	6.1216	0.0138 *
x_3	1	389	11.9197	0.0006 ***
Joint Test	3	387	5.978	0.0005 ***

注：* 表示 p<0.10，** 表示 p<0.05，*** 表示 p<0.01。

进一步分析可发现，两个模型中自变量或协变量对因变量的影响机制是不同的。表 5-11 显示，x_1 和 x_2 对 y 的条件分布的上尾端影响更大，其上尾效应大于其下尾效应，两者之差是正值，分别在 0.10 和 0.05 统计检验水平上具有显著差异；x_3 对下尾端或低尾端产生了更大影响，其上尾效应小于其下尾效应，两者之差是负值，在 0.10 水平上具有显著差异。

表 5-11　0.15 与 0.85 分位数回归模型的系数之差的显著性检验

y	$\beta_{(0.15)}$	$\beta_{(0.85)}$	$\beta_{(0.85)}-\beta_{(0.15)}$	SE	t	p
x_1	0.294 *	0.625 ***	0.331 *	0.192	1.72	0.086
x_2	0.015	0.250 ***	0.235 **	0.117	2.01	0.045
x_3	0.676 ***	0.250 **	-0.426 *	0.240	1.77	0.078

注：采用 bootstrap 法检验，自抽样 50 次；* 表示 p<0.10，** 表示 p<0.05，*** 表示 p<0.01。

由此可推论，虽然督导成效体验与工作模式（x_1）、政策素养（x_2）、专业知识和能力（x_3）之间存在正相关，但是良好的工作模式（x_1）和政策素养（x_2）对于督导人员（上尾端群体）产生较高的督导成效体验而言，是更为重要的解释因素。专业知识和能力（x_3）不足（或较低），对于督导人员（低尾端群体）产生较低的督导成效体验而言，有更大的显著影响，因此增进专业知识和能力（x_3），对督导成效体验较低的督导人员（低尾端群体）帮助更大。

以下对分位数多元回归模型（$\tau = [\varepsilon, 1-\varepsilon]$）残差分布，进行假设检验。查表可得：当 $\varepsilon = 0.05$，$p=3$，$\alpha=0.01$ 时的临界值 = 5.350；$p=1$，$\alpha=0.01$ 时的临界值 = 2.721。当 $\varepsilon = 0.15$，$p=3$，$\alpha=0.01$ 时的临界值 = 5.074；$p=1$，$\alpha=0.01$ 时的临界值 = 2.573。无论哪种情况，检验结果都无法拒绝位置漂移和位置—尺度漂移的假设（见表5-12）。

表5-12 分位数多元回归模型残差分布的假设检验（$\tau = [0.15, 0.85]$）

变量	位置（location）漂移	位置—尺度（location-scale）漂移
x_1	0.911	0.775
x_2	1.674	0.783
x_3	1.006	0.825
联合检验	3.147	1.448

比较位置漂移模式和位置—尺度漂移模式的检验统计量（见表5-12），可以推论：分位数的多元回归模型的残差分布函数（$\tau = [0.15, 0.85]$），更有可能发生了位置—尺度的漂移。综上所述，y 的分位数条件分布存在显著的尾端效应，尾端效应的变化更有可能属于位置—尺度漂移的模式。

6. 工作模式的进一步分析

教学督导人员的工作模式（x_1）反映在教学督导的工作目标（W1）、工作内容（W2）、工作方法（W3）、工作动机（W4）和工作发展（W5）

5个方面（简称"5W"）。以下对此做进一步分析：

（1）描述性统计分析。

表 5-13 显示，工作模式（x_1）的 5 个观察变量的均值按由大到小排序依次为：工作目标（W1）、工作发展（W5）、工作方法（W3）、工作内容（W2）、工作动机（W4）。其中，后两者的标准差较大，$QSC_{(0.10)}$ 值也较大，这反映了接受调研的督导人员对工作内容（W2）、工作动机（W4）的认知存在较大差异。

表 5-13　工作模式的 5 个观察变量的描述性分析

变量	W1	W2	W3	W4	W5
$\overline{X}$	4.63	3.38	3.90	3.21	4.03
S	0.56	1.16	0.82	1.05	0.78
Me	5.00	3.00	4.00	3.00	4.00
Skewness	-1.20	-0.28	-0.32	0.01	-0.63
Kurtosis	3.44	2.23	2.77	2.51	3.54
$QSC_{(0.10)}$	1.00	3.00	2.00	3.00	2.00
$QSK_{(0.10)}$	-1.00	1.00	0.00	1.00	0.00

注：表中的 $QSC_{(0.10)}$ 和 $QSK_{(0.10)}$ 反映了中间位置 80% 数据的分布情况。

$QSK_{(0.10)}$ 值表明，工作内容（W2）、工作动机（W4）的中间 80% 的数据为右偏分布，其中位数以上部分的离散程度大于中位数以下部分；工作目标（W1）为左偏态分布，其中位数以上部分的离散程度小于中位数以下部分；工作方法（W3）和工作发展（W5）呈对称分布。

（2）OLS 和条件中位数回归结果。

表 5-14 显示，工作目标（W1）、工作发展（W5）的均值回归结果小于中位数回归结果，反映了 y 和 W1 的左偏分布的影响。工作内容（W2）、工作动机（W4）为右偏分布，其均值回归结果大于中位数回归结果。

表 5-14 督导成效（y）的均值回归和中位数回归的结果

变量	OLS		中位数	
	系数	标准误	系数	标准误
w1	0.206***	0.075	0.208**	0.099
w2	0.149***	0.042	0.125**	0.056
w3	0.052	0.058	0.125	0.077
w4	0.069*	0.040	0.042	0.052
w5	0.291***	0.060	0.375***	0.079
常数项	0.608	0.410	0.167	0.541
R^2/拟合优度	0.325		0.215	

注：*** 表示 $p<0.01$，** 表示 $p<0.05$，* 表示 $p<0.10$。

均值回归结果和中位数回归结果都表明，除工作方法（W3）以外，其余 W 变量都对 y 产生了正向和显著的影响，按其影响由大到小排序依次为：工作发展（W5）、工作目标（W1）、工作内容（W2）和工作动机（W4）。其中，工作发展（W5）产生的影响最大。

(3) QRM 的拟合系数和图像分析。

本书最后的附表 5-2 给出了由 0.05 到 0.95 之间 19 个等距分位数的 QRM 估计结果，其中当 $\theta \geq 0.40$ 时，QRM 的拟合优度更好。附表 5-2 显示，在均值回归和中位数回归结果中没有表现出显著影响的观察变量（即工作方法，W3）在 $\theta \geq 0.60$ 的 5 个分位点上都通过了显著性检验（$p<0.10$ 或 $p<0.05$）。与上述情况相反，在均值回归结果中显示有显著影响的观察变量（即工作动机，W4），只有在 $\theta=0.80$ 时才表现出显著影响（$p<0.01$）。此外，QRM 的标准误尤其是其尾端分布的标准误相对较大。可见，均值回归和中位数回归的结果在变量分布未知或呈现复杂分布的情形下不一定可靠，更无法如 QRM 一样精准反映 W 对 y 的条件分布的整个分布或某些特定位置的影响。

图 5-12 为 QRM 拟合系数的变化趋势图，结合图 5-12 和附表 5-2，

第五章 教学督导人员的工作模式的影响：QRM 分析

可做进一步分析。工作方法（W3，图 5-12 的左下图）和工作动机（W4，图 5-12 的中下图）的回归系数在 $\theta \leq 0.30$ 和 $\theta \leq 0.20$ 的若干分位点上小于 0，但这几个系数没有通过显著性检验，其余的 QRM 拟合系数都大于 0，表明存在正向影响，但如前文所述，两者分别只在若干分位点（$\theta \geq 0.60$ 以上的 5 个分位点）和特定分位点（$\theta = 0.80$）通过显著性检验，只在这些分位点上才存在正向和显著的影响，且在这些分位点上系数都大于均值回归（OLS）系数。工作目标（W1，图 5-12 的中上图）的回归系数，只在下尾和上尾处大于 OLS 结果（即中间的虚线形状的水平线），上尾处的系数更大，且只在 7 个分位点（其中 $\theta \leq 0.65$ 的分位点有 6 处，剩余一处为 0.90）显示有正向和显著的影响，其变化趋势复杂。工作内容（W2，图 5-12 的右上图）的回归系数，除 θ 取值 0.85 和 0.95 之外，其余分位点都显示有正向和显著的影响，且随着 θ 取值由下尾处逐渐向上尾处变化，其回归系数值（或影响程度）在总体上呈减小趋势，表明其引起的督导成效（y）分布尺度变化减小，但需做具体分析，比如 $\beta_{(0.75)}$ 就大于

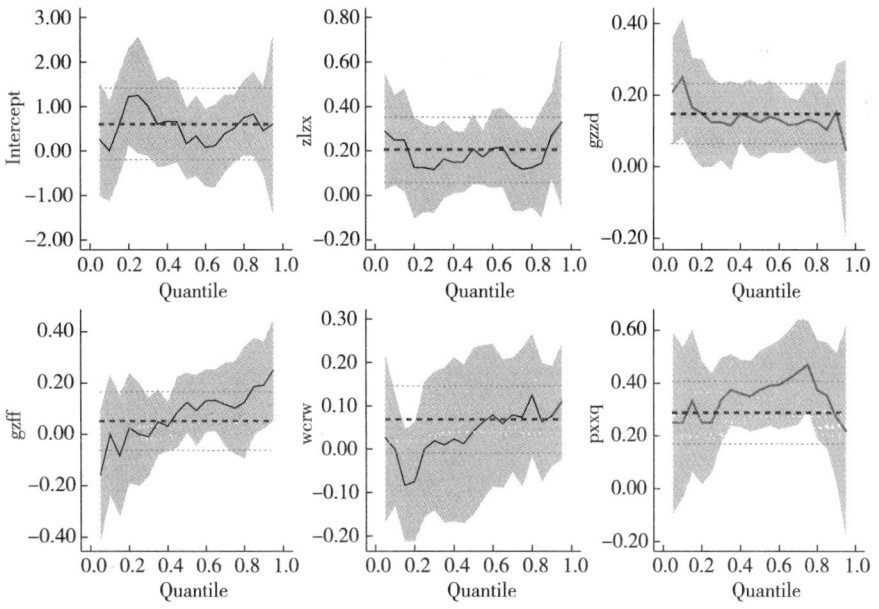

图 5-12 分位数回归系数的变化趋势

$\beta_{(0.25)}$。工作发展（W5，图 5-12 的右下图）在 θ 取值 0.05 和 0.95 时的效应不显著，在其余分位点都显示有正向和显著的影响，当 θ≥0.75，其回归系数的变化由上升趋势转为下降趋势，表明其效应趋于减小，其引起的 y 的尺度变化减小。此外，工作方法（W3）、工作动机（W4）和工作发展（W5）的 QRM 回归系数的置信区间（图 5-12 中的灰色区域）明显超出 OLS 置信区间（图 5-12 中的上下两条虚线标示出的区域），表明 QRM 与 OLS 拟合结果存在较大差异。总体而言，QRM 拟合系数的变化趋势较复杂，表明其不仅存在影响效应分布的位置变换，还可能存在分布的形状变化，对此难以做概括性描述，需要做精细化的具体分析。

（4）QRM 的尾端效应分析。

以下以 θ=0.10 和 θ=0.90 为例，分析 QRM 的尾端效应。观察表 5-15 可发现，上尾端的模型拟合优度更好，上尾端 QRM 拟合系数的标准误要小于下尾端。

表 5-15 尾端分位数的效应

变量	θ=0.10		θ=0.90	
	系数	标准误	系数	标准误
W1	0.250*	0.142	0.269**	0.110
W2	0.250***	0.080	0.154**	0.062
W3	0.000	0.109	0.192**	0.084
W4	0.000	0.075	0.077	0.058
W5	0.250**	0.112	0.269***	0.087
常数项	0.000	0.770	0.462	0.597
R^2/拟合优度	0.136		0.221	

注：* 表示 $p<0.10$，** 表示 $p<0.05$，*** 表示 $p<0.01$。

表 5-15 显示，工作目标（W1）、工作内容（W2）和工作发展（W5）对督导成效（y）有正向和显著的影响，其中 W1 和 W5 在上尾端的回归系数大于下尾端，而 W2 的下尾端的系数更大。工作方法（W3）在下尾端的

效应没有被观察到，但在上尾端有正向和显著的影响效应。综上所述，工作动机（W4）只有在 θ=0.80 时才表现出显著影响（p<0.01），因此其尾端效应没有被观察到。

QRM 回归系数的大小和显著性只是反映了其绝对效应，但回归系数之间是否存在显著差异，还需进一步进行所谓的等值检验。采用 R 软件做 Anova 检验后发现，除工作方法（W3）以外，0.10 和 0.90 分位数回归模型的拟合结果之间没有显著差异（见表5-16）。

表 5-16 分位数多元回归模型系数的差异检验（θ=0.10，θ=0.90）

Statistics	Df	Resid Df	F value	Pr（>F）
W1	1	389	0.019	0.888
W2	1	389	1.488	0.223
W3	1	389	3.261	0.072*
W4	1	389	1.101	0.295
W5	1	389	0.029	0.863
联合检验	5	385	1.092	0.364

注：*表示 p<0.10。

表 5-17 列出了 QRM（τ=[ε, 1-ε]）残差分布的假设检验结果。查表可得：当 ε=0.10，p=5，α=0.01 时的临界值=7.421；p=1，α=0.01 时的临界值=2.640。当 ε=0.05，p=5，α=0.01 时的临界值=7.644；p=1，α=0.01 时的临界值=2.721。无论哪种情况，检验结果都无法拒绝位置漂移和位置—尺度漂移的假设。

表 5-17 分位数多元回归模型残差分布的假设检验结果（τ=[0.10, 0.90]）

变量	位置漂移	位置—尺度漂移
W1	0.059	0.181
W2	0.062	0.300
W3	0.018	0.414

我国高校内部教学督导制度建设的现状和效果的实证研究

续表

变量	位置漂移	位置—尺度漂移
W4	0.036	1.125
W5	0.107	0.463
联合检验	0.261	3.380

比较位置漂移模式和位置—尺度漂移模式的检验统计量（见表5-17），可以推论QRM残差分布（$\tau=[0.10, 0.90]$）更有可能会发生位置漂移。

综上所述，在W的影响下，y的分位数条件分布在尾端存在一定的绝对效应，QRM效应在一定分位数范围内的变化更有可能属于位置漂移的模式，但也不能排除位置—尺度漂移的可能。

四、CQR、UQR 和 GQR 结果的对比

表5-18是督导成效（y）对工作模式（x_1）的CQR、UQR和GQR在5个分位点的估计结果的对比。

表5-18 督导成效（y）对工作模式（x_1）的QR估计结果的对比

方法	右侧变量	$\theta=0.15$	$\theta=0.30$	$\theta=0.50$	$\theta=0.70$	$\theta=0.85$
CQR	x_1	0.500 *** (0.104)	0.714 *** (0.078)	0.833 *** (0.086)	0.833 *** (0.093)	0.833 *** (0.078)
	x_1、x_2	0.417 *** (0.126)	0.536 *** (0.144)	0.568 *** (0.150)	0.598 *** (0.113)	0.625 *** (0.141)
	x_1、x_3	0.250 (0.249)	0.417 *** (0.126)	0.556 *** (0.081)	0.455 *** (0.110)	0.500 *** (0.183)
	x_1、x_2、x_3	0.294 * (0.206)	0.417 *** (0.171)	0.511 *** (0.106)	0.469 *** (0.098)	0.625 *** (0.142)

第五章 教学督导人员的工作模式的影响：QRM 分析

续表

方法	右侧变量	$\theta=0.15$	$\theta=0.30$	$\theta=0.50$	$\theta=0.70$	$\theta=0.85$
UQR	x_1	0.274*** (0.092)	0.791*** (0.234)	0.943*** (0.146)	0.697*** (0.138)	0.820*** (0.227)
	x_1、x_2	0.245*** (0.077)	0.672*** (0.206)	0.682*** (0.172)	0.417*** (0.120)	0.559** (0.217)
	x_1、x_3	0.168** (0.070)	0.530*** (0.176)	0.539*** (0.154)	0.275** (0.118)	0.463** (0.189)
	x_1、x_2、x_3	0.179** (0.069)	0.529*** (0.182)	0.493*** (0.159)	0.223* (0.115)	0.405** (0.190)
GQR	x_1	2.375*** (0.606)	15.357 (14.239)	1.081*** (0.114)	6.667 (4.297)	2.604*** (0.772)
	x_1、x_2	0.833*** (0.154)	0.536*** (0.142)	0.627*** (0.157)	0.603*** (0.116)	0.762*** (0.099)
	x_1、x_3	0.738*** (0.137)	0.417*** (0.099)	1.267*** (0.309)	0.494*** (0.110)	0.461*** (0.113)
	x_1、x_2、x_3	0.297** (0.132)	0.443*** (0.110)	0.511*** (0.105)	0.508*** (0.109)	0.626*** (0.109)

注：*** 表示 $p<0.01$，** 表示 $p<0.05$，* 表示 $p<0.10$；表中呈现 x_1 的回归系数，括号中为标准误，为做比较，CQR 和 UQR 是设置固定种子值，采用 bootstrap 法，自抽样 20 次的结果；GQR 采用 Nelder-Mead 优化法。

表 5-18 显示，除少数情形外，多数情形下的 y 对 x_1 的回归系数都通过了显著性检验。由此可进一步推断：虽然 CQR、UQR 和 GQR 对回归结果的解释存在一定差异，但是 x_1 对 y 具有正向显著影响的推论，具有一定的稳健性。

进一步观察可发现，在一元和三元回归模型（含 x_1、x_2、x_3 这三个右侧变量）的情形下，CQR、UQR 和 GQR 估计结果的尾端效应（即上尾端在 0.85 分位点的效应与下尾端在 0.15 分位点的效应之间存在一定的差异）表现出方向一致性（即上尾端一定位置的效应大于下尾端一定位置的效应）。在二元回归模型的情形下，CQR、UQR 的尾端效应表现出一致性，而 GQR 的尾端效应的变化方向则与其他两者不同。由于 GQR 的一元回归模型估计结果的标准误较大，可着重关注三元回归模型的情形。此外，UQR 的中间效应（即分布中间 $1-2\theta$ 范围的效应，在本例中为中间 40% 范围的效应）的变化趋势，与 CQR 和 GQR 有明显不同，对此可结合图 5-13 和图 5-14 做分析。

在 0.05 和 0.95 之间 19 个等距分位点的 CQR、UQR 和 GQR 三元分位数回归模型估计结果（以其中 x_1 的回归系数为例）的对比如图 5-13 和图 5-14 所示。

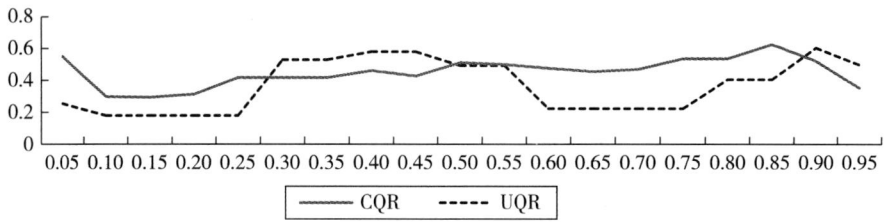

图 5-13　y 对 x_1 回归系数的变化（CQR 和 UQR 结果比较）

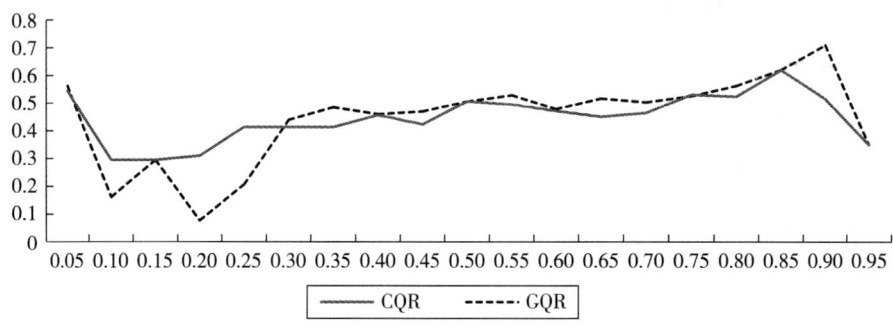

图 5-14　y 对 x_1 回归系数的变化（CQR 和 GQR 结果比较）

图 5-13 显示，UQR 估计的中间效应非常显著。在 0.30 和 0.55 分位点之间 6 个等距分位点的回归系数，分别为 0.529***、0.529***、0.580***、0.580***、0.493*** 和 0.493***，而 0.70 分位点估计系数为 0.223*，其间有一个较大落差，从而在 0.30 和 0.55 分位点之间形成一个

高原形状。CQR 与 UQR 相比,则中间效应变化相对平缓。

图 5-14 显示,除尾端和几个分位点(0.10、0.20、0.25、0.90)以外,CQR 和 GQR 估计结果及其变化趋势总体上相对接近。由于 CQR 和 GQR 的解释不同,且具体情形不同,我们不能依据图 5-14 简单推论 CQR 高估了低尾端效应,低估了上尾端效应。CQR 说明了 x_1 对具有相同控制变量特征的群体在 y 的一定条件分布位置的组内异质性的影响程度(CQR 的解释),UQR 和 GQR 则反映了 x_1 的微小变动对 y 的无条件分布的特定位置的边际影响(即对所谓组间差异的影响,这是 UQR 和 GQR 作为无条件分位数回归模型的解释)。但是,CQR 和 GQR 的比较,可以更好地反映 x_1 对 y 的影响效应。

结合显著性检验结果来看,在下尾侧(当 θ≤0.30 时),CQR、UQR 和 GQR 的估计系数通过显著性检验的最小值分别为 0.294*(θ=0.15)、0.179** 和 0.297**(θ 值恰好也都是 0.15)。GQR 在 θ=0.20 的回归系数只有 0.078,但其没有通过显著性检验。GQR 回归系数的最大值为 0.568***(θ=0.05),而 CQR 回归系数的最大值(0.550)也在该分位点,但其也没有通过显著性检验。

第五节　本章结论

本章采用 QRM 技术,精细估计了教学督导人员的工作模式对督导成效的影响,研究得出如下结论和推论:

第一,教学督导人员的督导成效,受到教学督导人员的工作模式(x_1)、政策素养(x_2)、专业知识和能力(x_3)等因素的影响,而且存在显著的尾端效应,其变化模式属于位置和尺度漂移模式,但其中的具体影响机制是不同的。

第二，工作模式和政策素养，主要对督导成效较高的右尾端的教学督导人员群体影响更大，专业知识和能力对于督导成效较低的左尾端群体影响更大。因此，相对而言，改进工作模式和提升政策素养更有利于右尾端群体，而提升专业知识和能力对于左尾端群体更为有益。

第三，对工作模式的 5 个构成要素进行具体分析发现，工作内容和工作发展在大多数分位点都产生了正向和显著的影响；工作动机的均值回归结果虽然显著，但分位数回归结果只在第 0.80 分位点通过显著性检验；工作方法的均值回归和中位数回归结果都不显著，但分位数回归结果在 5 个分位点都通过了显著性检验；工作目标的影响呈现显著的尾端效应，在 0.50 和 0.65 之间的分位点也有显著影响。

第四，进一步研究发现：虽然 CQR、UQR 和 GQR 对回归结果的解释存在一定差异，但是教学督导人员的工作模式对其督导成效具有正向显著影响的推论，具有一定的稳健性。

第五，工作模式的影响机制复杂，需要具体分析。采用 QRM，可以精准分析工作模式对督导成效的条件分布或无条件分布的整个分布或某些特定位置的影响，有利于更好地描述和解释督导成效的组间差异和组内差异的现象及其成因。对复杂问题的研究而言，QRM 有良好的应用前景。

第六章 教学督导人员的实践经验的影响：条件过程分析和 RD 实验构想

第一节 问题的提出

一、选题的依据

本章的选题来自于笔者的调研和实践观察。目前，一些高校重视聘用一些临近退休或已经退休的教师担任教学督导人员，这种安排一方面考虑到了在职教师工作精力有限这一现实制约因素，另一方面旨在发挥这些老专家的余热，并发挥老教师实践经验丰富的优势。高校督导人员续聘政策是与此相关的一个现象，一些经验丰富的老教师会多次续聘，在调查对象中有督导人员自我报告其聘期已达33年。那么，老教师的实践经验是否发挥了作用？在什么条件下发挥了作用？用什么来衡量教师的实践经验？这些都是很好的选题。对这一问题的研究，对高校制定督导人员聘用标准和续聘政策都有积极的意义。

一般而言，实践经验对于从事各项专业技术工作都是宝贵的，而任职年限是衡量实践经验的一个客观指标。在高校实践工作中，人们之所以认为老教师是宝贵的财富，其原因之一就是老教师的任职年限长，因而认定其实践经验丰富。国务院于2012年颁布的《教育督导条例》中也有相关的线索。该条例规定了教育督导人员（督学）任职的基本条件，其中要求"从事教育管理、教学或者教育研究工作10年以上"，并规定"兼职督学的任期为3年，可以连续任职，连续任职不得超过3个任期。"《教育督导条例》关于督学任职条件中工作年限（最低要求为10年）的要求和督导聘期（最长9年）的规定，为本书提供了一定的政策依据。由于前期进行数据探索性研究时发现工作年限对督导成效没有显著影响，本章主要关注督导聘期或从事督导工作的年限（简称"督导年限"）。

二、教学督导人员的实践经验的界定和文献检索结果

从理论上说，实践经验是一种默会知识，其作为亲身经验，主要来自于丰富的实践活动，由于默会知识难以测量，可以将实践活动的丰富性作为观察默会知识的间接指标，但观察督导实践活动的丰富性需要一定的研究条件，因此可以将督导人员对督导工作丰富性的感知作为衡量实践经验的一个主观指标。

根据上述分析，在本章中，教学督导人员的实践经验，是指教学督导人员在一定的督导年限中通过参与丰富的督导活动而逐渐形成的默会知识，教学督导人员的督导年限和教学督导人员对督导工作丰富性的主观感知，是观察这种难以测量的默会知识的两个间接指标。其中，督导年限是客观指标，督导人员对督导工作丰富性的感知（简称"工作丰富性"或"丰富体验"）是可供观察的主观指标。

目前，有关的专题研究文献较少，在中国知网上没有检索到有关教学督导实践经验的专题研究论文。本章主要关注教学督导人员的实践经验是

否发挥了作用？在什么条件下发挥了作用？根据这样的研究目的和选题的特定要求，主要采用一种较新的统计分析方法（条件过程分析）对此进行针对性的实证研究。

第二节　条件过程分析原理简介及应用现状

一、条件过程分析原理简介

条件过程分析（Conditional Process Analysis，CPA）是由 Hayes（2013）于近年来正式提出并大力倡导的一种统计分析方法，适用于分析复杂现象中的因果机制及其发挥作用的条件（即"When and How"）。在此之前，分析变量之间复杂关系的一种流行方法是中介效应或调节效应分析。

在简单情形下，中介（Mediation）效应分析关注自变量 X 通过中介变量 M_i 对因变量 Y 的影响效应，M_i 的加入将总效应 C 分解为直接效应 C′和间接效应 $a_i b_i$ 两个部分，其中 C′是控制 M_i 后 X 对 Y 的效应，a_i 和 b_i 分别为 X 对 M_i 的影响效应和控制 X 影响后 M_i 对 Y 的影响效应。中介效应是间接效应，但间接效应不一定是中介效应。中介效应可分为完全中介效应和部分中介效应。调节（Moderation）效应分析关注的是自变量 X 对因变量 Y 的影响效应 b 受到变量 W 的影响程度，在这种情形下，W 是调节变量，b 是 W 的函数，b 随着 W 变化，可以表示为 $b = b_1 + b_3 W$，其中 b_1 是 X 对 Y 的主效应，b_3 是 X 和 W 的交互项效应，$b_1 + b_3 W$ 改变了 b，使得 b 变为 b′，而 b′正是所谓的调节效应。调节效应和交互效应（Interaction Effect）

常被视为同义词，但两者在概念和结果解释上存在差异。调节效应根据其调节方向的不同，可分为同向的增强调节效应和反向的干涉调节效应。中介效应或调节效应分析的过程较为复杂，但两者从不同的侧面揭示和解释了复杂现象的内在机制和影响因素，因而成为当代流行的统计分析方法。

近年来，一些研究者将中介效应和调节效应结合起来做分析，称之为"混合效应"分析，这增加了分析的复杂性，随着 M_i 和 W 的数量增加，分析过程更接近现实，但也变得更为复杂和烦琐。与此同时，出现了一些复杂的或模糊的概念，比如，有调节的中介效应和有中介的调节效应等。其中，"有中介的调节效应"比较难以解释和运用，也引起一定的争议。随着复杂性的增加，中介和调节效应分析方法需要发生变化，分析方法运用中的混乱需要加以梳理，一些探索性概念和分析方法适用的范围需要加以澄清，为方便运用，化繁为简的分析技术也需要加以开发。正是在这种背景下，条件过程模型或条件过程分析得以产生。

根据 Hayes（2013）的阐述，条件过程分析整合了中介效应和调节效应分析方法，建立了单一的整合分析模型（Integrated Analytical Model），即条件过程模型，旨在帮助人们描述和理解一个变量对另一个变量的影响机制或复杂机制（Mechanism or Mechanisms）的条件性质。中介效应分析有利于解释因果机制中"过程"变量的作用和有关变量之间互为因果的复杂关系，揭示了 X 如何（How）影响 Y，调节效应分析则有利于阐明变量之间相互作用或因果机制发挥作用的"条件"，即 X 何时（When）或在调节变量的什么情形下影响 Y 的大小或方向，混合效应分析试图将两者结合起来。Hayes（2013）吸收了这些经典分析中的合理成分，引入条件和过程的思想，将过程分析和条件分析统一、整合起来，构建了相对清晰的条件过程分析（CPA）方法论，这一思想和努力是合理的，其概念体系有很大的包容性，也是相当有吸引力的，因此在国外学术界产生了积极的影响。从分析技术层面看，CPA通过开发分析模型（至少已构建74种），简化了效应分析过程，主要包括模型构建和模型拟合参数分析、简单斜率分析、（条件）直接效应和条件间接效应分析、模型效应检验等几个简要分析步骤。其中，在模型效应检验上采用了较新的MCCI（Monte Carlo Confidence Intervals）和Bootstrap法等当代主流的检验方法。

二、条件过程分析方法的应用现状

国内也正在关注此方法。在中国知网上先后以"条件过程模型""条件过程分析"和"条件过程"为篇名关键词进行检索，最终检索到6篇CSSCI期刊论文，主要分布于心理学（王茹婧等，2017）、企业管理（李楠博，2019；屠兴勇，2020；黄杰等，2020）、新闻传媒（陈春峰等，2020）、信息技术（贾利锋等，2020）等研究领域。总体而言，目前条件过程分析方面的专题应用研究论文较少。在教学督导研究领域没有检索到相关的专题论文。本书尝试引入这一相对较新的统计分析方法，针对教学督导议题开展实证研究。

第三节 研究设计

一、研究目的、对象、内容和方法

本章以上海地区4所国家重点建设的研究型大学的内部教学督导人员为对象，在上一章对工作模式研究的基础上，进一步采用条件过程分析方法，研究高校内部教学督导人员的实践经验与督导成效的关系，以揭示教学督导人员的实践经验的影响效应。

研究过程包括五个步骤：第一，描述与初步推断，即对研究变量进行描述和相关分析，基于数据初步推断变量之间的关系；第二，概念模型的构建、筛选与完善，即基于研究构想和数据、构建多种概念模型，最终探索形成较为完善的条件过程模型；第三，模型拟合与参数分析，即通过数据，报告层级模型的拟合结果和各类效应参数；第四，简单斜率分析，即根据调节变量的不同水平（即依据调节变量的均值及均值上下1个SD位置划分三级水平）分析调节效应；第五，条件过程分析和效应检验，即分析条件间接效应和直接效应，并采用Bootstrap法进行效应检验。

二、研究的样本、变量设计和工具

本章采用上海地区研究型大学教学督导课题研究数据库（简称"SHHEI-DBSTL-2018"）进行研究。该数据库的有关具体信息，参见第二章。本章主要从该数据库中抽取以下5类变量进行研究（见表6-1）。其中，性别、学科和职称为虚拟变量，男性以女性为参照，理科以文科为参照，教授以副教授和讲师为参照。

表6-1 研究变量及其观察指标

变量类型	变量名称	变量符号	观察指标
自变量	工作模式	x	参见前文。需加总计分
中介变量	工作丰富性	M	督导人员对参与督导活动的丰富性和多样性的感知与体验
调节变量	督导年限	W	督导任职年限

第六章 教学督导人员的实践经验的影响：条件过程分析和 RD 实验构想

续表

变量类型	变量名称	变量符号	观察指标
控制变量	个体背景变量	C_1-C_5	性别、年龄、工作年限、学科背景、职称
	政策素养	C_6	参见前文。需加总计分
	专业知识和能力	C_7	参见前文。需加总计分
因变量	督导成功体验	y	督导人员对本人教学督导结果成功与否的体验程度

通过变量设计而构造的专项问卷的总信度系数（克朗巴哈 Alpha 系数）为 0.818，KMO 值为 0.804，Bartlett 球形检验的卡方值为 351.847（自由度 10），p＝0.000，达到极其显著的水平；问卷可分为主体调查问卷和控制变量调查问卷两个部分，采取主成分分析法抽取共同性，其最低值为 0.497（即工作模式的共同性值），抽取出的 2 个共同因素可以解释问卷变量方差的 73.71%。由于自变量（工作模式）和两个控制变量（政策素养、专业知识和能力）的信效度已得到验证（参见第五章），而中介变量和因变量来自专项量表，也已通过信度检验，且具有良好的内容效度，其余变量为客观指标（包括督导年限、性别、职称等），上述研究变量设计能够满足本章研究的需要。本章采用 SPSS、R 和 Stata 作为数据处理工具。

三、研究构想与概念模型设计

1. 研究构想和基本假设

本章根据理论构想、惯例和个体对变量的操纵或控制的程度，分别设置调节变量和中介变量。督导人员的督导年限，受到国家颁布的督导条例、院校聘用标准和续聘政策的影响，无法由个体完全操纵，具有一定的个体背景变量的性质，这种变量一般可考虑设置为调节变量。督导人员积极投入督导活动，获得丰富的工作体验，这更多由督导人员个体所控制，体现了督导人员的自主性，可设置为中介变量。中介变量兼具结果变量和原因变量的性质,其相对于模型的自变量而言是一种因变量,相对于模型的因变量而言又是一种自变量,将个体可以控制的因素设置为中介变量,可以更好地研究个体自主实践活动在其中所发挥的影响。本章随后的研究也发现,将此中介变量转而设置为调节变量,没有带来预期的或显著的调节效应。

本章延续前一章的思路,仍将工作模式作为自变量,但加入了工作丰富性感知和督导年限以及更多的控制变量,研究工作模式对督导成效的影响链条中督导人员投入督导实践而获得的工作丰富性的感知和督导年限的影响。

高校教学督导人员的督导实践经验是在一定的督导年限中通过积极投入丰富的督导实践而形成的默会知识,督导年限和督导工作丰富性感知是测量督导人员实践经验的两个间接指标,这是本章的理论构想。工作模式作为理想的工作方式只有运用于丰富的督导实践,产生丰富的督导体验,并以一定的督导年限为条件,才能产生一定的督导成效,这是本章的基本假设。本章正是依据和细化这一基本假设,构建了条件过程模型。

2. 探索性模型设计:双调节效应模型和有调节的调节效应模型

双调节效应模型设计和三阶调节效应模型设计的目的,是进行探索性模型设计,在验证 M 的中介作用之前,用数据验证 M 作为调节变量的可能性。其中,前者假设 X 对 Y 的影响受到了 M 和 W 两个变量的调节(见图 6-1)。

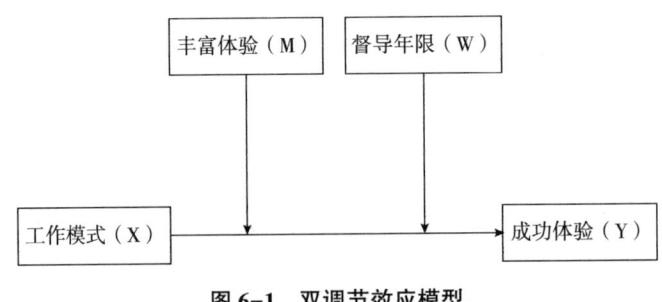

图 6-1 双调节效应模型

第六章 教学督导人员的实践经验的影响：条件过程分析和 RD 实验构想

三阶调节效应模型假设变量 M 对 X 与 Y 之间因果关系的调节作用受到另一个变量 W 的调节（见图 6-2）。因此，该模型又称为有调节的调节效应模型。如果将该模型中 M 和 W 互换位置，则其数据演算结果不会发生变化，与互换前是完全一致的，只是理论解释上有差异。因此，根据其数据演算结果，可以观察到两种理论假设情形下的结果。

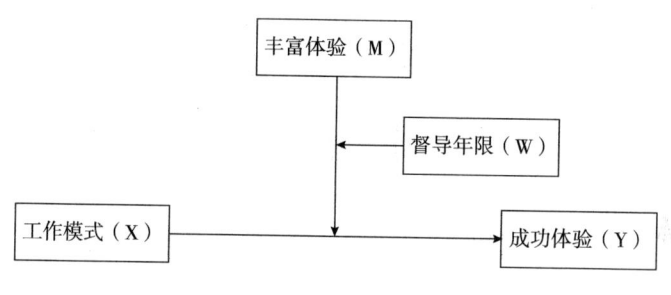

图 6-2 三阶调节效应模型

3. 条件过程模型设计

在形成理论构想、进行探索性研究和获得初步证据的基础上，本章采用条件过程分析方法构建了理想的条件过程模型（见图 6-3）。

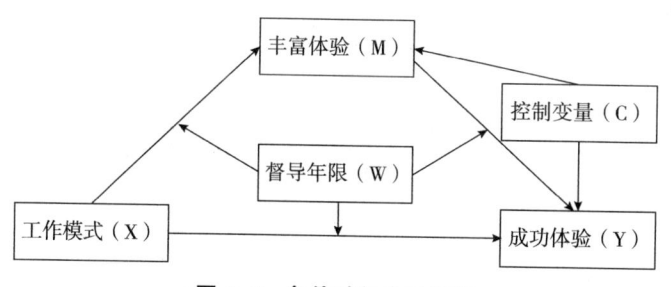

图 6-3 条件过程分析模型

该模型假设：X 对 Y 的影响，是在一定环境影响下（即在一定的控制变量影响下）发生的，M 作为中介变量在 X 对 Y 的影响过程中发挥了中介作用，X 对 Y 的直接影响和 M 的中介作用的发挥都以督导年限为条件，受到督导年限的调节。其中，Y 在本章是指督导人员对督导工作取得成功的主观体验（简称"成功体验"）。

第四节 实证分析

一、研究变量的描述和相关分析的结果

对本章采用的研究变量进行常用统计量描述和相关分析的结果，如表6-2、表6-3和表6-4所示。其中，表6-2显示，在研究样本中，男性占64.6%（该虚拟变量的均值为0.646），理科背景的教师占62.6%（均值为0.626），教授占64.1%（均值为0.641）。

表6-2 研究变量的描述性分析结果（客观指标）

变量	年龄	督导年限	工作年限	性别	学科	职称
最小值	32.000	1.000	4.000	0.000	0.000	0.000
最大值	75.000	33.000	46.000	1.000	1.000	1.000
平均值	55.015	3.959	26.482	0.646	0.626	0.641
标准差	9.385	4.075	10.030			

表6-3显示，督导人员在成功体验上的均值最低，标准差最大，本章尝试对此做出有证据的解释。

表6-3 研究变量的描述性分析结果（主观指标）

变量	丰富体验	成功体验	政策素养	工作模式	知识能力
平均值	3.877	3.569	4.018	3.828	4.208
标准差	0.770	0.818	0.693	0.480	0.546

第六章 教学督导人员的实践经验的影响：条件过程分析和 RD 实验构想

表6-4显示，有关变量之间存在中介效应的可能性大，但调节效应存在与否还需检验。此外，虽然相关矩阵表显示不会出现严重共线性问题，但为减少共线性影响，本章研究在数据运算前对变量做了中心化或标准化处理。

表6-4 研究变量间的相关矩阵

变量	丰富体验	督导年限	工作模式	政策素养	知识能力	成功体验
多样体验	1					
督导年限	0.248**	1				
工作模式	0.461**	0.043	1			
政策素养	0.390**	0.075	0.393**	1		
知识能力	0.564**	0.160*	0.434**	0.589**	1	
成功体验	0.668**	0.258**	0.450**	0.405**	0.536**	1

注：* 表示在 0.05 水平上相关性显著；** 表示在 0.01 水平上相关性显著。

二、探索性调节效应模型的分析结果

表6-5显示，工作模式（自变量）对督导成功（因变量）的影响，受到督导年限（调节变量）的调节，丰富体验（调节变量）没有发挥出调节作用。

表6-5 双调节效应模型的分析结果

变量	β	se	t	p	LLCI	ULCI
常数项	3.572	0.046	78.482	0.000	3.482	3.662
工作模式	0.333	0.100	3.335	0.001	0.136	0.530
丰富体验	0.580	0.064	9.035	0.000	0.454	0.707

我国高校内部教学督导制度建设的现状和效果的实证研究

续表

变量	β	se	t	p	LLCI	ULCI
督导年限	0.026	0.011	2.352	0.020	0.004	0.047
工作模式 * 丰富体验	-0.040	0.103	-0.388	0.698	-0.243	0.163
工作模式 * 督导年限	0.046	0.023	1.979	0.049	0.000	0.092

注：LLCI 和 ULCI 为95%置信区间的下限和上限，双尾检测，下同。该模型的 $R^2 = 0.495$，$F = 36.9785$（df1=5，df2=185，$p = 0.000$）。加入工作模式 * 督导年限后，模型 $\Delta R^2 = 0.0105$，$F = 3.915$（df1=1，df2=189，$p = 0.049$）。

表6-6显示，丰富体验（调节变量）对工作模式与督导成功之间关系的显著影响，是以督导年限为条件的，即督导人员工作达到一定年限，其丰富体验才能发挥显著的调节作用。

表6-6 有调节的调节效应（三阶调节效应）模型的分析结果

变量	β	se	t	p	LLCI	ULCI
常数项	3.595	0.047	75.867	0.000	3.501	3.688
工作模式	0.283	0.103	2.736	0.007	0.079	0.486
丰富体验	0.535	0.065	8.187	0.000	0.406	0.664
督导年限	0.030	0.013	2.325	0.021	0.005	0.055
工作模式 * 丰富体验	0.068	0.109	0.621	0.536	-0.148	0.284
工作模式 * 督导年限	0.048	0.027	1.788	0.075	-0.005	0.101
丰富体验 * 督导年限	-0.051	0.023	-2.246	0.026	-0.095	-0.006
工作模式 * 丰富体验 * 督导年限	0.095	0.041	2.295	0.023	0.013	0.176

注：该模型的 $R^2 = 0.518$，$F = 28.727$（df1=7，df2=187，$p = 0.000$）。加入工作模式 * 丰富体验 * 督导年限后，模型 $\Delta R^2 = 0.014$，$F = 5.269$（df1=1，df2=187，$p = 0.023$）。

表6-7显示，只有在高督导年限这一组别（均值+1SD，W=4.075），丰富体验对工作模式与督导成功之间关系才发挥了显著的调节作用（在

第六章 教学督导人员的实践经验的影响：条件过程分析和 RD 实验构想

0.10 显著性水平上通过检验）。

表 6-7 在督导年限的不同水平上丰富体验对督导成功的条件效应分析结果

调节水平	效应值	F	df1	df2	p
低（-2.959）	-0.212	2.691	1.000	187.000	0.103
中（0.000）	0.068	0.385	1.000	187.000	0.536
高（4.075）	0.453	3.792	1.000	187.000	0.053

注：该表呈现以督导年限为调节变量，工作丰富性体验（预测变量）对督导成功体验（因变量）的条件效应。变量已做中心化处理。

综上所述，有证据表明，在督导人员的工作模式对督导成功的影响过程中，督导年限作为调节变量，发挥了调节作用，而督导人员的丰富体验只有以督导年限为条件，才会产生显著的调节影响。因此，与丰富体验这一变量相比，将督导年限设置为调节变量是较为合理的。

三、条件过程模型的分析结果

1. 模型拟合和参数估计的结果

条件过程模型可以分解为以下两个模型来讨论（见表 6-8、表 6-9）。其中，表 6-8 呈现了第一个模型的拟合结果，该模型反映了条件过程模型的自变量与中介变量的关系，以及调节变量对这种关系的影响。表 6-8 显示，以丰富体验（中介变量）为因变量的回归模型显著（$R^2 = 0.434$，$F = 14.123$，$p < 0.001$），条件过程模型自变量（工作模式）显著影响模型的中介变量（丰富体验），但调节变量（督导年限）的调节作用不显著，调节项系数 $\beta = 0.000$，$se = 0.023$，$p = 0.989$，$95\% CI = [-0.046, 0.046]$。

表6-8 条件过程模型的分析结果（模型1）

变量	β	se	t	p	LLCI	ULCI
常数项	-2.836	0.491	-5.774	0.000	-3.805	-1.867
性别	-0.050	0.094	-0.529	0.597	-0.236	0.136
年龄	0.010	0.008	1.211	0.227	-0.006	0.027
工作年限	-0.005	0.008	-0.586	0.558	-0.020	0.011
学科	0.113	0.092	1.238	0.217	-0.067	0.294
职称	0.119	0.099	1.201	0.231	-0.077	0.316
政策素养	0.211	0.105	2.007	0.046	0.004	0.418
督导知识能力	0.525	0.096	5.459	0.000	0.335	0.715
工作模式	0.408	0.102	4.011	0.000	0.208	0.609
督导年限	0.025	0.012	2.209	0.028	0.003	0.048
工作模式*督导年限	0.000	0.023	-0.014	0.989	-0.046	0.046
R^2	0.434					
F值	14.123***					

注：该表以丰富体验（中介变量）为因变量，工作模式（自变量）为预测变量，督导年限为调节变量，政策素养为虚拟变量（该指标量表分值大于4分的组别，以小于等于3分的组别为参照）。***表示在0.001水平上显著。

表6-9呈现了第二个模型的拟合结果，该模型一方面反映了条件过程模型的中介变量（M）与因变量（Y）的关系，以及调节变量（W）对这种关系的影响；另一方面反映了条件过程模型的自变量（X）对因变量（Y）的直接影响，以及调节变量（W）对这种关系的影响。表6-9显示，以督导成功（Y）为因变量的回归模型显著（$R^2=0.570$，$F=20.142$，$p<0.001$），工作模式（X）对督导成功（Y）的影响（路径1）、丰富体验（M）对督导成功（Y）的影响（路径2）都通过了显著性双尾检验，督导年限对这两条路径都有显著的调节作用，路径1的调节项系数 $\beta=0.060$（$se=0.024$，$p=0.015$，$\Delta R^2=0.014$），路径2的调节项系数 $\beta=-0.050$（$se=0.022$，$p=0.026$，$\Delta R^2=0.012$），调节变量的调节作用显著。其中，

第六章 教学督导人员的实践经验的影响：条件过程分析和 RD 实验构想

路径 2 的调节项系数是负数，这意味着督导年限在路径 2 中发挥负向调节作用，较短的督导年限更有利于丰富体验对督导成功发挥正向显著的影响，这是一个值得有关方面注意的研究发现。

表 6-9　条件过程模型的分析结果（模型 2）

变量	β	se	t	p	LLCI	ULCI
常数项	2.005	0.499	4.017	0.000	1.020	2.990
性别	-0.109	0.088	-1.246	0.215	-0.283	0.064
年龄	0.001	0.008	0.181	0.857	-0.014	0.017
工作年限	0.005	0.007	0.661	0.509	-0.010	0.019
学科	0.029	0.086	0.340	0.734	-0.140	0.198
职称	0.219	0.094	2.329	0.021	0.033	0.404
政策素养	0.226	0.099	2.282	0.024	0.031	0.421
督导知识能力	0.292	0.097	3.004	0.003	0.100	0.484
工作模式	0.270	0.099	2.734	0.007	0.075	0.466
丰富体验	0.391	0.072	5.453	0.000	0.250	0.533
督导年限	0.032	0.013	2.536	0.012	0.007	0.057
工作模式 * 督导年限	0.060	0.024	2.462	0.015	0.012	0.108
丰富体验 * 督导年限	-0.050	0.022	-2.244	0.026	-0.093	-0.006
R^2	0.570					
F 值	20.142 ***					

注：该表以督导成功体验为因变量，工作模式（自变量）和工作丰富体验（中介变量）为预测变量，督导年限为调节变量；工作模式 * 督导年限和丰富体验 * 督导年限加入后，ΔR^2 分别为 0.014 和 0.012，p 值分别为 0.015（F = 6.062, df1 = 1, df2 = 182）和 0.026（F = 5.036, df1 = 1, df2 = 182），R^2 增加显著。

2. 调节效应分析或简单斜率分析的结果

表 6-10 显示，在督导年限的中间组（即当督导年限取均值，W = 3.959 时）、高年限组（即当督导年限取均值+1SD，W = 4.075 时）这两个

我国高校内部教学督导制度建设的现状和效果的实证研究

组别,督导年限对工作模式与督导成功之间关系都发挥了显著的调节作用。在中间组和高年限组,X 作用于 Y 的条件效应显著（p<0.05）,低年限组（当最低年限减去督导年限均值时）的效应不显著。

表6-10 在督导年限的不同水平上工作模式对督导成功的条件效应分析结果

调节水平	效应值	se	t	p	LLCI	ULCI
低（-2.959）	0.093	0.118	0.787	0.432	-0.140	0.325
中（0.000）	0.270	0.099	2.734	0.007	0.075	0.466
高（4.075）	0.515	0.145	3.542	0.001	0.228	0.802

注：该表呈现以督导年限为调节变量,工作模式（预测变量）对督导成功体验（因变量）的条件效应。变量已做中心化处理。

图6-4 采用简单斜率图的方式,呈现了在 W 的高、低两种水平上 X 对 Y 的条件效应。该图直观显示,高年限组的效应显著。

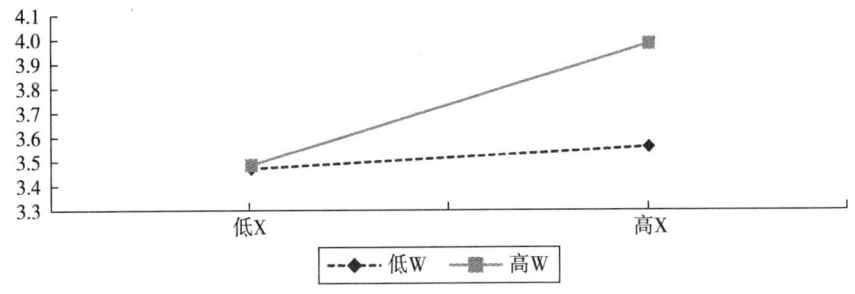

图6-4 在 W 的不同水平上 X 对 Y 的影响

表6-11显示,W（督导年限）有显著的调节作用,M（丰富体验）作用于 Y（督导成功体验）是有条件的,具体而言：当 W=-2.959（即在督导年限的低年限组）和 W 取均值 3.959 时（即在中间组）,M 作用于 Y 的条件效应极其显著（p<0.001）,高年限组的效应不显著（p=0.148）。

第六章 教学督导人员的实践经验的影响：条件过程分析和 RD 实验构想

表 6-11 在督导年限的不同水平上丰富体验对督导成功的条件效应分析结果

调节水平	效应值	se	t	p	LLCI	ULCI
低（-2.959）	0.538	0.082	6.590	0.000	0.377	0.699
中（0.000）	0.391	0.072	5.453	0.000	0.250	0.533
高（4.075）	0.190	0.131	1.452	0.148	-0.068	0.447

注：该表呈现以督导年限为调节变量，工作丰富性体验（中介变量）对督导成功体验（因变量）的条件效应。变量已做中心化处理。

图 6-5 是 M 对 Y 影响的简单斜率图，直观显示了在督导年限的低年限组 M 对 Y 的显著条件效应。在高年限组，M 对 Y 的条件效应不显著。

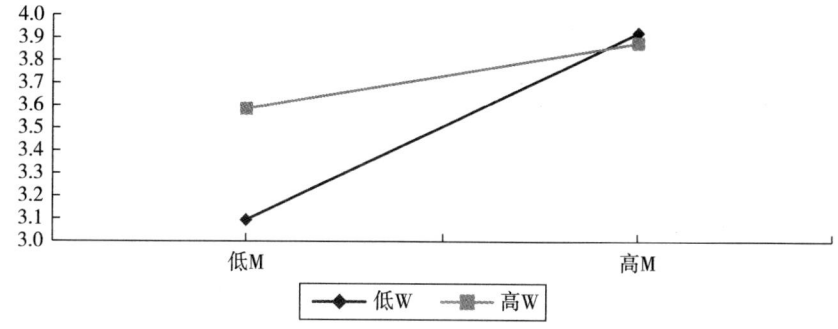

图 6-5 在 W 的不同水平上 M 对 Y 的影响

3. 条件间接效应的分析及效应检验的结果

在上述条件过程模型中，表 6-10 显示了 X 对 Y 的条件直接效应值及其检验结果。然而，X 对 Y 的条件间接效应值及其检验结果如表 6-12 所示。

表 6-12 调节变量的不同水平下间接效应及其比较结果的 Bootstrap 检验

有调节的间接效应	效应值	BootSE	BootLLCI	BootULCI
Effect1（低）	0.220	0.093	0.071	0.438
Effect2（中）	0.160	0.061	0.052	0.292

续表

有调节的间接效应	效应值	BootSE	BootLLCI	BootULCI
Effect3（高）	0.077	0.072	-0.076	0.212
Effect2- Effect1	-0.060	0.057	-0.206	0.017
Effect3- Effect1	-0.143	0.112	-0.419	0.021
Effect3- Effect2	-0.083	0.061	-0.229	0.007

注：该表呈现以督导成功体验为因变量，工作模式为自变量，工作丰富性体验为中介变量，督导年限为调节变量，X 对 Y 的条件间接效应。变量已做中心化处理。

表6-12 显示，经 Bootstrap 检验，在督导年限的低年限组（即当 W = -2.959 时）和中间组（即在 W 取均值3.959时），X 对 Y 的条件间接效应显著（95%置信区间不包含 0，即 p<0.05），高年限组（即当督导年限取均值+1SD，W=4.075 时）的效应不显著。此外，X 对 Y 的条件间接效应，在督导年限的低年限组的效应值（0.220）高于中间组（0.160）的效应值，中间组的效应值高于高年限组（0.077）的效应值，但低、中、高三个组别之间，没有显著差异。

4. 条件过程模型的修正及解释

根据上述实证分析结果，可对图 6-3 进行修正，最终得到修正后的条件过程模型如图 6-6 所示。该图较直观地显示了数据验证的结果。

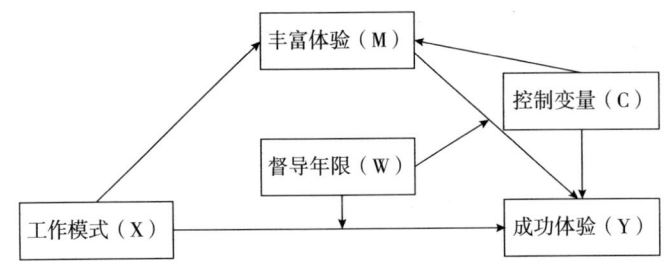

图 6-6 修正后的条件过程分析模型

该模型按过去的分析观点看，属于一种所谓的有中介的调节模型。M 发挥了部分中介调节作用，W 对 X 与 Y 之间的直接效应发挥了显著的调节

第六章 教学督导人员的实践经验的影响：条件过程分析和 RD 实验构想

作用，并对 X 与 Y 之间的间接效应的后半段有显著的调节影响，即 W 既可通过与 X 的交互作用在 X 对 Y 直接影响路径中影响 Y，又可通过与中介变量 M 的交互作用对 Y 产生显著影响。

根据 Hayes（2013）的条件过程分析思想，图 6-6 反映的模型属于所谓的模型 15 这种架构。如果将该模型中 X 对 M、M 对 Y、X 对 Y 的影响系数分别记为 a、b_1、c_1，将 MW 和 XW 的系数记为 b_2 和 c_3，则 X 通过 M 影响 Y 的条件间接效应 CIE＝a（b_1+b_2W），X 影响 Y 的条件直接效应 CDE＝c_1+c_3W。CIE 和 CDE 都是有条件的，CIE 在督导年限的低、中两组有显著性，CDE 则在督导年限的中、高两组表现出显著性。

第五节　RD 实验构想

断点回归（Regression Discontinuity，RD）是当代社会科学前沿量化分析方法，在国外早期就已运用于教育研究领域，国内教育研究中运用相对较少。该方法的基本原理是局部随机化实验，通过准实验设计，估计处理变量或自变量断点两侧的随机分组样本的处理效应。根据断点两侧随机分组概率的差异，RD 一般分为精确断点回归和模糊断点回归两种类型。

RD 的关键之一是找到决定处理变量的分组变量，并能在某个断点附近的有限区域，将样本随机分成两组。在本章中，研究督导人员的实践经验对督导成功的影响，则实践经验丰富与否就是处理变量（Treatment Variable），督导年限可以考虑作为分组变量或操作变量（Assignment Variable）。如果督导人员的实践经验完全由督导年限决定，比如，以督导人员从事督导工作 3 年为断点，按严格不等式要求，督导年限超过 3 年的督导人员，进入实践经验丰富组，其余人员进入控制组，则属于精确断点回归的特例。

如果采用本例数据，以督导年限为分组变量，运用 RD 方法对实践经验的影响做实验模拟，表 6-13 显示，采用 0.5 倍最优带宽估计的处理效应显著，图 6-7 显示，在 1 倍和 3 倍最优带宽之间（以 0.25 倍为间隔）的处理效应估计结果较为一致。当然，此处只是纯粹模拟，并不能证明 RD 可以运用于此例。

表 6-13　SRD（精确断点回归）模拟实验结果（采用三角核函数估计）

督导成功	Coef.	Std. Err.	z	p>|z|	[95% Conf. Interval]	
lwald	0.152	0.264	0.570	0.566	-0.366	0.670
lwald50	0.529	0.143	3.690	0.000	0.248	0.810
lwald200	0.137	0.261	0.520	0.600	-0.374	0.648

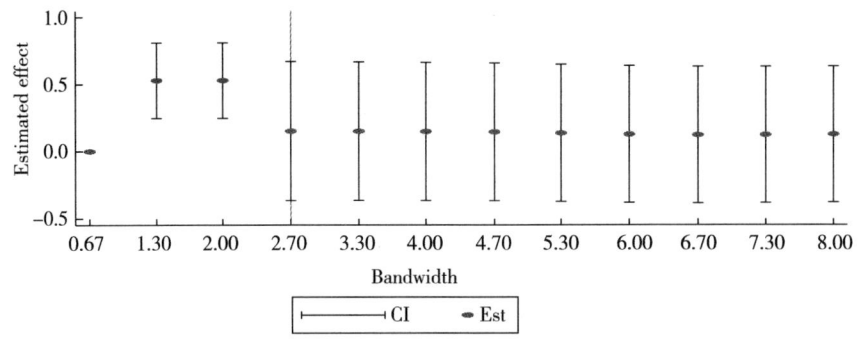

图 6-7　RD 模拟实验中不同带宽下处理效应的估计结果

如果 3 年这个时间点由学校的政策决定，不由个体操纵，则在 3 年附近的邻近区域的样本近似于随机分布。如果实践经验不完全由督导年限决定，督导年限只是增加了督导人员进入实践经验丰富组的概率，则属于模糊断点回归情形。如果个体可以操纵督导年限，虽然仍可以通过比较断点两侧的样本均值研究处理效应的差异，但这不属于随机断点回归的设计。

此外，RD 的前提要求之一是分组变量和协变量的密度函数在断点处的连续性。在本例中，督导年限的密度函数，要满足在第 3 年处具有连续

第六章 教学督导人员的实践经验的影响：条件过程分析和 RD 实验构想

性这一前提假设，保证在断点附近两侧有足够的均匀分布样本，一方面需要增加样本数，另一方面可以考虑将督导年限精确到以天而不是以年为单位，可以从督导人员写第一份督导报告或第一次以督导人员身份去听课那天开始计数。如果能够满足上述条件，则可以做 RD 实验，以验证实践经验的影响。其常见的实验步骤包括：第一，实验前对因变量与处理变量或分组变量关系进行相关分析，可画出线性拟合图，观察是否存在断点；第二，采用不同的核函数和带宽估计处理效应；第三，对分组变量和协变量的密度函数的连续性进行检验。

第六节　本章结论

本章采用条件过程模型，以高校内部教学督导人员的工作模式为自变量，督导人员对督导成功的体验为因变量，分析了督导人员的实践经验在其中的影响，最终得出以下结论：

第一，以督导工作丰富性体验和督导年限分别作为督导人员实践经验的主观和客观的观察指标，发现实践经验发挥了显著的中介作用和调节作用，但其中的影响机制和发挥作用的条件复杂，需要具体分析。

第二，督导人员的工作模式，既直接对督导成功产生显著的正向影响，又通过工作丰富性体验这个中介变量，间接对督导成功产生显著的正向影响。

第三，督导人员工作模式的直接效应的发挥以督导年限为条件。将中心化后变量还原为原始变量计算（下同），当督导年限取均值 3.959（即 0+均值）以及督导年限取值 8.034（即均值+1SD = 0+3.959+4.075）时，工作模式的条件直接效应显示出工作模式对督导取得成功有显著且正向影响，其效应值分别占总效应的 29.712% 和 86.993%。当督导年限为 1 年时（由于计算软件默认程序对变量做中心化处理时，原始值中最低值 1 减去均值 3.959 = -2.959，而 -2.959 正是督导年限的低年限组的取值，这说明督导年限分布的右侧长尾对此产生了一定影响），条件直接效应不显著。

第四，督导人员工作模式的间接效应的发挥也是有条件的。当督导年限取值 1 年和 3.959 年时，工作模式的间接效应显著，其效应值分别占总效应的 70.288% 和 37.209%。虽然督导年限对中介变量（丰富体验）的影响有负向调节作用（见表 6-9），但这种作用没有强大到改变间接效应的方向，工作模式对督导成功体验仍然有正向和显著的条件间接效应。当督导年限取值 8.034，条件间接效应不显著。

第五，督导人员工作模式的间接效应值，在督导年限的低、中、高三组依次下降，在低、中这两组表现出显著效应，但没有证据支持三组的间接效应之间存在显著差异，即间接效应存在一定的组内差异，但组间差异并不显著。

第六，综合分析结果表明，当督导年限取值 1 年，以条件间接效应为主，间接效应占总效应的 70.288%，条件间接效应显著，但条件直接效应不显著；当督导年限取值 8.034 年，以条件直接效应为主，直接效应占总效应的 86.993%，条件直接效应显著，但条件间接效应不显著；当督导年限取值 3.959 年，条件直接效应和条件间接效应都显著，两者分别占总效应的 29.712% 和 37.209%。因此，根据上述分析，工作模式作为理想的工作方式只有运用于丰富的督导实践，产生丰富的督导体验，并以一定的督导年限为条件，才能产生一定的督导成效，这一本章的基本假设得到一定的验证。在督导人员任职的第 1 年，应该重视工作丰富性体验这个中介变量的作用；在督导人员任职 8.034 年，中介变量的作用不显著，应该重视工作模式的提升，发挥直接效应；在督导人员任职 3.959 年时，平衡好工作模式提升和工作丰富性之间的关系，综合发挥好直接效应和间接效应。

第六章 教学督导人员的实践经验的影响：条件过程分析和 RD 实验构想

第七，条件过程分析以一个单一的框架整合了中介效应和调节效应分析，在一定意义上影响了过去的中介或调节效应分析模式，以过程分析和条件分析的思路，构建了清晰的分析模型和分析技术，是一种相对可靠、简单易用和有价值的精细化量化分析方法。该方法使我们有机会更深入地分析 X 对 Y 的影响过程，通过中介变量更好地解释 X 对 Y 的影响机制（即 How）。同时，该方法使我们能够理解 X 对 Y 的影响究竟是在什么条件下发生的，通过设置调节变量帮助我们理解当调节变量取何值时（When）X 对 Y 的影响将发生怎样的变化。因此，研究者应该重视使用条件过程模型。

第八，本例发现，在做条件过程分析前对数据预处理，采用计算软件默认的中心化处理方式存在一定局限性。一般而言，数据的线性处理，不会改变中介或调节项的效应估计值，但会影响对估计结果的解释。因此，研究者可考虑采用其他的数据整理方式。

此外，在满足若干条件的情形下，可以考虑做 RD 实验。通过扩大采样数，将督导年限精确到以天而不是以年为单位，保证督导年限的密度函数在某个断点处的连续性，以个体不能控制督导年限的特定情形和督导年限可以增加督导人员获得丰富实践经验的概率为前提假设，则可以做 RD 实验，采用准实验设计，进一步获得实践经验效应的证据。

第七章 教学督导人员的待遇水平的影响：HLM 模拟研究

第一节 问题的提出

教学督导人员的待遇水平是一个敏感议题，根据问卷调研，这是得分较低的题项。在教学督导人员看来，其待遇水平相对不高（该指标的自评得分均值为 3.626，标准误差为 0.064，95%置信区间的上限和下限分别为 3.500 和 3.751，5%剪除后平均值为 3.651，标准差为 0.890，中数为 4，众数为 3，最小值为 1，最大值为 5）。在实践中，督导人员工作量，一般折算为课时计酬。

督导人员待遇的重要性，可以用工作激励理论或工作动机理论来解释，待遇水平作为一种激励因素会影响人们的工作动机。根据激励的双因素理论，工资等经济待遇属于不可缺少的保健因素，解决不好会导致不满。从工作动机的公平理论视角看，待遇水平这一观察指标，反映了督导人员对其从事督导工作所得收入或报酬高低的主观感知，这种主观感知在一定意义上是督导人员对其付出和所得比较之后的结果，如果个体判断其所得低于其贡献会产生不公平感，这种主观感知与判断会影响工作动机。

第七章　教学督导人员的待遇水平的影响：HLM 模拟研究

从激励的行为理论视角看，报酬属于外部激励因素，会通过中介变量影响工作动机与行为。班杜拉的社会认知理论强调了自我效能感（Self-Efficacy）在动机系统中的重要性。近年来，一些学者尝试以自我概念为基础，建立工作动机模型，以更好地解释动机的内部来源。一些研究者认为，自我效能感是引发激励并产生工作行为效果的关键性中介变量。综上所述，从工作激励或工作动机视角看，督导人员的待遇水平和自我效能感，是影响督导人员工作效果的两个重要变量。探讨督导人员的待遇水平对督导效果的影响，应该引入自我效能感变量，从外部激励和内部激励因素视角进行综合分析。

针对待遇水平和自我效能感的变量特征，本章引入一种较新的分析模型 HLM，主要讨论小样本不平衡条件下 HLM 研究的可能性、研究进展和特定的数据分析方法，并进行模拟研究。

第二节　HLM 原理解读及应用现状

本章主要采用 HLM 做模拟研究。那么，在教育实证研究中，为何要重视采用 HLM？HLM 有什么样的特点和优势？HLM 目前的应用研究现状如何？在小样本研究中，能否应用 HLM？本节将围绕这些问题展开讨论。

一、HLM 的重要性及模型结构

HLM（Hierarchical Linear Models），即分层线性模型，又称为多层模型（Multilevel Models）或多层线性模型（MLMs）等，适合于嵌套数据的分析。常见的例子是学生学习结果的影响因素研究，学生的学习行为作为影响因子，嵌套于班级或学校，班级的学风或学校的类型等组织层次的影响因子可能会对学生个体层次的学习行为产生影响。在这个例子中，学生的学习结果是因变量，学生的学习行为是个体层次的自变量，班级的学风或学校的类型等因子是组织层次的自变量。由于这些变量所处层次不同，可能存在交互效应，将这些因素不加分辨地、简单化地纳入单一层次回归方程中，会违反多元回归方程关于被观察对象相互独立和残差独立分布等基本假设，也会使我们无法较准确地估计高层次因素的影响。HLM通过构建多层次的模型结构及分析技术，可以解决这类嵌套问题。

HLM典型的两层次模型，以每层含一个自变量的完整模型为例，可以表示如下：

第一层模型：$Y_{ij} = \beta_{0j} + \beta_{1j} * X_{ij} + r_{ij}$

第二层模型：$\beta_{0j} = \gamma_{00} + \gamma_{01} * W_j + u_{0j}$

$\beta_{1j} = \gamma_{10} + \gamma_{11} * W_j + u_{1j}$

对照上述例子，第一层模型是学生（$i, i=1, \cdots, n_j$）的个体层次的模型，其中，截距（β_{0j}）是班级j或学校j（$j=1, \cdots, J$）中因变量（Y_{ij}）的均值，斜率（β_{1j}）反映了个体学习行为等影响因子（X_{ij}）对因变量的影响程度；第二层模型是组织层次的模型，其中γ_{01}和γ_{11}分别反映了班级j或学校j中的班风或学校类型等组织层次的影响因子（W_j）对个体层次的模型中β_{0j}和β_{1j}的影响，即W_j对组均值（β_{0j}）的影响，以及W_j对"X_{ij}和Y_{ij}之间关系"（β_{1j}）的影响。γ_{00}和γ_{10}分别是第二层两个模型的截距，是在控制W_j影响后，β_{0j}和β_{1j}的均值。显然γ_{00}是该模型组均值的均值，即总平均数。

将第二层模型中β_{0j}和β_{1j}代入第一层，则上述模型的组合形式或混合效应模型的形式如下：

$Y_{ij} = \gamma_{00} + \gamma_{01} * W_j + \gamma_{10} * X_{ij} + \gamma_{11} * W_j * X_{ij} + u_{0j} + u_{1j} * X_{ij} + r_{ij}$

第七章 教学督导人员的待遇水平的影响：HLM 模拟研究

HLM 的混合效应模型形式，清晰地反映了 HLM 直接估计的关键参数及模型结构。HLM 中 γ_{00}、γ_{01}、γ_{10} 和 γ_{11} 反映了模型的固定效应部分；r_{ij}、u_{0j} 和 u_{1j} 是模型的误差项或随机项，其方差分量 σ_r^2、σ_{u0}^2 和 σ_{u1}^2 则反映了模型的随机效应部分。

二、HLM 的模型优势

HLM 的模型优势，可以通过与常见的多元线性回归模型（MLR）做比较来说明。如果不采用 HLM，对照上述例子，采用常见的多元线性回归模型，则表达式如下：

$Y_{ij} = \beta_{0j} + \beta_{1j} * X_{1j} + \beta_{2j} * X_{2j} + \varepsilon_{ij}$

式中，X_2 相当于上例中的 W，即组织层次的影响因子。

这种 MLR 的表达式与 HLM 的混合效应模型表达式相比，其隐含的模型假设需满足严格条件且结构相对简单，忽略了不同变量的层次特征，缺少了交互项（$W_j * X_{ij}$），即使增加交互项，但单一的误差项 ε_{ij} 掩盖了模型复杂的方差结构。

HLM 将研究对象视为多层次的结构，重视变量的层次特征及相互关系，这一理论观点或基本假设符合客观实际，因而表现出理论分析上的优势，这使之逐渐成为当代主流的研究模型之一。

此外，HLM 在多层次方差分析这一统计分析技术上表现出突出优势。在上例中，MLR 只有一个 ε_{ij} 误差项，HLM 则将传统模型中的误差项 ε_{ij} 分解为 r_{ij}、u_{0j} 和 u_{1j} 三个部分，其中 r_{ij} 是个体层次模型中的误差项，u_{0j} 和 u_{1j} 是组织层次模型中的误差项或残差项，通过设计无条件模型和各种条件模型，分析这三部分的方差分量 σ_r^2、σ_{u0}^2 和 σ_{u1}^2 中相应方差的变化，可以较精细地分析出组织层面的自变量对个体层次模型的影响程度。HLM 所具有的技术优势，使其在模型设计、方差结构分解和方差变化分析等方面表现出灵活性、便利性和精细性等特点，因此，HLM 在一定意义上具有不可替代性，已成为当代较先进的主流统计分析技术之一。

三、HLM 的应用现状

HLM 的研究，可以追溯到 20 世纪 70 年代，伦敦大学的教授于 20 世纪 80 年代对该领域做出了重要贡献。此后，HLM 的影响逐渐扩大。我国一些有影响的研究者十分重视该领域统计技术的发展，并针对或运用 HLM 发表过相关论文。根据中国知网上的检索结果，在我国教育科学研究中，一些重要的研究关注学生学业成绩的差异、学校效能和学校效率的研究方法与计量方法、大学生学习方式、高等教育资源配置和教育满意度以及大学生毕业薪酬的影响因素等议题，涉及高等教育学、教育经济学、教育管理学、心理学、体育科学等学科领域。这些研究可分为三类，即结合教育案例，专题讨论 HLM 研究方法和应用技术的论文；聚焦传统的学生学习领域的应用研究论文；关注教育管理领域的宏观议题或重要议题的应用研究论文。在教育督导议题上，没有发现应用 HLM 研究的期刊论文。

总体而言，在我国，HLM 专题研究及相关应用研究成果相对不多。在中国知网上，分别以"分层线性模型"和"多层线性模型"为主题检索的关键词，在 CSSCI 来源期刊中进行检索，可得到 101 篇和 254 篇期刊论文，合计 355 篇，涉及统计学、社会学、经济学、心理学、教育学、体育科学和公共管理等学科专业领域。如果采用上述主题检索词，同时在文献分类目录中，只选择教育类文献，可得到 23 篇和 95 篇，合计 118 篇，有关情况如表 7-1 所示。其中，较早的文献可追溯到 2002 年，在多数年份中文献只有个位数。

第七章 教学督导人员的待遇水平的影响：HLM 模拟研究

表 7-1 我国教育类文献中 HLM 专题应用研究论文数量的年度分布

Y	20	19	18	17	16	15	14	13	12	11	10	9	8	7	6	5	4	3	2
H	0	2	2	1	1	3	4	2	1	0	2	0	2	1	0	1	0	0	1
M	8	10	9	3	6	8	6	14	8	4	7	3	1	5	0	0	1	0	1
S	8	12	11	4	7	11	10	16	9	4	9	3	3	6	0	1	1	0	2

注：表中 Y 指年份，20 指 2020 年，2 指 2002 年，以此类推；H 指以"分层线性模型"为主题进行检索，M 指以"多层线性模型"为主题检索词，S 指汇总。

我国教育研究领域专题应用 HLM 的研究文献相对不多，其原因可能有两个：一是受限于统计分析方法和工具的发展与推广。从国际上看，HLM 发展于 20 世纪 80 年代后。从国内看，2003 年我国教育科学出版社出版了我国第一本专题图书。相较于常用的多元回归，人们对 HLM 不够熟悉，可以利用的 HLM 方法和工具不多。二是 HLM 的应用成本较高。这突出反映在 HLM 对样本数据规模和结构的要求上。就规模而言，如果按 30＊30 的法则准备两层数据，就已经需要 900 个样本数据；如果再增加一层就需要 27000 个样本数据。就结构而言，二层的数据相对于一层的数据，更加难以获取。其难点在于，研究者需要同时考虑第二层样本的数量和规模。如果以本章开端示例说明此问题，第二层样本数量是指居于第二层的班级数量或学校数量（J），第二层样本规模是指每个班级或每所学校中所抽取的学生样本数，即第二层中第一层样本数量（n_j）。由于缺少社会资本和足够的资源，不具备大规模采样的客观条件，对于普通研究者而言，HLM 对第二层样本数量和规模的要求，往往成为一个很难解决的突出问题。研究者如果不能平衡好第二层样本数量和规模的要求，就会带来小样本及不平衡性问题。所谓不平衡，常表现为各组观测数不等或自变量分布不同。此外，研究对象的实际情况也是影响因素。比如，有学者研究美国 50 个州的国会议员的投票行为，二层样本数只能是 50 个，而且样本不平衡问题突出，有的州规模较小，只有 2 名州议员。HLM 早期采用的统计技术,在解决这类问题带来的参数估计偏差方面,具有局限性。近年来,一些研究者通过实验证明,HLM 在运用于不满足平衡性要求的小样本时,如果采用一定的技术,则可以减少偏差,其中一些参数可以得到无偏、准确的估计。

四、HLM 运用于不平衡情形下小样本研究的可能性

在 HLM 领域,小样本的充分性(Sufficient Sample Size),即 HLM 能够做出准确估计与推断所要求的样本数量和规模的最低限度,是热点研究议题。小样本的充分性议题,是针对小样本的不充分性问题(即样本不足所带来的算法难题)提出来的。样本不足,往往会伴生上述的样本抽样不平衡问题。根据检索,Browne 和 Draper(2006)采用 HLM,对 6 所学校(平均每校含 18 个样本,总计 108 个样本)做了模拟研究,Maas 和 Hox(2005)则对 10 组样本(每组含 5 个样本,总计 50 个样本)进行了 HLM 模拟实验。显然,随着统计技术的发展,对小样本的定义会发生变化。

根据劳登布什和布里克(Raudenbush & Bryk,2016)以及卢克(Luke,2016)等的 HLM 专著和有关文献,HLM 算法原理相对复杂,且处于完善之中,以适用于不同的应用情境。随着 HLM 算法不断改进,广义最小二乘法(GLS)、限制性最大似然法(REML)和经验贝叶斯估计(EB)等方法已得到运用与发展。这为不平衡情形下小样本的模拟研究提供了可能和多种实验条件。HLM 中的参数估计与推断,涉及固定效应、随机系数和方差分量的估计及相关的假设检验。各类参数估计通常彼此关联,一个参数的估计会影响相关参数的估计,因此 HLM 通常会采用迭代算法,最终获得理想的目标函数。

估计固定效应时一般会考虑其方差分量结构,包括第一层的误差方差和第二层的参数方差。当第二层样本规模或大小不平衡(即各组样本数不

第七章 教学督导人员的待遇水平的影响：HLM模拟研究

等）时，要考虑第一层误差方差随着各组的样本规模或大小而变化（即 σ_r^2/n_j），常用的解决方案是按方差的倒数，即 $(\sigma_{u0}^2+\sigma_r^2/n_j)^{-1}$，对每组数据进行相应加权，采用加权最小二乘法对固定效应做点估计。在更一般情形下，HLM使用广义最小二乘法（GLS）估计固定效应（即第二层模型的截距和斜率）。

第一层的随机系数估计，受参数估计的信度影响，以第一层的截距估计为例，信度 $\lambda_j = \sigma_{u0}^2/(\sigma_{u0}^2+\sigma_r^2/n_j)$，观察该表达式可发现，如果各组内的样本数 n_j 较大，则信度较高，λ_j 趋近于1；如果 n_j 较小，则信度较小。为减小不平衡和小样本带来的偏差，可以采用经验贝叶斯估计。该方法对截距的估计值实际上是组均值（或截距的组内OLS回归值）和总体均值的加权组合，组均值的权重为 λ_j，总体均值的权重为 $1-\lambda_j$。随着 λ_j 降低，估计值向总体均值收缩，即无条件收缩；如有预测自变量，截距的估计值实际上是组内的OLS回归估计值（含第一层预测变量）和含有第二层预测变量 W_j 的回归预测值的加权组合，前者的权重为 λ_j，后者的权重为 $1-\lambda_j$，随着 λ_j 降低，估计值向"预测值"收缩，收缩量受到 W_j 影响，W_j 对方差的解释力会影响 λ_j 中的 σ_{u0}^2，如果 W_j 的解释力大，则 σ_{u0}^2 较小，λ_j 较小，因而估计值向"预测值"收缩，即所谓的条件收缩估计。采用经验贝叶斯估计可以对随机系数做出稳定、更好的估计。

为处理数据不平衡对方差和协方差估计的影响，HLM一般采用最大似然法（ML），根据有关参数的初始估计值，观察给定的因变量数据的似然值，通过EM迭代算法过程（含数学期望估计E和ML估计过程），对因变量模型进行最大似然估计，涉及贝叶斯经验估计和Fisher得分算法等。其中，第二层模型的误差方差或参数方差的初始估计十分重要。针对小样本，可采用限制性最大似然法（REML）。REML根据未知的固定效应参数的数量（即Q+1），校正了误差方差或参数方差估计的自由度，即n-（Q+1），这个含有Q（即自变量系数的个数）的校正值是分母，回归方程的残

143

差平方是分子。由于方差不可能是负数，样本数 n 应大于 Q+1。如果未知的固定效应参数较多，则需要的样本数较多。第一层样本数总是大于第二层，即第一层的 n 较大，关键是第二层的样本数量 J。由于调整了自由度，REML 估计值要小于 ML 估计值，但在大样本情形下，REML 和 ML 的估计值相近。在小样本情形下，REML 估计对样本数变化敏感，相对而言适用于小样本。

根据有关文献，HLM 中假设检验方法仍在讨论与完善之中，对固定效应参数的显著性检验一般与多元回归中回归系数的检验方法类似（t 检验），对方差分量的检验通常采用 χ^2 检验。有研究者认为，"显著的方差分量意义并不明确"，"较其显著性，关注其大小显得更有意义"（Luke, 2016）。

虽然 HLM 算法不断改进，但小样本的充分性问题始终存在。因此，一方面，统计学家通过开发和运用新的方法技术和工具来解决问题；另一方面，通过大量实验，研究小样本带来的影响程度。在统计学家看来，小样本会带来"数据稀疏性问题"（Sparse Data Problems），对此采用经典回归方法难以解决。有证据表明，HLM 在一定意义上正是在解决小样本问题中得以不断发展。

根据文献检索，Braun（1982）早在 1981 年 11 月的一份课题研究报告中，就尝试给 59 所学校中的研究生（指 Black Students），建立招生预测的回归模型。该例中，小样本问题（即样本不充分和不平衡性问题）表现非常突出。在 59 所学校中，样本数达 10 人以上的学校只有 8 所（占学校总数的 13.56%，其中，样本达 20 人以上的学校只有 5 所），样本数 6~9 人的学校有 8 所，43 所学校（即 72%的学校）的校内样本在 4 人以下（其中 8 所学校的样本为 4 人，3 所学校的样本为 3 人，9 所学校的样本为 2 人，10 所学校的样本为 1 人，13 所学校根本没有这类样本）。如果利用所有学生（含白人和黑人学生）的信息，只建立一个标准回归模型，则会导致预

第七章 教学督导人员的待遇水平的影响：HLM 模拟研究

测偏差；如果为每所学校分别建立一个标准回归模型，则样本不足。Braun 当时就是采用 HLM 的经验贝叶斯估计方法，运用 EM 算法，对未知的残差方差和总体参数进行最大似然估计，来解决这个两难问题。Braun 的实例证明，与标准线性回归模型相比，HLM 更适用于解决这类样本不足及抽样不平衡性所带来的回归估计难题。

多层模型不限于两层，但两层模型的模拟研究与讨论较多。McNeish 和 Stapleton（2016）专题研究小样本对两层模型的影响，两位学者搜集和比较分析了 20 项代表性专题研究文献，发现采用最大似然估计法（采用 REML 好于 FML）进行模拟实验，第二层样本数量最低只需要 10 组，就可以准确估计一层和二层的方差分量；一层固定效应的点估计只需要 5 组，二层固定效应的点估计一般需要 15 组（Maas 和 Hox 的研究结果证明最低 10 组也可以做），但需要更多的组数才能准确估计参数的标准误，比如，准确估计模型固定效应的标准误需要 30 组，准确估计模型第二层方差的标准误则需要 50 组。但两位学者没有重点分析第二层样本的规模（即第二层所含的第一层样本数），只是说明在搜集的文献中，每组样本大小或规模一般在 5~30。两位学者在上述文献分析的基础上，进行实验模拟，最后得出结论：虽然传统的最大似然法运用于 30 组以下样本就会产生估计偏误，但研究者在多层模型中使用 REML、K-R 校正法或贝叶斯 MCMC 等新方法，运用于 10 组及以下都有很好的结果；研究者在小样本情境中使用上述新方法，可以得到无偏的估计参数。

通过分析上述研究结果，我们可以发现：如果研究者不关心参数的显著性检验，只关注效应量大小，比如关注 HLM 模型的固定效应大小或两层的方差分量比例，则第二层的最低样本数量只需要 5 组或 10 组就可以做出准确估计；每组样本大小或规模一般在 5~30（如果以 15 组计算，则总样本数在 75~450），但要求相对宽松。比如，在上述 Braun（1982）的研究中，有 59 所样本学校，但其中 43 所学校所含校内样本在 4 人以下。在这种情形下，研究者可以采用上述 REML 或 EB 等方法对有关参数做无偏估计。

此外，根据文献检索，研究者如果只关注方差分量的比例，可以参考 Browne 和 Draper（2006）的研究。两位学者通过模拟实验发现，在 HLM 中近似无偏地估计两层模型的方差分量（Variance-Components，VC）只需要 6 组样本，总样本 108 个即可。两位学者将 108 个样本分成 6 组，进行了平衡设计（每组 18 个）和非平衡设计（每组样本不等，最少的组含 5 个样本），结果发现：即使对 6 组 108 个样本进行非平衡设计，采用 REML 对两层模型的 VC 进行估计，第一层方差偏误小于 1%（即 -0.01），第二层方差偏误小于 0.42%（即 -0.0042），所产生的偏误可以忽略不计。

综上所述，研究者对样本的要求，会随着关注点不同而变化，如果研究者只关心固定效应系数和方差分量的大小，则不必过于在意小样本，因为可以采用一定技术获得准确的参数估计；采用当前 HLM 的主流算法，如 REML 和 EB 等方法，做小样本的模拟研究是可行的。因此，本章根据研究需要，采用限制性最大似然法（REML）和经验贝叶斯估计（EB）等方法，进行了小样本模拟实验，以期为高校教学督导领域的研究，提供一个小样本 HLM 研究案例，供后续采用其他新方法，做进一步研究和比较对照。

第三节　研究设计

一、研究目的、对象、内容和方法

本章以上海地区 4 所国家重点建设的研究型大学的内部教学督导人员

为对象，采用分层线性模型（HLM），主要运用限制性最大似然法（REML）和经验贝叶斯估计（EB）等 HLM 主流研究方法，研究组织层面的待遇水平均值对督导人员个体督导成效的影响，以期为高校督导人员待遇水平的影响研究提供一个 HLM 小样本分析案例，并供后续专题研究做比较与对照。

HLM 研究过程包括以下步骤：第一，模型构建，即根据研究目的，选取因变量和自变量，构建零模型和各种条件模型，条件模型包括以均值为结果的模型、随机系数模型、以斜率为结果的复杂模型和完整模型等；第二，模型分析和优选，即根据模型所解释的方差比例（ICC 或 R^2）等参数，对模型进行分析，得到优选后的完整模型；第三，固定效应与随机效应分析，结合模型系数估计值及解释方差比例的变化，对模型的效应做分析；第四，随机系数估计，即采用经验贝叶斯估计方法，观察第一层的截距和斜率在第二层单元间的具体变化情况；第五，得出结论，即综合上述分析，对组织层面的待遇水平均值对督导人员个体督导成效的影响做出总体分析和判断。

二、研究的样本、变量设计和工具

本章采用上述问卷搜集信息，针对所采集到的 195 份样本的实际情况，依据学校和学科构建 39 个单元，这些单元被命名为组织单元，含有学校和学科两维度的信息，比如 1A 指编号为 1 的这所高校的 A（即哲学）学科，2B 指编号为 2 的这所高校的 B（即经济学）学科等，每个组织单元的样本平均规模（记为 H）为 5 个（H=195÷39=5，即每个组织单元中典型样本量为 5）。这样，构建起两层数据，第一层为督导人员个体层面，含 195 个样本；第二层为组织单元层面，含 39 个样本。第二层单元中一层单元的典型个数或理论期望值是 5。在我国高校中，不同高校有自己的优势学科或特色学科，同一学科在不同高校中的发展状况和待遇水平会有一定差异，因此采用组织单元进行分析，有合理性且有现实意义。

研究样本的具体情况如图7-1所示，图示方法参考了Braun（1982）的研究报告。样本分组依据，参见上述文字说明。图7-1显示了第二层样本的数量和规模。本书将195个样本分成39组，即本书中第二层样本的数量是39。图中a这一列指始于两端的累积频数，总计39组。b和c指茎叶图中的茎和叶，从b和c中可以观察到第二层样本的规模，即39组中每组所含的第一层样本数。图7-1最后显示了第二层样本规模的百分位数。

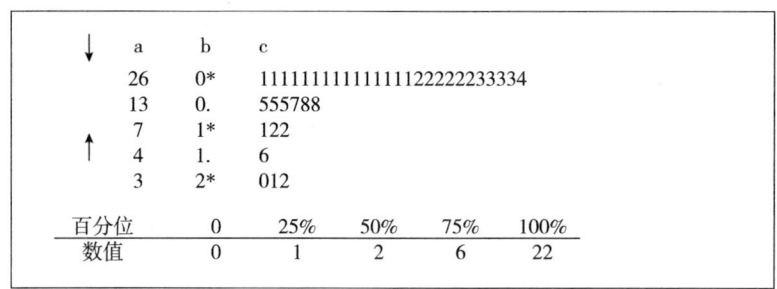

图7-1 研究样本的数量（Number）和规模（Size）的茎叶图

图7-1显示，本书的样本分布与Braun（1982）的研究有一定可比性。比如，在Braun（1982）的研究中，去除13所不含研究样本（Sample）的学校，实际只有46所样本学校，其中，含第一层样本数大于或等于5人的学校只有16所，本书中有13个二层单位达到这一规模。对比情况如表7-2所示。因此，已有的案例说明，运用HLM做类似的小样本研究是可行的。

表7-2 两项研究的样本数量和规模的对比

研究对比	样本数量	样本规模			
		≥5	≥7	≥10	≥20
Braun的研究	46	16	13	8	5
本书的研究	39	13	10	7	3

第七章 教学督导人员的待遇水平的影响：HLM 模拟研究

根据上述分析、前期研究成果和本章研究目的，为简化模型，经过预研究阶段的探索性分析，本书主要选取 6 个观察指标。其中，以督导创新成效（Y_{ij}，在本章简称"督导成效"）为因变量，督导人员的个体效能感（$GTXN_{ij}$）和待遇水平（$DYSP_{ij}$）、组织单元的待遇水平均值（$DYSP\_MEA_j$）、效能感均值（$GTXN\_MEA_j$）、督导制度规范程度的感知均值（$GFCD\_MEA_j$）为自变量，分别用于第一层和第二层的模型的探索性构建。有关变量情况如表 7-3 和表 7-4 所示。

表 7-3 用于探索性分析的第一层变量描述

变量名	样本数	平均数	标准差	最小值	最大值
个体督导成效	195	3.55	0.75	1.00	5.00
个体待遇水平	195	3.63	0.89	1.00	5.00
个体的效能感	195	3.86	0.81	1.00	5.00

表 7-4 用于探索性分析的第二层变量描述

变量名	样本数	平均数	标准差	最小值	最大值
待遇水平均值	39	3.71	0.59	3.00	5.00
效能感的均值	39	3.83	0.59	2.00	5.00
规范感知均值	39	4.43	0.69	2.00	5.00

注：表中变量在建模过程中会做相应的中心化处理，具体处理方法参见下文。

为进一步解释上述研究设计，我们回到本章开端所示的 HLM 模型的两层次表达式，其中 W_j 可以是反映第二层组织特征的变量（如学校的类型等），也可以是第一层预测变量的均值（如某学校内学生个体层次的学习行为变量 X_{ij} 的均值）。在 HLM 的实际应用中，将第一层 X_{ij} 的均值设置为第二层的 W_j，这是常见的研究设计，在有限的研究条件下，研究者可以选择一层变量的均值作为二层组织变量的指标，均值在一定意义上可以反映研究者所关注的组织层次特征。此外,个体层面的均值也被视为所谓的"情境变量",即对个体行为产生影响,并可以由个体的一致行为来解释的组织环境变量。在社会活动中,个体行为总是嵌入于情境或组织环境中,而情境中一些变量正是在复杂的个体与环境互动中形成的。在复杂的互动中,由个体层面聚合而成的情境变量会影响该情境下的个体,这是设置情境变量的一个基本理论假设,有合理性。如果由此可以观察到个体普遍的行为模式、倾向或特征,就可以找到情境变量存在的证据。从算法视角看,情境变量可用于模型中变量控制,以消除一定的混淆变量的影响。

本书采用 SPSS 和 HLM 作为数据处理工具,利用不同工具在数据处理上的便利和优势解决问题。

第四节 实证分析

一、基线模型和简单模型的构建及初步分析结果

HLM 分析,一般先构建零模型或无条件模型,确认 HLM 分析的必要性,并计算原始方差,建立基线数据,随后通过简单模型的探索性分析,初步建立 HLM 模型的结构。具体过程分为以下七个步骤:

第一步:零模型或无条件模型的构建及分析。

以督导创新(x_1)为因变量,以组织单元(依据学校和学科构建 39 个单元)为分组 id,建立"模型 1",如下:

第一层模型,即个体层次的模型:$Y_{ij} = \beta_{0j} + r_{ij}$

第二层模型,即组织层次的模型:$\beta_{0j} = \gamma_{00} + u_{0j}$

将第二层模型中的 β_{0j} 代入第一层模型，则上述模型的组合形式或混合效应模型如下：

$$Y_{ij} = \gamma_{00} + u_{0j} + r_{ij}$$

式中，r_{ij} 和 u_{0j} 分别为第一层和第二层模型中的误差项或随机变动项，分别反映了各组内个体之间的督导成效的差异，以及各组之间的督导成效的差异。β_{0j} 是每个组织单元的督导成效的均值，γ_{00} 是各组督导成效均值的平均数，即总平均数。一般假定 r_{ij} 和 u_{0j} 均满足独立同分布的要求，即 $r_{ij} \sim \text{iid } N(0, \sigma_r^2)$，$u_{0j} \sim \text{iid } N(0, \sigma_{u0}^2)$。零模型或无条件模型的拟合结果如表 7-5 所示。

表 7-5 无条件模型的拟合结果

固定效应	系数	标准误	T 比值	自由度	p 值
督导成效均值的平均数，γ_{00}	3.551	0.063	56.429	38	0.000
随机效应	标准差	方差分量			
督导成效均值，u_{0j}	0.165	0.027			
第 1 层效应，r_{ij}	0.730	0.532			

注：第 16 次迭代的似然函数值 = -2.205098E+002；离差 = 441.020；参数数目 = 4。

根据表 7-5 中的数据可以计算出，各组督导成效的均值（即 β_{0j}）的 95% 的可能值区间，围绕总平均数（即 γ_{00}）在正负 0.322 范围变动，即 $3.551 \pm 1.96 * (0.027)^{1/2} = (3.229, 3.873)$。由表中可知，$\sigma_{u0}^2 = 0.027$，$\sigma_r^2 = 0.532$。

根据各组的规模及实际均值、γ_{00} 和第一层随机效应的 σ_r^2 可以计算出有关的卡方检验值，即 $x^2 = 48.174(df = 38)$，对 σ_{u0}^2 是否为 0 进行统计检验。查卡方分布临界值表，可得 $x_{(0.10)}^2 = 40.3(df = 30)$，$x_{(0.10)}^2 = 51.8(df = 40)$，因此本例 x^2 检验结果表明，p 值接近 0.10 临界值（可以推算出 p = 0.125）。

采用一些流行的统计软件（如 R）做单因素方差分析或混合效应分析，如表 7-5 所示，不会直接输出零模型随机效应的 σ_{u0}^2 卡方检验值和 p

值，而研究者实际上最关心的往往是随机效应的方差分解结构中的比例关系，一般通过计算其组内相关系数（ICC）值，观察第二层的方差所占的比例，以判断第二层单位对因变量均值变动的影响程度。

本例的 ICC 值 = $\sigma_{u0}^2/(\sigma_{u0}^2+\sigma_r^2) = 0.027/(0.027+0.532) = 0.048$，即组间差异占督导成效总差异的 4.8%。这表明各组之间的差异解释了督导成效总差异的 4.8%，即督导成效的总差异中，4.8% 是组织单元之间的差异。在不同学科领域，ICC 值的参照标准不同，比如在心理学领域一般以 0.059 为标准，ICC 值大于该值就有必要做 HLM 分析。但有国外学者研究提出，在一些有代表性的行为科学研究中（Applied Behavioral Research），ICC 值的范围一般在 0.045 和 0.271 之间（Hedges & Hedberg, 2007）。因此，参照上述标准，本例 ICC 值 = 0.048，大于 0.045，提示有必要采用 HLM 做进一步分析。

根据国外一些学者的专著，在零模型构建阶段，研究者的主要工作是观察因变量与组织层面变量的关系图，或者计算 ICC 值，以判断构建 HLM 的必要性。但也有文献提出，针对 HLM 的前提假设要求，研究者可以对零模型第一层残差做进一步同质性检验，以判断其合理性。本例的检验结果如表 7-6 所示。

表 7-6　零模型第一层残差的同质性检验结果

检验变量	卡方值	自由度	p 值
一层残差	15.356	19	>0.500

检验结果表明，该模型满足 HLM 分析的基本前提假设要求。此外，通过探索性研究发现，在本例第一层模型中可以增设恰当的自变量，且第一层残差服从正态分布。由于增设自变量后，残差会发生变化。研究者一般在构建最终模型后，做模型的多项诊断分析，进一步提供第一层和第二层残差的正态性检验结果，以及第一层残差的同质性检验结果。

零模型构建及分析，可以被视为后续研究的准备阶段。在该准备阶

第七章 教学督导人员的待遇水平的影响：HLM 模拟研究

段，研究者还可以对所谓的"情境变量"的合理性进行检验。由于情境变量是通过聚合个体层面的自变量信息而产生的，研究者一般要分别计算其 γ_{wg} 值和 ICC（2）值，即组内同质性和组间异质性指标值。

本例中，$GTXN_j$、$DYSP_j$ 和 $GFCD_j$ 的 γ_{wg} 组均值分别为 0.736、0.582、0.843，三组平均 γ_{wg} 值为 0.720（见表 7-7）。研究结果表明，由这三个变量分别构建组织层次的情境变量，有一定合理性。

表 7-7 用于构建情境变量的一层变量的组内同质性指标值

观察变量	GFCD	DYSP	GTXN	平均 γ_{wg} 值
γ_{wg}	0.843	0.582	0.736	0.720

随后，进一步计算上述三个变量的 ICC（2）等组间异质性指标值，发现这些指标值在总体上随着样本数量和规模而变化，受组内样本数影响较大。如果删除样本规模较小的组别，保留 13 组或 10 组，每组样本数 $n_j \geq 5$ 或 7，则 GFCD 和 DYSP 这两个变量的指标值较为理想，其组间都存在显著差异，但 GTXN 仍不符合要求，没有发现其组间存在显著差异的证据。有关结果如表 7-8 所示。

表 7-8 用于构建情境变量的一层变量的组间异质性指标值

观察变量	统计值	J=39 (1) N=195	J=24 (2) N=180	J=18 (3) N=168	J=13 (5) N=152	J=10 (7) N=137
GFCD	ICC（2）	0.588	0.490	0.579	0.682	0.716
	F	2.428***	1.960**	2.379**	3.145**	3.525**
	η^2	0.372	0.224	0.212	0.214	0.200
	ω^2	0.219	0.110	0.123	0.146	0.143
	pot	1	0.987	0.988	0.992	0.986

续表

观察变量	统计值	J=39 (1) N=195	J=24 (2) N=180	J=18 (3) N=168	J=13 (5) N=152	J=10 (7) N=137
DYSP	ICC(2)	0.015	0.158	0.164	0.393	0.491
	F	1.016	1.188	1.195	1.647$^+$	1.963*
	η^2	0.198	0.149	0.119	0.125	0.122
	ω^2	0.003	0.024	0.019	0.049	0.060
	pot	0.897	0.852	0.769	0.828	0.826
GTXN	ICC(2)	-0.206	-0.427	-0.609	-0.516	-0.217
	F	0.829	0.701	0.622	0.659	0.821
	η^2	0.168	0.094	0.066	0.054	0.055
	ω^2	-0.035	-0.040	-0.040	-0.028	-0.012
	pot	0.799	0.559	0.419	0.367	0.392

注：J=39，表示第二层样本的数量为39；(1) 表示第二层样本的规模 $n_j \geqslant 1$，以此类推；+表示 $p<0.10$，* 表示 $p<0.05$，** 表示 $p<0.01$，*** 表示 $p<0.001$；η^2 指净 Eta 平方值，ω^2 指关联强度；pot 指统计检验力（power of test），使用 $\alpha=0.05$ 计算。

就构建情境变量而言，关注组内同质性或组间异质性是两种不同的构建思路。虽然组内具有一定的同质性，这不等于组间具有较高的异质性，组间异质性是重要的指标，但是研究者可以根据需要，选择有关参照指标做决策。一般而言，与 ICC (2) 等组间异质性指标相比，γ_{wg} 是更为重要的指标，因为没有一定的组内同质性或一致性，均值或信息聚合就没有代表性。综上所述，本书主要采用 GFCD 和 DYSP 这两个指标，分别构建组织层面的情境变量。对于 GTXN 而言，考虑到模拟研究的需要，在初期可以构建其情境变量，观察该变量所产生的影响，在后期进一步探索构建模型阶段，通过发现更多证据，可去除该变量。此外，从统计控制的视角看，假如第一层有个体层次的指标，且该指标没有进行中心化处理，那么将该指标的均值置于第二层，有利于排除混淆变量的影响。

第七章　教学督导人员的待遇水平的影响：HLM模拟研究

第二步，简单模型的构建及分析（在第二层构建含1个截距预测因素的简单模型，做比较分析）。

以零模型为基线模型，在第二层模型中增加效能感均值（GTXN_MEA$_j$）为自变量，参照自变量的总体均值对其做中心化处理，构建"模型2"如下：

第一层模型：$Y_{ij} = \beta_{0j} + r_{ij}$

第二层模型：$\beta_{0j} = \gamma_{00} + \gamma_{01} * (GTXN\_MEA_j - \overline{GTXN\_MEA.}) + u_{0j}$

将第二层模型中的β_{0j}代入第一层模型，则上述模型的混合效应形式如下：

$Y_{ij} = \gamma_{00} + \gamma_{01} * (GTXN\_MEA_j - \overline{GTXN\_MEA.}) + u_{0j} + r_{ij}$

此处，假设该自变量是合理的，通过模拟自变量引入后组间差异发生的变化，展示保留或去除自变量的依据和过程。

模型拟合结果如表7-9所示。

表7-9　简单模型的拟合结果（以督导效能感为第二层自变量）

固定效应	系数	标准误	T比值	自由度	p值
督导成效均值，估计模型					
截距，γ_{00}	3.541	0.053	66.517	37	0.000
效能感，γ_{01}	0.614	0.138	4.442	37	0.000
随机效应	标准差	方差分量	自由度	卡方	p值
督导成效均值，u_{0j}	0.091	0.008	37	34.310	〉0.5
第1层效应，r_{ij}	0.715	0.511			

注：第44次迭代的似然函数值=-2.137113E+002；离差=427.423；参数数目=5；截距的可靠性估计值为0.069。

比较零模型和模型2，可以得到第二层随机方差的变动比例=（0.027-0.008）/0.027=0.704，说明效能感均值（GTXN_MEA$_j$）解释了各组之间督导成效差异的 70.4%，这也提示我们在控制效能感均值的影响后，组间差异减少，可能没有显著性差异。模型 2 的 ICC 值 $=\sigma_{u0}^2/(\sigma_{u0}^2+\sigma_r^2)= 0.008/(0.008+0.511)= 0.015$，可见 ICC 值由 0.048（零模型的 ICC 值）减少为 0.015，这也说明了组织单元的效能感均值作为第二层的预测变量所产生的影响。由于 σ_{u0}^2 很小，且 σ_r^2 较大，n_j 也较小，计算出的第一层随机系数估计的信度为 0.069，即以效能感均值（$GTXN\_MEA_j$）预测各组的督导成效均值的信度较低。此外，较小的 ICC 值（0.015 小于 ICC 临界值 0.045），也提示模型 2 的组间差异不显著。根据表中参数可以计算出 u_{0j} 的方差分量的卡方检验值，即 $x^2 = 34.310(df = 37)$，p 值大于 0.5（卡方临界值为 36.3）。因此，经探索性分析，不再考虑将效能感均值（$GTXN\_MEA_j$）设置为第二层的"截距"的预测变量。

随后，保持上述第一层模型不变，将上述第二层模型中的自变量先后替换为待遇水平均值（$DYSP\_MEA_j$）和规范程度均值（$GFCD\_MEA_j$），参照自变量的总体均值对其做中心化处理，构建模型进行实验，发现以待遇水平和规范程度估计督导成效均值的信度分别为 0.185 和 0.196，固定效应（γ_{01}）分别为 0.457、0.271（p 值均小于 0.01），第二层的方差分别为 0.030、0.033，第一层的方差分别为 0.507、0.522。根据本章开端所述的信度公式，在同等条件下，较大的第二层方差，较小的第一层方差，或较大的 n_j，则信度较高。一般而言，如果第一层方差较大，在第一层增加自变量，第一层方差会减小。因此，在增加第一层的解释变量后，随着第一层方差的减小，第二层自变量的预测信度应该会得到提高。考虑到本章的研究目的，主要关注模型的方差结构和效应量的变化，应保留待遇水平均值（$DYSP\_MEA_j$）和规范程度均值（$GFCD\_MEA_j$）作为第二层的预测变量。

第三步，随机系数模型的构建及分析（在第一层构建含 1 个预测因素的简单模型）。

第七章 教学督导人员的待遇水平的影响：HLM 模拟研究

以零模型为基线模型，在第一层模型中增加效能感（$GTXN_{ij}$）为自变量，参照自变量的组均值对其做中心化处理，构建"模型 3"如下：

第一层模型：$Y_{ij} = \beta_{0j} + \beta_{1j} * (GTXN_{ij} - \overline{GTXN.j}) + r_{ij}$

第二层模型：$\beta_{0j} = \gamma_{00} + u_{0j}$

$\beta_{1j} = \gamma_{10} + u_{1j}$

将第二层模型中的 β_{0j} 和 β_{1j} 代入第一层模型，则上述模型的混合效应模型形式如下：

$Y_{ij} = \gamma_{00} + \gamma_{10} * (GTXN_{ij} - \overline{GTXN.j}) + u_{0j} + u_{1j} * (GTXN_{ij} - \overline{GTXN.j}) + r_{ij}$

模型拟合结果如表 7-10 所示。

表 7-10 随机系数模型的拟合结果（以效能感为第一层自变量）

固定效应	系数	标准误	T 比值	自由度	p 值
督导成效均值，估计模型					
截距，γ_{00}	3.561	0.064	55.275	38	0.000
效能感，斜率，γ_{10}	0.520	0.105	4.966	38	0.000
随机效应	标准差	方差分量	自由度	卡方	p 值
督导成效均值，u_{0j}	0.244	0.059	18	36.721	0.006
效能感，斜率，u_{1j}	0.333	0.111	18	50.965	0.000
第 1 层效应，r_{ij}	0.584	0.341			

注：第 31 次迭代的似然函数值 = -1.907404E+002；离差 = 381.481；参数数目 = 7；截距和斜率的可靠性估计值分别为 0.529、0.495。

根据表 7-10，$\sigma_r^2 = 0.341$。比较零模型和模型 3，可以得到第一层随机方差的变动比例 = (0.532 - 0.341)/0.532 = 0.359，说明效能感（$GTXN_{ij}$）作为第一层自变量，使组织单元内部的方差减少了 35.9%，即效能感（$GTXN_{ij}$）可以解释组内个体层次上督导成效差异的 35.9%。因此，效能感（$GTXN_{ij}$）置于第一层，比置于第二层更为合理。

由表 7-10 可知，随机效应显著，即督导成效均值（第一层模型的截距)以及效能感对督导成效的影响(第一层模型的斜率)在各组之间存在显著差异,这提示应该在第二层继续探索设置恰当的预测变量。

二、复杂模型和完整模型的构建及模型优选结果

零模型和随机系数模型的构建,为复杂模型和完整模型的构建及分析,建立了参照和比较的基础。一般而言,通过自变量的增减,或将模型斜率变化设置为固定效应,可以对模型设置调整所引起的方差变化做比较分析。因此,复杂模型和完整模型的第一层的方差变化,可以参照零模型进行分析;第二层的方差分析,则可以参照随机系数模型做比较。

第四步,复杂模型的构建及分析(以待遇水平为第二层自变量的随机效应模型,只估计截距)。

以随机系数模型为参照模型,在第二层的截距估计模型中,增加待遇水平均值($DYSP\_MEA_j$)为自变量,参照自变量的总体均值对其做中心化处理,构建"模型4"如下:

第一层模型:$Y_{ij} = \beta_{0j} + \beta_{1j} * (GTXN_{ij} - \overline{GTXN.j}) + r_{ij}$

第二层模型:$\beta_{0j} = \gamma_{00} + \gamma_{01} * (DYSP\_MEA_j - \overline{DYSP\_MEA.}) + u_{0j}$

$\beta_{1j} = \gamma_{10} + u_{1j}$

将第二层模型中的 β_{0j} 和 β_{1j} 代入第一层,则上述模型的混合效应形式如下:

$Y_{ij} = \gamma_{00} + \gamma_{01} * (DYSP\_MEA_j - \overline{DYSP\_MEA.}) + \gamma_{10} * (GTXN_{ij} - \overline{GTXN.j}) + u_{0j} + u_{1j} * (GTXN_{ij} - \overline{GTXN.j}) + r_{ij}$

由于第一层自变量已经按组均值中心化,第二层模型中不设置该自变量均值作为控制变量,也可控制有关混淆变量的影响。

模型拟合结果如表7-11所示。

第七章 教学督导人员的待遇水平的影响：HLM 模拟研究

表 7-11 复杂模型的拟合结果

固定效应	系数	标准误	T 比值	自由度	p 值
督导成效均值，估计模型					
截距，γ_{00}	3.586	0.063	57.127	37	0.000
待遇水平，γ_{01}	0.532	0.112	4.735	37	0.000
效能感与督导成效，斜率模型					
截距，γ_{10}	0.528	0.103	5.136	38	0.000
随机效应	标准差	方差分量	自由度	卡方	p 值
督导成效，截距，u_{0j}	0.237	0.056	17	46.835	0.000
效能感，斜率，u_{1j}	0.342	0.117	18	55.373	0.000
第 1 层效应，r_{ij}	0.562	0.315			

注：第 36 次迭代的似然函数值 = -1.850577E+002；离差 = 370.115；参数数目 = 8；截距和斜率可靠性估计值分别为 0.534、0.518。

根据表 7-11，$\sigma_{u0}^2 = 0.056$。模型 3 中的 $\sigma_{u0}^2 = 0.059$。比较随机系数模型（即模型 3）和模型 4，可以得到第二层随机方差的减少比例 = (0.059 - 0.056)/0.059 = 0.051，说明待遇水平均值（DYSP_MEA$_j$）作为第二层自变量，使督导成效的方差减少了 5.1%，即督导人员督导成效差异的 5.1%，可以用组织内部的待遇水平均值（DYSP_MEA$_j$）来解释。

由表 7-11 可知，模型的随机效应显著，即督导成效均值（第一层模型的截距）以及效能感对督导成效的影响（第一层模型的斜率）在各组之间仍然存在显著差异，这提示应该在第二层继续探索设置恰当的预测变量。

第五步，完整模型的构建及分析。

以随机系数模型为参照模型，在第二层的截距和斜率估计模型中，设置待遇水平均值（DYSP_MEA$_j$）为自变量，参照自变量的总体均值对其做中心化处理，构建"模型 5"如下：

第一层模型：$Y_{ij} = \beta_{0j} + \beta_{1j} * (GTXN_{ij} - \overline{GTXN.j}) + r_{ij}$

我国高校内部教学督导制度建设的现状和效果的实证研究

第二层模型：$\beta_{0j} = \gamma_{00} + \gamma_{01} * (DYSP\_MEA_j - \overline{DYSP\_MEA.}) + u_{0j}$

$\beta_{1j} = \gamma_{10} + \gamma_{11} * (DYSP\_MEA_j - \overline{DYSP\_MEA.}) + u_{1j}$

将第二层模型中的 β_{0j} 和 β_{1j} 代入第一层，则上述模型的混合效应形式如下：

$Y_{ij} = \gamma_{00} + \gamma_{01} * (DYSP\_MEA_j - \overline{DYSP\_MEA.}) + \gamma_{10} *$
$(GTXN_{ij} - \overline{GTXN.j}) + \gamma_{11} * (DYSP\_MEA_j - \overline{DYSP\_MEA.}) *$
$(GTXN_{ij} - \overline{GTXN.j}) + u_{0j} + u_{1j} * (GTXN_{ij} - \overline{GTXN.j}) + r_{ij}$

模型拟合结果如表 7-12 所示。

表 7-12 完整模型的拟合结果（以督导效能感为第一层自变量）

固定效应	系数	标准误	T 比值	自由度	p 值
督导成效均值，估计模型					
截距，γ_{00}	3.584	0.063	57.265	37	0.001
待遇水平均值，γ_{01}	0.511	0.118	4.336	37	0.009
效能感与创新成效，斜率模型					
截距，γ_{10}	0.558	0.103	5.391	37	0.000
待遇水平均值，γ_{11}	0.300	0.276	1.088	37	0.284
随机效应	标准差	方差分量	自由度	卡方	p 值
督导成效均值，截距，u_{0j}	0.233	0.054	17	45.894	0.000
效能感与督导成效，斜率，u_{1j}	0.337	0.114	17	51.570	0.000
第 1 层效应，r_{ij}	0.562	0.316			

注：第 31 次迭代的似然函数值 = -1.840093E+002；离差 = 368.019；参数数目 = 9；截距和斜率可靠性估计值分别为 0.527、0.513。

由表 7-12 可知，模型 5 中斜率估计系数的固定效应不显著，且模型的随机效应的方差分量与模型 4 相近，这提示应该进一步优化模型。

第六步，完整模型的优化及分析。

第七章 教学督导人员的待遇水平的影响：HLM 模拟研究

以随机系数模型为参照模型，经探索性分析，在第二层的截距和斜率估计模型中，分别设置待遇水平均值（$DYSP\_MEA_j$）和督导制度规范程度的感知均值（$GFCD\_MEA_j$）为自变量，参照自变量的总体均值对其做中心化处理，构建"模型6"如下：

第一层模型：$Y_{ij} = \beta_{0j} + \beta_{1j} * (GTXN_{ij} - \overline{GTXN.j}) + r_{ij}$

第二层模型：$\beta_{0j} = \gamma_{00} + \gamma_{01} * (DYSP\_MEA_j - \overline{DYSP\_MEA.}) + u_{0j}$

$\beta_{1j} = \gamma_{10} + \gamma_{11} * (GFCD\_MEA_j - \overline{GFCD\_MEA.}) + u_{1j}$

将第二层模型中的 β_{0j} 和 β_{1j} 代入第一层，则上述模型的混合效应形式如下：

$Y_{ij} = \gamma_{00} + \gamma_{01} * (DYSP\_MEA_j - \overline{DYSP\_MEA.}) + \gamma_{10} * (GTXN_{ij} - \overline{GTXN.j}) + \gamma_{11} * (GFCD\_MEA_j - \overline{GFCD\_MEA.}) * (GTXN_{ij} - \overline{GTXN.j}) + u_{0j} + u_{1j} * (GTXN_{ij} - \overline{GTXN.j}) + r_{ij}$

模型拟合结果如表 7-13 所示。

表 7-13 优化模型的拟合结果（以督导效能感为第一层自变量）

固定效应	系数	标准误	T比值	自由度	p值
督导成效均值，估计模型					
截距，γ_{00}	3.588	0.063	57.081	37	0.000
待遇水平均值，γ_{01}	0.533	0.112	4.746	37	0.000
效能感与督导成效，斜率模型					
截距，γ_{10}	0.462	0.096	4.822	37	0.000
规范程度均值，γ_{11}	0.455	0.249	1.830	37	0.075
随机效应	标准差	方差分量	自由度	卡方	p值
督导成效均值，截距，u_{0j}	0.239	0.057	17	46.847	0.000
效能感与督导成效，斜率，u_{1j}	0.324	0.105	17	46.977	0.000
第1层效应，r_{ij}	0.561	0.315			

注：第36次迭代的似然函数值 $= -1.833656E+002$；离差 $= 366.731$；参数数目 $= 9$；截距和斜率可靠性估计值分别为 0.537、0.498。

根据表7-13，$\sigma_{u0}^2 = 0.057$。模型3中的$\sigma_{u0}^2 = 0.059$。比较随机系数模型（即模型3）和模型6，可以得到第二层随机方差的减少比例＝（0.059－0.057）/0.059＝0.034，这说明督导人员督导成效差异的3.4%，可以用组织层面的待遇水平均值（$DYSP\_MEA_j$）来解释。

此外，模型的随机效应显著，即督导成效均值（第一层模型的截距）以及效能感对督导成效的影响（第一层模型的斜率）在各组之间仍然存在显著差异，这提示应该在第二层继续探索设置预测变量。

第七步，最终模型的选择及分析。

由于"模型6"中有交互项，但缺少一项主效应（"模型6"这种模型缺少有关变量的主效应会对参数估计产生一定影响），第二层截距模型中应该增加规范程度均值（$GFCD\_MEA_j$）为自变量（参照自变量的总体均值对其做中心化处理），随后进行探索性分析，发现γ_{11}没有通过显著性检验，因而应该将第二层斜率模型中规范程度均值（$GFCD\_MEA_j$）这一自变量去除，设置为无自变量的随机模型（探索性分析显示，将斜率模型设置为固定效应模型的模拟结果也不理想，一层方差和模型离差都较大，分别为0.380和385.750），由此形成"模型7"如下：

第一层模型：$Y_{ij} = \beta_{0j} + \beta_{1j} * (GTXN_{ij} - \overline{GTXN.j}) + r_{ij}$

第二层模型：$\beta_{0j} = \gamma_{00} + \gamma_{01} * (DYSP\_MEA_j - \overline{DYSP\_MEA.}) + \gamma_{02} * (GFCD\_MEA_j - \overline{GFCD\_MEA.}) + u_{0j}$

$\beta_{1j} = \gamma_{10} + u_{1j}$

将第二层模型中的β_{0j}和β_{1j}代入第一层，则上述模型的混合效应形式如下：

$Y_{ij} = \gamma_{00} + \gamma_{01} * (DYSP\_MEA_j - \overline{DYSP\_MEA.}) + \gamma_{02} * (GFCD\_MEA_j - \overline{GFCD\_MEA.}) + \gamma_{10} * (GTXN_{ij} - \overline{GTXN.j}) + u_{0j} + u_{1j} * (GTXN_{ij} - \overline{GTXN.j}) + r_{ij}$

模型拟合结果如表7-14所示。

第七章 教学督导人员的待遇水平的影响：HLM 模拟研究

表 7-14 最终模型的拟合结果（以督导效能感为第一层自变量）

固定效应	系数	标准误	T 比值	自由度	p 值
督导成效均值，估计模型					
截距，γ_{00}	3.571	0.063	56.783	36	0.000
待遇水平均值，γ_{01}	0.474	0.123	3.847	36	0.000
规范程度均值，γ_{02}	0.179	0.087	2.049	36	0.048
效能感与创新成效，斜率模型					
截距，γ_{10}	0.522	0.101	5.121	38	0.000
随机效应	标准差	方差分量	自由度	卡方	p 值
督导成效均值，截距，u_{0j}	0.236	0.055	16	45.485	0.000
效能感与督导成效，斜率，u_{1j}	0.339	0.115	18	55.236	0.000
第 1 层效应，r_{ij}	0.561	0.314			

注：第 41 次迭代的似然函数值 = $-1.843333E+002$；离差 = 368.667；参数数目 = 9；截距和斜率可靠性估计值分别为 0.533、0.516。

模型 7 的对照模型，即模型 8 如下：

第一层模型：

$$Y_{ij} = \beta_{0j} + \beta_{1j} * (GTXN_{ij} - \overline{GTXN._j}) + r_{ij}$$

第二层模型：

$$\beta_{0j} = \gamma_{00} + \gamma_{01} * (DYSP\_MEA_j - \overline{DYSP\_MEA.}) + \gamma_{02} *$$
$$(GFCD\_MEA_j - \overline{GFCD\_MEA.}) + u_{0j}$$

$$\beta_{1j} = \gamma_{10} + \gamma_{11} * (DYSP\_MEA_j - \overline{DYSP\_MEA.}) + \gamma_{12} *$$
$$(GFCD\_MEA_j - \overline{GFCD\_MEA.}) + u_{1j}$$

将第二层模型中的 β_{0j} 和 β_{1j} 代入第一层，则上述模型的混合效应形式如下：

$$Y_{ij} = \gamma_{00} + \gamma_{01} * (DYSP\_MEA_j - \overline{DYSP\_MEA.}) + \gamma_{02} *$$
$$(GFCD\_MEA_j - \overline{GFCD\_MEA.}) + \gamma_{10} * (GTXN_{ij} - \overline{GTXN._j}) + \gamma_{11} *$$

我国高校内部教学督导制度建设的现状和效果的实证研究

$$(DYSP\_MEA_j - \overline{DYSP\_MEA.}) * (GTXN_{ij} - \overline{GTXN.j}) + \gamma_{12} *$$

$$(GFCD\_MEA_j - \overline{GFCD\_MEA.}) * (GTXN_{ij} - \overline{GTXN.j}) + u_{0j} +$$

$$u_{1j} * (GTXN_{ij} - \overline{GTXN.j}) + r_{ij}$$

模型拟合结果如表7-15所示。

表7-15 模型8的拟合结果（以督导效能感为第一层自变量）

固定效应	系数	标准误	T比值	自由度	p值
督导成效均值，估计模型					
截距，γ_{00}	3.572	0.063	57.109	36	0.000
待遇水平均值，γ_{01}	0.456	0.129	3.548	36	0.001
规范程度均值，γ_{02}	0.159	0.083	1.913	36	0.064
效能感与创新成效，斜率模型					
截距，γ_{10}	0.497	0.099	5.035	36	0.000
待遇水平均值，γ_{11}	0.281	0.247	1.138	36	0.263
规范程度均值，γ_{12}	0.388	0.273	1.421	36	0.164
随机效应	标准差	方差分量	自由度	卡方	p值
督导成效均值，截距，u_{0j}	0.233	0.054	16	44.490	0.000
效能感与督导成效，斜率，u_{1j}	0.318	0.101	16	42.828	0.000
第1层效应，r_{ij}	0.562	0.316			

注：第41次迭代的似然函数值=-1.837235E+002；离差=367.447；参数数目=11；截距和斜率可靠性估计值分别为0.525、0.491。

受制于本次调查指标的范围和数据库的规模，模型优化暂时终止，可以将模型7或模型8作为本章的最终模型，并对该模型做进一步分析。通过对比可发现，模型7和模型8的有关参数估计结果相近，依据模型简化原则，可选择模型7为最终的优化模型，但从模型拟合度和参数估计相对精确性的角度看，可选择模型8作为最终模型。关于模型拟合及参数的进一步分析，参见下文。

三、模型拟合比较与模型效应的总体分析

以下分为4个步骤,具体报告模拟研究的过程及结果。

第一步,形成汇总表。

将上述模型构建过程中的有关信息进行汇总,以便做后续的比较分析(见表7-16)。其中,模型1和模型3可作为比较的基线模型;通过模型4、模型5、模型7和模型8之间的比较,可以发现参数变化的情况;模型2和模型6在探索性分析过程中,发现有较大局限,不再列入汇总表中。

表7-16 督导成效的多层线性回归(HLM)分析结果

固定效应	(1)	(3)	(4)	(5)	(7)	(8)
γ_{00}	3.551***	3.561***	3.586***	3.584**	3.571***	3.572***
γ_{01}			0.532***	0.511**	0.474***	0.456**
γ_{02}					0.179**	0.159+
γ_{10}		0.520***	0.528***	0.558***	0.522***	0.497***
γ_{11}				0.300		0.281
γ_{12}						0.388
随机效应	(1)	(3)	(4)	(5)	(7)	(8)
u_{0j}	0.027***	0.059**	0.056***	0.054***	0.055***	0.054***
u_{1j}		0.111***	0.117***	0.114***	0.115***	0.101***
r_{ij}	0.532	0.341	0.315	0.316	0.314	0.316
模型拟合	(1)	(3)	(4)	(5)	(7)	(8)
N	195	195	195	195	195	195
参数	4	7	8	9	9	11
-2LL	441.020	381.481	370.115	368.019	368.667	367.447
AIC	433.020	367.481	354.115	350.019	350.667	345.447
BIC	419.928	344.570	327.931	320.562	321.210	309.444

注:表中(1)表示模型1,即无条件模型;(3)表示模型3,即随机效应模型;(4)表示复杂模型4;(7)表示最终模型7;+表示$p<0.10$,**表示$p<0.01$,***表示$p<0.001$。

根据上述有关模型参数，可以计算出模型拟合度指标值，即-2LL、AIC 和 BIC 值，这些指标值已列入汇总表（见表7-16）。

第二步，模型拟合比较及诊断。

在构建模型的过程中应同时比较模型的拟合度，在信息汇总阶段可做进一步比较与研究。一般而言，较小的-2LL、AIC 和 BIC 值，意味着模型的拟合度较高，其中，离差（-2LL）一般用于比较两个嵌套的模型（可将两个模型的参数数量之差作为自由度，根据离差比较结果做卡方检验），AIC 和 BIC 还可用于直接比较两个互不嵌套的模型。表7-16显示，模型5、模型7和模型8是较好的模型，其中，模型5和模型8是标准的两层嵌套模型。但模型5和模型7的模型拟合参数接近，且模型7含有γ_{02}，有助于比较γ_{01}和γ_{02}。模型8的拟合度优于其他模型，且含有γ_{11}和γ_{12}，有助于更精确地估计γ_{01}和γ_{02}，但γ_{11}和γ_{12}没有通过显著性检验，就随机斜率模型而言，并不是第二层理想的预测变量。如果考虑到小样本和模型简洁性，可以选择模型7作为最终的优化模型；如果主要关注参数估计的相对精确性，可选择模型8作为最终模型。在研究过程中，研究者也不一定局限于所谓的最终模型，可根据实际需要，选择上述8种模型中的有关模型做分析。

以下基于模型残差对模型8进行诊断，即对模型8的残差进行正态性和同质性检验，判断模型的适当性，检验结果如表7-17和图7-2所示。

表7-17　第一层残差方差的同质性检验结果

检验变量	卡方值	自由度	p 值
一层残差	8.161	15	>0.500

首先，对第一层残差的同质性（Homogeneity of Level-1 Variance），采用HLM工具进行检验，检验结果如表7-17所示。该表显示，第一层残差具有同质性。

第七章 教学督导人员的待遇水平的影响：HLM模拟研究

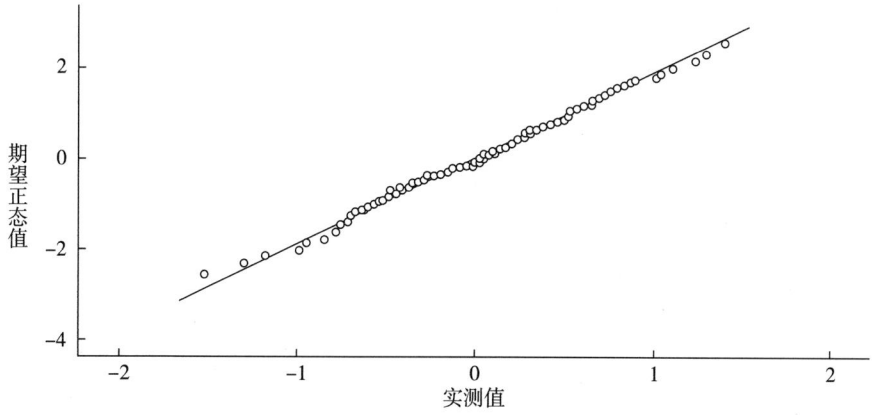

图7-2 第一层残差的正态QQ图

注：SW检验统计量=0.993，p=0.479，df=195。

其次，对第一层残差的正态性进行检验。图7-2表明，第一层残差服从正态分布。

第一层残差的茎叶图如图7-3所示。通过该图，可以进一步观察第一层残差的具体分布情况。

```
频率        茎      叶
 1.00      -1.     5
 1.00      -1.     2
 1.00      -1.     1
 5.00      -0.     88999
21.00      -0.     666666666666777777777
24.00      -0.     444444444444444444555555
18.00      -0.     222222222223333333
18.00      -0.     000000111111111111
32.00       0.     00000000000000001111111111111111
30.00       0.     222222222222222222233333333333
21.00       0.     444444445555555555555
12.00       0.     666667777777
 4.00       0.     8888
 4.00       1.     0011
 3.00       1.     223

主干宽度：  1.000
每个叶：    1个案
```

图7-3 第一层残差的茎叶图

167

最后，对第二层残差进行检验。第二层含两个模型，分别对第一层的截距和斜率进行预测。按样本充分性原则进行检验，两个模型的残差检验结果如图7-4和图7-5所示。

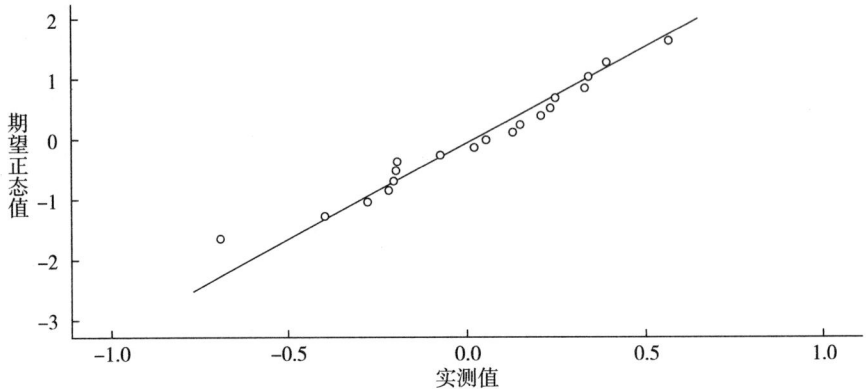

图7-4　第二层残差的正态QQ图（随机截距模型）

注：截距模型，SW检验统计量=0.973，p=0.826，df=19。

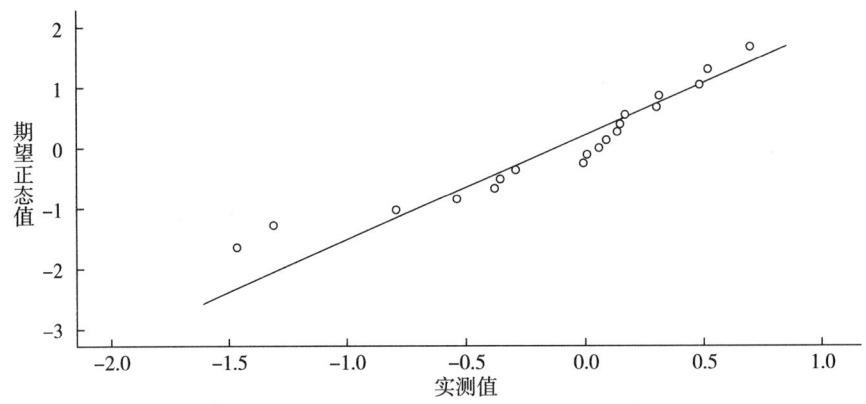

图7-5　第二层残差的正态QQ图（随机斜率模型）

注：斜率模型，SW检验统计量=0.911，p=0.077，df=19。

观察图7-4和图7-5可知，第二层的两个模型（即随机截距模型和随机斜率模型）的残差均服从正态分布。此外，通过观察可以发现，随机截距模型有一个异常点，随机斜率模型有两个异常点。

第七章 教学督导人员的待遇水平的影响：HLM 模拟研究

上述模型诊断结果表明，本书探索构建的 HLM 最终模型的残差服从正态分布，且第一层残差具有同质性。因此，该模型满足了 HLM 前提假设的基本要求，是相对合理的模型，可以根据该模型做进一步分析和讨论。

第三步，固定效应分析。

首先，根据模型参数估计结果，判断变量之间相关性。以上汇总表显示（见表 7-16），各组织单元的待遇水平均值或规范程度均值，都与各组的督导成效均值呈现显著的正相关关系；个体效能感与督导成效也呈现显著的正相关关系，但这种关系没有受到待遇水平均值或规范程度均值的显著影响（个体效能感与待遇水平均值之间，以及个体效能感与规范程度均值之间没有显著的交互效应存在的证据），即采用待遇水平均值和规范程度均值作为预测变量，可以有效预测各组的督导成效平均水平，但不能有效预测个体效能感对督导成效影响的组间差异。

其次，比较影响效应大小。模型 8 的截距（督导成效均值）模型的估计结果表明，在控制规范程度均值的效应后，待遇水平均值的影响效应较大（$\gamma_{01}=0.456$，$p<0.01$），而控制待遇水平均值的效应后，规范程度均值的影响较小（$\gamma_{02}=0.159$，$p<0.10$）。观察模型 8 的混合效应模型形式和汇总表（见表 7-16），可发现：在控制其他变量的条件下，个体效能感的影响效应（主效应）较大（$\gamma_{10}=0.497$，$p<0.001$）。

最后，根据回归系数的标准误，可以计算出各回归系数的 95% 置信区间。

第四步，随机项分析（方差分量分析）。

首先，观察随机项的显著性检验结果。虽然显著的方差分量的意义并不明确，但其有助于研究者探索预测变量设置的必要性，帮助研究者做出固定效应或随机效应模型设置的决策。模型 8 的随机项检验结果表明，在控制个体效能感的影响，并引入第二层的 2 个解释变量后，督导成效均值（β_{0j}）和个体效能感对督导成效的影响程度（β_{1j}）在各组之间仍存在极其显著差异（p<0.001），这提示：虽然待遇水平均值和规范程度均值作为第二层的2个预测变量能够解释一定的组间差异，但今后应继续扩大样本，探索设置其他解释变量，以进一步提高模型解释力。

其次，计算模型的方差削减比例，对模型的解释力进行量化。研究者一般较关注方差分量的大小，通过计算方差削减比例，呈现模型的解释力。比较模型5和模型8这两个典型的嵌套模型，有助于模型8的分析。表7-18显示，模型5解释了督导成效均值的组间差异的8.26%，模型8解释了其组间差异的8.77%，即督导成效均值在组间存在一定的差异，8.26%的组间差异可以归因于待遇水平均值的影响，8.77%的组间差异可以归因于待遇水平均值和规范程度均值这两个预测变量的影响。表7-18还显示，个体效能感对督导成效的影响在组间同样存在一定差异，以待遇水平均值为唯一预测因素（模型5），会增加模型误差（增加2.52%），采用待遇水平均值和规范程度均值这两个预测变量（模型8），则可以解释其组间差异的8.92%。

表7-18 第二层预测变量解释的方差成分与比例

模型的截距与斜率	原始方差	条件方差1	条件方差2	削减比例1（%）	削减比例2（%）
督导成效均值	0.0593	0.0544	0.0541	8.2631	8.7690
效能感与督导成效	0.1110	0.1138	0.1011	-2.5225	8.9189

注：原始方差是指模型3的方差；条件方差1和条件方差2分别指模型5和模型8的方差；削减比例1和削减比例2分别指模型5和模型8的削减比例。

最后，根据随机项的方差分量，可以估算第一层随机系数的95%的可能值范围（Plausible Values Range）。

四、随机系数估计与分析

首先，根据有关模型，采用前述的经验贝叶斯（EB）估计方法，计算

第七章 教学督导人员的待遇水平的影响：HLM 模拟研究

第一层的随机系数（EB 系数），形成汇总表（见表 7-19）。采用 OLS 方法对符合回归要求的组别进行模拟估计的结果，也列入表 7-19 中。

表 7-19 HLM 第一层随机系数的估计结果（部分）

第二层单元		OLS 估计		EB 估计（3）		EB 估计（8）	
ID	n_j	$\hat{\beta}_{0j}^{OLS}$	$\hat{\beta}_{1j}^{OLS}$	$\hat{\beta}_{0j}^{EB*}$	$\hat{\beta}_{1j}^{EB*}$	$\hat{\beta}_{0j}^{EB}$	$\hat{\beta}_{1j}^{EB}$
1A	5	3.600	0.750	3.575	0.562	3.635	0.693
1B	8	3.125	0.750	3.303	0.658	3.284	0.634
1C	3	3.333	0.500	3.484	0.536	3.465	0.483
1D	3	3.667	1.000	3.572	0.735	3.402	0.701
1E	12	3.500	0.168	3.537	0.232	3.478	0.215
1F	3	3.667	−1.000	3.627	0.243	3.559	0.196
1G	20	3.400	0.603	3.435	0.592	3.453	0.631
1H	21	3.429	0.494	3.459	0.511	3.423	0.490
1J	16	3.688	−0.003	3.674	0.069	3.671	0.050
1K	8	3.000	1.362	3.200	1.103	3.254	1.181
2G	4	3.500	0.000	3.549	0.400	3.481	0.272
2H	12	3.167	0.424	3.302	0.474	3.254	0.413
3G	11	4.000	0.815	3.836	0.663	3.837	0.631
3H	22	3.818	0.611	3.760	0.588	3.730	0.562
3J	5	3.600	0.250	3.593	0.366	3.754	0.519
4D	3	4.000	1.000	3.689	0.678	3.582	0.616
4G	7	3.857	1.100	3.701	0.769	3.941	1.052

注：OLS 估计是指采用普通的最小二乘法的估计结果；EB 估计（3）和 EB 估计（8）分别指模型 3（随机效应模型）和模型 8（最终模型）的经验贝叶斯估计结果。

其次，观察数据拟合情况。如前所述，在一定条件下，n_j 的大小会影响参数估计信度 λ_j，进而影响 EB 系数的收缩方向。如果 n_j 较小，λ_j 较低，EB 估计（3）的结果会向该模型的估计值（或总体均值）收缩（γ_{00} = 3.561，γ_{10} = 0.520），EB 估计（8）的结果会向该模型的预测值收缩（γ_{00} = 3.572，γ_{10} = 0.497）；反之，则向 OLS 估计值方向收缩。例如，比较

我国高校内部教学督导制度建设的现状和效果的实证研究

1H 和 4D 这两个较为典型的组织单元可发现：1H 组含 21 个样本，λ_j 较高，其 EB 估计的结果均接近于该组 OLS 估计值；4D 组只含 3 个样本，λ_j 较低，其 EB 估计的结果均接近于两个模型所估计的总体均值或预测值，即 γ_{00} 和 γ_{10} 值。通过观察，可进一步判断出模型 8 的拟合与估计的效果较好。

再次，可计算 EB 估计（8）的截距和斜率的相关系数（r）。结果表明，两者没有显著相关（皮尔逊系数 r = 0.026，双尾检验值 p = 0.922），截距值大，并不意味着斜率大。

最后，根据 EB 估计（8）的结果，进行排序，结果如表 7-20 所示。我们可以根据该表，对一定的组织单元做出比较和评判。

表 7-20　EB 估计（8）的排序（部分）

EB 估计（8）的截距值排序					EB 估计（8）的斜率值排序				
排序	ID	n_j	$\hat{\beta}_{0j}^{EB}$	$\hat{\beta}_{1j}^{EB}$	排序	ID	n_j	$\hat{\beta}_{0j}^{EB}$	$\hat{\beta}_{1j}^{EB}$
1	4G	7	3.941	1.052	1	1K	8	3.254	1.181
2	3G	11	3.837	0.631	2	4G	7	3.941	1.052
3	3J	5	3.754	0.519	3	1D	3	3.402	0.701
4	3H	22	3.730	0.562	4	1A	5	3.635	0.693
5	1J	16	3.671	0.050	5	1B	8	3.284	0.634
6	1A	5	3.635	0.693	6	1G	20	3.453	0.631
7	4D	3	3.582	0.616	7	3G	11	3.837	0.631
8	1F	3	3.559	0.196	8	4D	3	3.582	0.616
9	2G	4	3.481	0.272	9	3H	22	3.730	0.562
10	1E	12	3.478	0.215	10	3J	5	3.754	0.519
11	1C	3	3.465	0.483	11	1H	21	3.423	0.490
12	1G	20	3.453	0.631	12	1C	3	3.465	0.483
13	1H	21	3.423	0.490	13	2H	12	3.254	0.413
14	1D	3	3.402	0.701	14	2G	4	3.481	0.272
15	1B	8	3.284	0.634	15	1E	12	3.478	0.215
16	1K	8	3.254	1.181	16	1F	3	3.559	0.196
17	2H	12	3.254	0.413	17	1J	16	3.671	0.050

例如，比较 1H 和 4D 这两个较为典型的组织单元，可发现两者对督导成效的感知差异较大（相差 5 个位次），而个体效能感对督导成效的影响在两组之间差异相对较小（相差 2 个位次），由此可推断两个组织单元的待遇水平和规范水平存在一定差异，且对两组内部的督导成效的平均感知水平产生较大影响。

综合比较结果，可发现 4G 的表现较好，2H 的表现不够理想。4G 是上海一所一流大学的传统学科，该学科虽不是该校最有代表性的传统优势学科，但近年来发展很快，已进入"拔尖计划"和"强基计划"试点名单，在一定程度上反映了该单位重视教学改革、教学督导人员待遇和教学督导制度建设的成果。2H 是上海一所老牌的一流大学的传统优势学科，是该校有代表性的学科之一，但表现不理想，接受调查的 12 位教学督导人员对教学督导成效的自评均值最低，其个体效能感水平较低，且个体效能感对督导成效产生的影响较低。根据预测模型的二层预测变量，这反映出该校有关学科的教学督导人员感知到的待遇水平较低，督导制度不够规范。这与笔者赴现场进行访谈和问卷调研时所了解的情况是吻合的。因此，该单位在保持科研优势的同时，应适应形势发展，重视教学改革，关注提高教学督导人员的待遇水平，加强教学督导制度的规范化建设。据笔者团队后期的现场调研，2H 所在单位目前已完成督导人员换届改选工作，并加强了督导工作投入和制度建设。

上述实例分析表明，HLM 模型及其预测结果有一定的可靠性。

第五节　本章结论

本章基于上海地区研究型大学内部教学督导人员课题调研数据库，采

我国高校内部教学督导制度建设的现状和效果的实证研究

用多层线性模型（HLM）及小样本估计技术，研究了组织层面的待遇水平对督导成效的影响，研究结论如下：

第一，督导人员感知到的督导成效存在一定组内差异和组间差异，组间差异占督导成效总差异的4.8%。导致这种差异的成因难以用单一变量和单一层级来解释。

第二，依据工作激励或工作动机理论，督导人员的待遇水平和自我效能感是影响督导人员工作效果的两个重要变量，两者分别在外部激励因素和内部激励因素中具有一定的代表性。由于待遇水平反映了一定的组织特征，自我效能感体现了一定的个体属性，以督导人员自我效能感作为个体层次的解释变量，并以待遇水平均值作为组织层次的解释变量，有一定合理性。由此构建并加以优化的多层线性模型，即模型5和模型8，可以在一定程度上对督导成效的组内差异和组间差异做出分析或解释。其中，模型8增加督导制度建设规范程度的均值（简称"规范程度均值"）作为组织层次变量。规范程度均值是组织层次中重要的情境变量，加入该变量，有利于比较分析待遇水平的影响。

第三，根据模型5研究发现，个体效能感可以解释督导成效的组内差异的40.602%，即40.602%的组内差异与个体效能感有关。在控制个体效能感效应的条件下，各组织单元的督导成效的平均值（截距），仍存在一定的组间差异，8.263%的组间差异可以由组织层次的待遇水平均值来解释。个体效能感与督导成效的关系（斜率）也存在一定的组间差异，以组织层次的待遇水平均值预测这种组间差异则存在较大误差。因此，组织层次的待遇水平均值，是预测组织单元中督导人员督导成效平均值的重要变量，但不是个体效能感与督导成效之间关系的有效预测变量。

第四，根据模型8研究发现，待遇水平均值和规范程度均值作为组织层次的预测变量，与各组织单元的督导成效的平均值（截距）存在正相

第七章　教学督导人员的待遇水平的影响：HLM 模拟研究

关，其中，待遇水平均值的影响相对较大。待遇水平均值和规范程度均值与各组织单元中的个体效能感与督导成效的关系（斜率）也存在一定的正相关，其中规范程度均值的影响相对较大。但这些固定效应的标准误的估计及显著性检验结果，还需要更多的可靠证据加以验证。

第五，两层的 HLM 估计结果受第二层样本数量和规模的影响。采用一定的技术，准确估计模型的固定效应大小或两层的方差分量比例，则第二层的最低样本数量只需要 5 组或 10 组，样本规模 $n_j \geq 5$ 为好。本例共 195 个样本，分 39 组，期望样本规模 $n_j = 5$，实际有 13 组的 $n_j \geq 5$。因此，本章可以对上述参数做出无偏估计，即以上 4 个小点中阐述的方差比例和固定效应的性质与大小，都是相对可靠的。但准确估计模型固定效应的标准误需要 30 组，准确估计模型第二层方差的标准误则需要 50 组。因此，本章提供了模型固定效应的标准误和第二层方差的标准误，并据此进行了可能值范围计算以及有关假设检验或显著性差异检验，获得了有关数据和结果，这些数据和结果仅供研究者做类似研究时参考和比对。本章关于固定效应的标准误、效应差异的显著性和假设检验结果等方面的估计和推断，有待今后进一步研究，获得更充分的证据，以验证其真伪。

第六，采用经验贝叶斯估计方法，以待遇水平均值和规范程度均值作为组织层次的预测变量，估计各组织单元的督导成效均值（截距）和个体效能感对督导成效的影响程度（斜率），符合调查案例的真实情况。因此，HLM 模型及其预测结果有一定的可靠性。

HLM 是一种适用于嵌套数据的较新的量化研究方法，其对样本数量和规模的要求限制了其运用范围，因而教育界同行对其相对不够熟悉。近年来，HLM 在解决小样本的充分性问题上，发展了一些前沿技术。本章采用了限制性最大似然法（REML）和经验贝叶斯估计（EB）等适用于小样本的方法与技术，通过运用这些当代主流的 HLM 方法和技术，在一定程度上解决了模型估计偏差问题，得到了模型的固定效应大小或两层的方差分量比例的无偏估计，但没有解决标准误的估计偏差问题。近年来，适用于30组以下的K-R校正法、完全贝叶斯估计和MCMC方法，在解决小样本推断估计方面展示出潜力，限于时间，本章没有展示其运用的实际效果，今后可在这些方面进行拓展。

第八章 教学督导人员的效能感的影响：贝叶斯分析

第一节 问题的提出

　　本章在上一章研究工作的基础上，讨论其中的效能感这个变量，尝试进一步研究这个变量的影响。在教育研究中，教师效能（Teacher Efficacy）这一概念最早由兰德研究小组（Rand Corporation）提出，被定义为"教师对其影响学生发展的能力的信任程度"。20世纪90年代以来，教师效能研究一度成为国内学术界的热点之一（童康等，2010）。教师效能反映了教师的教育信念系统，对其教育行为和效果产生重要影响。在教育研究中，一般采用自我报告的方法测量教师的效能，称之为效能感测量。受其启发，本章将效能这一概念引入教学督导领域，将教学督导人员的效能感定义为：教学督导人员相信自己有能力帮助督导对象提升教学或工作水平。目前，在教学督导领域，没有检索到有关效能感的专题研究论文。本章采用贝叶斯分析这一较新的统计分析方法，对教学督导人员的效能感进行专题研究。

第二节　贝叶斯分析原理解读及应用现状

国内的统计学教科书主要介绍传统的频率统计分析方法，人们对贝叶斯统计分析相对不够熟悉。贝叶斯统计分析（Bayesian Analysis）是与传统的频率统计分析有很多不同的一种统计思想和方法，适用于小样本情形下的推断估计，随着机器学习的发展，在当代正产生越来越大的影响。其核心思想是贝叶斯定理，一般用公式表达如下：

$$P(A|B)=\frac{P(B|A)\times P(A)}{P(B)}$$

该公式表示，以 B 为条件的 A 的概率等于以 A 为条件的 B 的概率乘以 A 的概率再除以 B 的概率。仔细观察该公式可发现，贝叶斯统计分析的巧妙之处。在一些研究实践中，研究者由 B 推断 A 的目的是获得 B 的概率分布，如果研究者有了 A 的先验概率分布就可以估计 B 的条件概率密度。贝叶斯统计分析巧妙地将后验概率分布估计与先验概率联系起来，在不具有重复实验条件或无法获得足够样本的情形下，有利于解决传统的统计分析难以解决的复杂问题。

对概率的独特理解是贝叶斯统计分析的一个核心。与频率学派对概率的理解不同，贝叶斯统计分析提出先验概率思想，将先验概率和后验概率做出区分。先验概率是一种主观概率，反映了研究者的主观信念，是在获得样本数据之前对不确定参数的概率估计。当获得新的证据，研究者可以进一步修正先验概率。

从概率的理解出发，贝叶斯统计分析对参数估计的理解也与传统的统计分析有很大差异。传统的统计分析，将参数理解为一个未知的固定值，重视由样本推断总体，关心参数的点估计和假设检验。贝叶斯统计分析则将参数理解为一个随机变量,综合利用先验概率和样本数据,估计参数的整个后验分布或概率分布。

贝叶斯分析在给出参数的先验概率时,会综合考虑强先验信息、弱先验信息、无先验信息等情形和超参数先验概率以及概率分布假设,在小样本情形下一般会采用MCMC(马尔可夫蒙特卡罗)等抽样模拟技术。

目前,贝叶斯统计分析正在引起国内学者的关注。以"贝叶斯"作为篇名关键词,在中国期刊网上检索,可获得781篇CSSCI期刊论文,在2010年后每年发表的论文达42篇以上,主要集中在统计学、经济学、管理学、心理学和工业工程等领域。以"贝叶斯"作为篇名关键词加上"教育"或"学校"作为主题关键词,只发现3篇CSSCI期刊论文。因此,在教育研究领域,该方法的应用研究较少。本章主要采用贝叶斯网络分析和贝叶斯回归分析方法进行研究。

第三节 研究设计

一、研究目的、对象、内容和方法

本章以上海地区4所国家重点建设的研究型大学的内部教学督导人员为对象,在上一章对督导人员待遇水平研究的基础上,采用贝叶斯网络分析和贝叶斯回归分析方法,研究高校内部教学督导人员的效能感与督导成效的关系,探究教学督导人员的效能感的影响。

研究过程含4个步骤:第一,先验估计,即选取变量,给出有关变量的先验概率;第二,模型分析,即通过贝叶斯网络建模,进行模型分析;

第三，回归分析，即通过贝叶斯回归分析，估计参数的概率分布；第四，比较，即比较贝叶斯分析结果与标准回归分析的结果，做出判断。

二、研究的样本、变量设计和工具

本章采用上海地区研究型大学教学督导课题研究数据库（简称"SHHEI-DBSTL-2018"）进行研究。该数据库的有关具体信息参见第二章。本章主要抽取7类变量进行研究（见表8-1）。在有关章节中，这7类变量的信度已得到检验，且内容效度能够满足本章研究需要，故不再赘述。本章采用SPSS、R和Stata作为数据分析工具。根据贝叶斯网络的特点，先整理数据，按二分变量转置（变量的原始值大于4记为1，其余值记为0）计算变量的概率值。表8-1呈现了研究变量的概率值。

表8-1 研究变量及其概率值

变量	变量符号	先验概率值	
		0	1
个体效能	x_1	0.785	0.215
政策素养	x_2	0.667	0.333
专业知识和业务能力	x_3	0.590	0.410
工作模式	x_4	0.764	0.236
待遇水平	x_5	0.815	0.185
督导年限	x_6	0.631	0.369
督导成效	y	0.754	0.246

三、贝叶斯网络分析和贝叶斯回归简介

贝叶斯网络（Bayesian Networks，BN）是一种概率模型图，采用有向

无回路（DAG）的图示方式表示变量间的概率因果关系或依赖关系。BN分析主要提供网络图和条件概率表（Conditional Probability Table，CPT）。其中，网络图包括节点和有向线条（即所谓的"有向边"）两个部分。每个研究变量在网络图中表示为一个节点。有向线条反映了变量之间的复杂关系，条件概率表则量化反映了变量之间的概率关系。贝叶斯网络算法有多种，本章主要采用登山搜索算法和 AIC 记分函数，根据变量的先验概率和变量之间的概率关系，通过算法程序从数据中学习，自动完成建模和分析。

此外，本章采用吉普斯（Gibbs）抽样模拟技术，获得联合后验分布的样本，进行贝叶斯回归分析，并与标准回归方法做比较，抽样规模采用默认值10000。与标准回归方法不同，贝叶斯回归分析不提供传统的点估计和假设检验 p 值，但会提供参数的后验分布的均值、标准差、MC 误差、中位数、可信区间等信息。研究者通过比较均值和中位数，可以判断参数的后验分布的假设，观察 MC 误差可以判断模拟结果的稳定性，还可以将标准差与标准回归模型的标准差做比较，判断回归估计的精度。贝叶斯分析涉及的技术较复杂，值得进一步研究。

第四节　实证分析

一、贝叶斯网络分析结果

BN 学习的最终结果如图 8-1 所示。该网络有 7 个节点，11 条有向边，马尔可夫毯均值为 4.57。贝叶斯网络关系的联合概率模型可表达

我国高校内部教学督导制度建设的现状和效果的实证研究

如下：

$$P(x_1,x_2,x_3,x_4,x_5,x_6,y) = P(x_2)P(x_6)P(x_5|x_2)P(x_1|x_2)P(x_4|x_6,x_5,x_1)P(y|x_2,x_6,x_4,x_1)P(x_3|x_2,y)$$

上述模型显示，x_2（政策素养）和 x_6（督导年限）是独立的根节点，不受其他变量的影响；x_2 有 4 个子节点，x_6 有 2 个子节点；督导成效的条件概率变化受到个体效能、政策素养、工作模式、督导年限 4 个因素的直接影响；x_1（效能感）受到 x_2（政策素养）的影响，直接影响 x_4（工作模式）和 y（督导成效）。

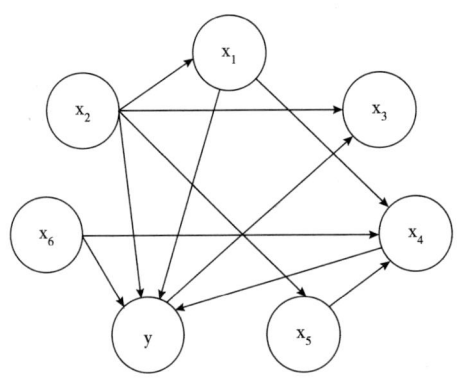

图 8-1　贝叶斯网络分析结果

贝叶斯网络的条件概率如表 8-2 所示。根据该表可以做预测，也可以将其作为今后 BN 分析的先验概率参考。

表 8-2　贝叶斯网络分析的条件概率

x_2			x_6		$x_6=0, x_4=0, x_1=0$		
						x_2	
0	1		0	1	y	0	1
0.667	0.333		0.631	0.369	0	0.984	0.882
					1	0.016	0.118

续表

$x_6=1, x_4=0, x_1=0$			$x_6=0, x_4=1, x_1=0$			$x_6=1, x_4=1, x_1=0$		
	x_2			x_2			x_2	
y	0	1	y	0	1	y	0	1
0	0.949	0.100	0	0.800	0.500	0	0.000	0.333
1	0.051	0.900	1	0.200	0.500	1	1.000	0.667

$x_6=0, x_4=0, x_1=1$			$x_6=1, x_4=0, x_1=1$			$x_6=0, x_4=1, x_1=1$		
	x_2			x_2			x_2	
y	0	1	y	0	1	y	0	1
0	0.800	0.222	0	0.75	0.75	0	0.667	0.444
1	0.20	0.778	1	0.25	0.25	1	0.333	0.556

$x_6=1, x_4=1, x_1=1$						$x_5=0, x_1=0$		
	x_2			x_2			x_6	
y	0	1	x_5	0	1	x_4	0	1
0	0.000	0.000	0	0.915	0.615	0	0.845	0.979
1	1	1	1	0.085	0.385	1	0.155	0.021

$x_5=1, x_1=0$			$x_5=0, x_1=1$			$x_5=1, x_1=1$		
	x_6			x_6			x_6	
x_4	0	1	x_4	0	1	x_4	0	1
0	0.538	0.333	0	0.588	0.727	0	0.444	0.000
1	0.462	0.667	1	0.412	0.273	1	0.556	1.000

$y=0$			$y=1$					
	x_2			x_2			x_2	
x_3	0	1	x_3	0	1	x_1	0	1
0	0.797	0.414	0	0.333	0.139	0	0.892	0.569
1	0.203	0.586	1	0.667	0.861	1	0.108	0.431

本例只采用了登山搜索算法和 AIC 记分函数,研究者可以采用多种记分函数或多种算法,融入专家知识,优选模型。

二、贝叶斯回归分析结果及比较

如表 8-3 所示，MCSE 很小，采用吉普斯抽样的模拟结果稳定，均值和中位数一致，参数分布符合正态分布预期，将标准差与标准线性回归结果相比较发现，贝叶斯回归分析的精度更高。由于先验概率采用默认值，给出的先验信息很少，回归结果与标准线性回归结果接近。研究者可以通过微调参数，观察两者之间差异的变化。回归结果表明，督导人员的效能感对督导成效有显著影响。

表 8-3 贝叶斯线性回归分析结果（采用吉普斯抽样）

变量	Mean	Std. Dev.	MCSE	Median	Equal-tailed [95% Cred. Interval]	
效能感	0.201	0.048	0.000483	0.202	0.106	0.297
待遇水平	0.092	0.044	0.000438	0.093	0.007	0.179
督导年限	0.027	0.008	0.000081	0.028	0.012	0.044
工作模式	0.347	0.081	0.000797	0.348	0.187	0.506
政策素养	-0.015	0.064	0.000614	-0.015	-0.140	0.110
专业知识能力	0.439	0.080	0.000804	0.438	0.281	0.597
常数项	-0.677	0.303	0.003033	-0.677	-1.273	-0.079
sigma2	0.209	0.021	0.000224	0.207	0.171	0.255

注：变量采用原始值，抽样数 10000，MCMC 迭代 12500，Burn-in = 2500，log marginal likelihood = -180.41702；{sigma2} ~ igamma (0.01, 0.01)。

第五节　本章结论

本章采用贝叶斯网络分析和贝叶斯回归分析进行模拟研究，结果发现：督导人员效能感与督导成效存在一定的概率因果关系，效能感的概率变化会引起督导成效的概率变化。采用吉普斯抽样估计，效能感对督导成效有显著影响。在人工智能快速发展的时代，贝叶斯分析是有良好前景的研究方法，其不同于研究者通常采用的标准回归分析，不需要考虑遗漏变量所产生的问题，但对算法和参数设计较敏感，研究者需要进一步研究算法设计和先验概率的影响，融入更多的专家知识，这样才能得出可靠的结论。

第三部分

总　结

第九章 教学督导制度建设现状对其效果的影响路径：SEM 分析

第一节 问题的提出

本书在第二章通过层级回归模型提出了理论构想，以教学督导的现状、结果、影响为自变量，分别以提高教师教学水平和促进学生学习为因变量，通过数据拟合，初步检验了这些自变量对教学督导成效产生的显著影响以及影响的程度。但这些分析是在观察变量的基础上进行的，根据经典统计学模型，观察变量的观察值含有真值和误差，其中的真值一般被认为是潜变量或潜在因子。为进一步考察研究结论，本章尝试运用 SEM，采用潜变量直接进行研究，以减少数据拟合中的误差。

第二节 SEM 分析的优势及应用现状

结构方程模型（Structural Equation Modeling，SEM）整合了传统的因

素分析和线性回归方法,在此基础上不断发展,已成为当代流行的统计分析方法。

SEM 能够同时估计一组自变量对多个因变量的影响,因此适用于分析复杂变量之间的关系,特别是存在多个因变量的情形。

SEM 最大的优势是能够研究潜变量之间的关系,可以在潜在因子水平上建模,这样就减少了参数估计中的误差。

SEM 由测量模型和结构模型两部分构成,前者反映了潜变量与其观察变量之间的关系,即所谓的测量关系,可以做验证性因子分析建模;后者则可以反映(潜)变量之间的因果关系,可以做路径分析。SEM 可以同时完成测量分析和结构建模分析。SEM 开发了一些指标,评估模型拟合的效果,供研究者优选,在模型构建上表现出突出优势。

SEM 已经成为社会科学领域前沿研究方法。但 SEM 对样本规模较敏感,在分析模型的调节效应上也面临一定的困难。近年来,SEM 引入 Bootstrapping 和 MCMC 等技术,表现出良好的应用前景。

第三节 研究设计

根据第二章的理论假设和本章的研究目的,设计以下理论模型(见图 9-1),进而采用样本数据进行拟合。

图 9-1 中,V1、V2、V3、V4 分别代表潜变量(即督导工作的现状、结果、影响和成效),x_1、x_2、x_3、x_4、x_5、x_6、y_1、y_2 分别代表上述潜变量的观察指标,即分别代表教学督导制度的规范程度、督导人员工作水平、督导人员总工作量、督导工作目标达成度、教改成效、文化建设成效、提高教师教学成效、促进学生学习成效。有关内容详见第二章。

第九章 教学督导制度建设现状对其效果的影响路径：SEM 分析

SEM 分析的一般步骤如下：第一，模型构建，即根据理论假设，构建理论模型或概念模型；第二，参数估计，即将概念模型转化为统计模型，采用样本数据拟合，报告拟合参数及其检验情况；第三，模型评估，即根据特定指标，判断模型拟合优度；第四，做出决策，即综合上述有关信息，做出模型优化或其他相关的决策。

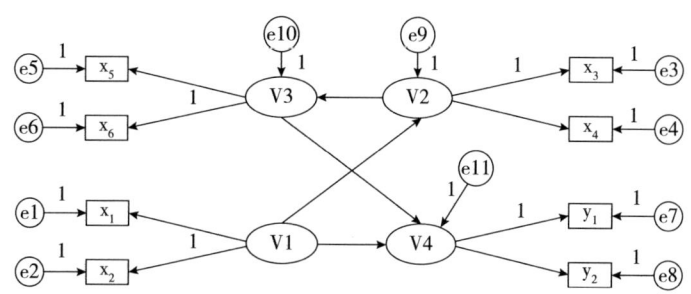

图 9-1　教学督导现状对效果影响的 SEM 模型设计

第四节　实证分析

一、回归系数及其检验

在本例中，运用 SEM，采用极大似然法估计以下参数，将 4 个参照指标值设为 1 不做估计外，其余回归系数值只有 V1 到 V4 的路径系数不显著，其余系数均达到显著水平（见表 9-1）。

结构模型反映了潜变量之间的关系，V1 到 V4 的系数不显著，其余系数显著，这恰好验证了本书的理论假设，即 V1 直接影响 V2，再通过 V2

我国高校内部教学督导制度建设的现状和效果的实证研究

影响 V3,最后通过 V3 影响 V4。V1 不直接影响 V4,即教学督导制度建设的现状,需要通过若干中介变量产生一定的间接效应。测量模型反映了潜在变量与观察指标之间的关系,除设为固定值的参照指标外,其余观察指标的系数显著,说明测量模型的内在质量满足本书研究的需要。

表 9-1 SEM 回归系数及检验

			Estimate	S. E.	C. R.	p
V2	<---	V1	0.335	0.095	3.511	***
V3	<---	V2	1.669	0.451	3.702	***
V4	<---	V3	0.911	0.120	7.611	***
V4	<---	V1	0.089	0.109	0.818	0.414
总工作量（x_3）	<---	V2	1.000			
目标实现程度（x_4）	<---	V2	1.967	0.516	3.811	***
工作水平（x_2）	<---	V1	1.000			
规范程度（x_1）	<---	V1	1.230	0.191	6.429	***
文化成效（x_6）	<---	V3	1.000			
教改成效（x_5）	<---	V3	0.936	0.103	9.049	***
提高程度（y_1）	<---V4		1.000			
学习成效（y_2）	<---V4		1.052	0.113	9.317	***

SEM 的标准化回归系数估计结果如图 9-2 所示。结构模型的标准化系数,反映了潜变量之间的直接效应。V1 对 V2 的直接影响效应达到 0.62,V2 对 V3、V3 对 V4 的直接效应分别达到 0.75 和 0.91,显示潜变量之间有较强的相关关系。测量模型中的标准化系数,实际为因素负荷量,反映了潜变量模型的内在质量,除 x_3 的因素负荷量相对较低外,其余均达到 0.70 以上,显示模型内在质量符合预期。

第九章　教学督导制度建设现状对其效果的影响路径：SEM 分析

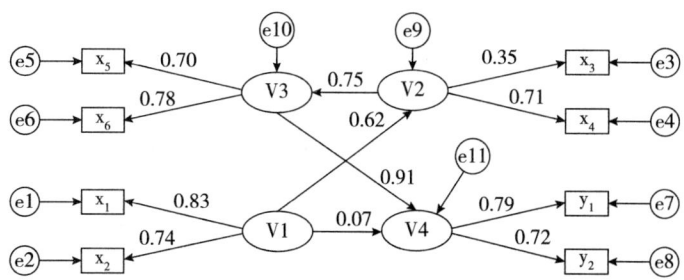

图 9-2　教学督导现状对效果影响的 SEM 模型标准化系数估计

二、变量效应值及其检验

SEM 的直接效应、间接效应和总效应如表 9-2、表 9-3 和表 9-4 所示。其中间接效应检验的手工计算较为烦琐，研究者如采购合法专业软件，可以采用 Bootstrapping 做检验。一般认为，如果变量之间的直接效应均显著，就有证据推测其中的间接效应显著。因此，本例不再呈现检验过程。

表 9-2　SEM 的标准化直接效应值

	V1	V2	V3	V4
V2	0.625	0.000	0.000	0.000
V3	0.000	0.751	0.000	0.000
V4	0.074	0.000	0.910	0.000
y_2	0.000	0.000	0.000	0.717
y_1	0.000	0.000	0.000	0.791
x_5	0.000	0.000	0.704	0.000
x_6	0.000	0.000	0.781	0.000
x_1	0.826	0.000	0.000	0.000
x_2	0.738	0.000	0.000	0.000
x_4	0.000	0.713	0.000	0.000
x_3	0.000	0.346	0.000	0.000

我国高校内部教学督导制度建设的现状和效果的实证研究

表 9-3　SEM 的标准化间接效应值

	V1	V2	V3	V4
V2	0.000	0.000	0.000	0.000
V3	0.469	0.000	0.000	0.000
V4	0.427	0.684	0.000	0.000
y_1	0.360	0.490	0.653	0.000
y_2	0.397	0.541	0.720	0.000
x_5	0.330	0.529	0.000	0.000
x_6	0.366	0.586	0.000	0.000
x_1	0.000	0.000	0.000	0.000
x_2	0.000	0.000	0.000	0.000
x_4	0.446	0.000	0.000	0.000
x_3	0.216	0.000	0.000	0.000

表 9-4　SEM 的标准化总效应值

	V1	V2	V3	V4
V2	0.625	0.000	0.000	0.000
V3	0.469	0.751	0.000	0.000
V4	0.502	0.684	0.910	0.000
y_2	0.360	0.490	0.653	0.717
y_1	0.397	0.541	0.720	0.791
x_5	0.330	0.529	0.704	0.000
x_6	0.366	0.586	0.781	0.000
x_1	0.826	0.000	0.000	0.000
x_2	0.738	0.000	0.000	0.000
x_4	0.446	0.713	0.000	0.000
x_3	0.216	0.346	0.000	0.000

三、模型评估

SEM 的模型拟合度评估指标较多，其中一个主要的指标就是模型检验的卡方值与自由度的比值，一般认为，该比值小于 3 较好，也有人认为不能超过 5。本例中这两个值分别为 76.736 和 16，两者比值为 4.796（见表 9-5），因而该模型有进一步改进的空间。由于卡方值对样本规模敏感，可以通过增加样本改善模型及其评估指标值。

表 9-5　SEM 的模型适配度评估

Model	NPAR	CMIN	DF	p	CMIN/DF
Default model	28	76.736	16	0.000	4.796
Saturated model	44	0.000	0		
Independence model	16	550.840	28	0.000	19.673

第五节　本章结论

本章采用 SEM 进一步探索了教学督导现状与效果之间的关系，发现了教学督导的现状、结果、影响、成效这几个潜变量之间存在链式关系的证据，并发现这些变量之间的直接效应显著，也存在一定的间接效应。

因此，高校一方面要研究本校督导链条中的薄弱环节，另一方面可根据变量之间的显著相关性，抓住重点和主要影响因素，进行有针对性的改革。

SEM 利用潜变量直接进行研究，减少了研究中的误差，在量化研究方法上具有独特的优势。因为本书的研究是小样本研究，所以无法构建更复杂的 SEM，并进行验证。今后有条件可考虑扩大样本，做进一步的研究以验证有关假设。SEM 涉及多种变量，数据拟合较烦琐，为避免手工计算的负担，高校可统一采购常用的统计分析软件，供研究人员使用。

第十章 教学督导制度建设的思考

通过调研,我们发现高校内部教学督导还存在诸多问题,有待进一步研究或讨论,达成基本共识。

第一节 问题的讨论

一、高校内部教学督导应该怎样进行组织架构上的设计

根据调研,实施教学督导的高校一般建立了专门的督导机构,称之为督导委员会、督导处、督导室、督导组或督导团等,但定位差异较大。有的向校级教学委员会或分管校领导直接负责,有的则隶属于高校教务管理部门,比如教务处,有的甚至只是教务处内部一个机构的附属组织,比如挂靠教务处下设的教学改革和质量办公室。

国家在宏观层面建立教育督导制度,是建立健全教育决策、执行、监督相互协调的行政管理体制的重要举措。与此类似,高校在校内开展教学督导,也是期待其发挥监督的职能,"不能既当运动员又当裁判员",因此应该建立与校内教学行政机构或行政领导机构平行的相对独立的常设的校

内教学督导机构。

综上可知，高校应该根据内部组织层级，在校级督导机构之下，设立多级督导机构（可称之为多层结构），以发挥纵向和横向的监督职能。但是，由于院系的规模存在差异，学科专业属性强，教学督导的人员配备和"行政执法性"面临挑战，院系层面的教学督导往往难以开展。因此，有的学校主要采用单层结构，高校内部督导活动主要在校级层面实质性展开。为全面做好督导工作，应该推进院系层面的教学督导的研究与创新，比如加强与校内外同行的联系，建立督导工作网络。

二、高校内部教学督导的队伍应该如何建设

调研发现，高校内部教学督导机构的督导人员一般是兼职，但在职教师兼职的比例较小，以退休教师居多，有的学校则明确规定由退休教师担任，以利用和发挥这些老教师的"余热"。但是由于近年来教学改革力度大，一些退休教师的教学理念和方法明显不能适应新形势的发展，在职教师的比例持续提高，有的学校已接近50%。

从高校内部督导人员的年龄结构上看，有的学校规定70岁以下，有的则规定65岁以下，中青年教师的比例持续上升，这与近年来教学改革对教学督导工作量的要求增加和多校区工作对体力要求较高等因素相关，年龄较大已经不能适应高强度的工作。

从高校内部督导人员的职称结构上看，有的高校明确规定由教授担任，有的学校规定则包括副教授。近年来，一些教育行政部门、社团或群众组织（如工会）开始支持或组织高校青年教师教学技能大赛，一些青年教师脱颖而出，在获奖后，以讲师身份获聘为本校的教学督导人员，参与教学督导工作，但目前这部分教师所占的比例较低。

从高校内部督导人员的学科专业结构上看，有的高校抓重点，有的高

校力争做到全覆盖，即将相关或相近的学科专业分成几个大类，实现相对全覆盖。由于分类策略不同，加上学校规模大小不一，就校级层面而言，教学督导人员的数量从3人到200人以上不等。近年来，教学督导人员数量呈现逐步增长的趋势。

在督导人员的聘任和考核等管理方面，调研发现，一些高校在专门机构（比如督导办公室或督导处）中，安排专门的督导管理人员或协调人员，负责日常管理或协调工作。有的学校有2人以上负责，有的学校则只有1人负责。有的学校安排有经验的同志甚至是领导负责具体的管理工作，有的学校则安排刚毕业的年轻同志承担管理任务。督导机构内的督导人员数量和结构上的差异带来了督导人员管理上的差异，比如在经费补助的力度、互动交流的方式与频率和人员培训的重点等方面就存在差异。督导人员的产生一般采用逐级推荐制，筛选的标准较宽泛，对照标准进行聘任的机制较宽松，一般没有专门的考试选拔环节。对督导人员的定期考核，有的高校没有明确要求，有的高校有考勤的要求，有的高校要求每学期递交若干次工作建议、督导小结或工作报告等。

在督导人员的培训方面，有的高校主要是以分管领导和教务处领导讲话为主，有的学校会聘请有关专家做教学改革方面的讲座。从调研对象反映的情况看，教学督导人员的培训现状与教学督导工作的客观要求之间存在一定的差距，也未能充分考虑到督导管理人员在业务培训上的专门需求。调研发现，有的年轻的管理人员被委以重任，专门负责此项工作已近2年，希望能有更多的机会参加专门的督导业务培训活动。

以上差异，一方面反映了各校的校情差异，另一方面反映了教学督导队伍建设亟待加强。国务院颁布的《教育督导条例》就督导人员应该具备的政治素质、政策水平、道德品行、基本学历、业务能力、身体条件等提出了原则性要求，在此基础上，应该重视结合高等学校及其学科专业的实际和当代教学督导工作的需求，进一步研究教学督导人员必备的知识、核心能力与有关素养的结构和培训标准等。

三、高校内部教学督导的工作职责和内容是什么

调研发现，高校内部教学督导的工作职责和内容的规定不够清晰。比如，有的高校只规定工作职责，工作内容则由督导组在每学期之初自主确定；有的高校规定了工作职责，但以工作内容来说明工作职责，十分烦琐；有的高校则只是说明工作内容，没有明确规定工作职责。

由于不同于传统的高校常设行政机构，校内教学督导机构只有在获得高校明确授权的情形下，才能获得开展相应工作的合法性。由此，高校内部教学督导的工作重点差异较大。有的只专注于听课评课，有的只关注学风建设，有的参与课程建设和教学改革，有的负责组织学生评教或教学评比，有的统管院系考核及其绩效分配等。近年来，校内教学督导机构普遍关注青年教师的指导和培养。

从国家层面看，实行教育督导制度的主要目的之一是形成与教育决策、执行相协调的更为有力的教育行政监督制度。此外，中国国土面积大，地域情况较复杂，需要建立一支专门的督导队伍，去帮助中央层面了解实情、搜集反馈信息。因此，教育督导在很长一段时间内比较强调行政监督和信息反馈职能。近年来，为适应教育改革的政策需求，提高教育质量，教育督导的指导职能得以强化。国务院于2012年颁布的《教育督导条例》明确提出"监督与指导并重"。高等学校内部教学督导面临类似的情形，为了应对现代高校教学管理的复杂性，预防或处理"教学决策与执行"中的偏差，适应教学改革的需要，在建设信息基础设施和完善反馈机制的同时，应该以提高教育质量为中心，将监督和指导作为督导工作的基本职责，由此可规定教学督导的主要工作内容。

高等学校内部教学督导，从目前的实践来看，可以按综合督导、专项

督导和经常性督导三种类型,来分别明确工作重点。其中,综合督导,可包括"督教""督学"和"督管"三部分。目前,"督教"普遍受到重视,其重点是教师(主要对象是青年教师或者学生评教得分偏低的教师)的教育教学工作的规范性、教师在"立德树人"方面的表现等。在此基础上,有的高校开始将督导工作延伸到"督学",包括"学风建设"和督促学生学习等。根据调研,有的高职院校近年来强调"督管",重视教学行政部门的教学管理工作的检查和教学建设与改革工作的推进。在有的研究型大学中,教学督导也已经介入教学建设与改革工作,但将这一部分工作置于"督教"的范畴,并不认同"督管"的提法。专项督导,是根据学校教学工作及教学改革情况,对于比较重大或较有普遍意义的问题,实施有目的、有计划的专题督导。专题的来源,可以是学校领导部门的工作指示,也可以是教学督导室的工作计划,有很强的政策导向性和问题解决意识,体现了各校的现状和发展的实际需求。经常性督导,通常是指对所负责的督导对象的定期督导。比如,有的高校要求每月开展一次督导工作,有的高校则要求每学期进行四次督导工作。

高校在校内教学督导的职责和内容上的差异,有一定的合理性,反映了高校自我管理的特色,但也反映了这项工作的边界不清晰。目前尤其要加强经常性督导的研究,因为这不应该只是一个时间范畴的概念,应该指教学督导的常规工作,是每学期必须要做的。只有明确这个问题,我们才能对校内教学督导的工作职责和内容有更加清晰的认识和定位,督导工作的规范性才能得以提升。

四、高校内部教学督导的工作方法有哪些

根据调研和分析,我们发现,有的高校在早期主要采用"执法检查"的传统工作方法,包括对照有关政策法规和教学规范,通过政策宣讲、法

我国高校内部教学督导制度建设的现状和效果的实证研究

制宣传、建章立制、查阅资料、听取报告、师生座谈、实地考察、现场指导、事项通报、责令整改、质询、约谈、信息公开、专项汇报或会议交流等多种方法实施督导。这些都是早期督导工作的宝贵经验，与我国早期行政管理手段相类似，可简称"教学督导1.0版"。

有的高校注重"督导评估"，将评估作为实施教学督导工作的主要方法，重视根据教育行政部门于不同时期公布的有关评估方案，适时制定适应本校实际情况的教学督导评估指标体系或评估标准，开发评估方法和工具，构建教学督导评估和质量保障体系，反映了现代教育评价和质量保障思想对各级行政管理和高校内部教学督导工作的影响，可简称"教学督导2.0版"。在这种情形下，为避免工作上的交叉，有的高校将听课评课、教学评比或评奖，作为教学督导工作的基本方法，尝试将督导评估的结果与问责或奖惩相挂钩。

有的高校的改革，反映出所谓的"和谐督导""临床督导""发展性督导"等特点，强调建立督导人员与督导对象之间的良好关系和督导工作的服务性质，重视教学咨询和诊断，科学利用督导结果，督导与其他工作"双轮驱动"以提高教学质量，加强研究和总结经验等，在一定程度上体现出教学督导工作重视探索自身的规律，向"专业化督导"进行探索和改革的动向，可尝试将其简称"教学督导3.0版"。

高校在校内教学督导的工作方法上的差异或偏好，反映了各校教学督导工作的传统和创新，受制于各校特定的文化环境。比如，在有的研究型大学中，教学督导工作曾将主要精力放在教学规范的"执法检查"上，在诸如教案格式、试卷评分、教学方法、PPT的使用和学生评教结果的利用等方面的过于细致的形式主义的一些统一规定和过于功利性的做法，对大学教师的专业自主性、教学规律和教学学术的文化构成了挑战，已经引起一定的争议。高校在校内教学督导的工作方法上的研究与创新，应该以提高教学质量为中心，遵守教育法律、法规、规章和国家教育方针、政策的规定，遵循高等教育和督导工作的客观规律，充分考虑高校自身的客观基础、客观条件和学术文化环境。

五、高校内部教学督导的实际效果如何

调研发现，由于各校对教学督导工作的重视程度不同，校内教学督导的现状和成效客观上存在差异。有的高校的校内教学督导被边缘化，长期形同虚设。有的高校已经做了不少工作，但目前仍处于建章立制的阶段，督导工作的规范性亟待提高。有的高校十分重视教学督导，将其置于本科教学质量保障体系的特殊地位，认为本校教学督导目前正处于初步发挥作用的阶段。有的高校则宣称，已经建立了校内教学督导的长效机制，保障了教学质量的持续提升。

如果进一步追问，如何证明高校教学督导的实际效果？有的高校只能拿出每届督导组的督导工作纪要，该纪要主要记录了督导组的工作计划、开展活动的过程、发现的问题和建议。有的高校出版了本校督导工作经验报告或由教师撰写的教学改革论文集，反映了该校主要的督导工作措施和教学改革举措。有的高校认为，学生评教的结果证明了督导工作的成效。有的高校表示，无法理解这个问题，或还没有思考这个问题。

校内教学督导的效果应该表现为预期教学管理目标的实现，最终体现在教师的教和学生的学两个方面。教学督导通过采取一系列举措，最终是否提升了教师的教学理念、教学技能和其他素养，改善了学风和学习结果，从而提升了教学质量和成效？这个问题不容忽视。比如，有的高校内部教学督导将重点放在教学规范和考评方面，做了大量的工作，如果这些规范和考评举措不能证明促进了教学成效，则会引发人们对"为规范而规范""为考评而考评"的形式主义举措的质疑。有的高校将学生评教中的满意度作为证据，但是满意度不一定是教育质量的可靠指标，过分强调学

生的满意度会对大学保持和提升教育质量构成挑战。由实际效果出发，可以促进我们反思教学督导工作的规范性、考评措施的必要性和科学性。但对此问题，有关研究不多，有的高校难以拿出令人信服的证据。

第二节 展望：建设中国特色的高校内部教学督导制度

自20世纪80年代以来，质量已成为高等教育发展的核心议题之一。国际上高校教学质量保障体系建设方兴未艾，其体现了现代教学质量管理的思想和理念。高校内部教学督导可以推进这一构想的中国化改造与创新，通过将我国高校内部教学质量管理的传统与现代教学质量保障体系的构想相结合，建设中国特色的高校内部教学督导制度。

一、我国高校内部教学督导的优良传统值得重视和发扬

高校内部教学督导作为我国一项传统的教学质量管理活动仍有独特价值和生命力。首先，高校内部教学督导与我国教育管理体制的特点相适应，在性质上具有一定的"执法性"，教育法律、法规、规章和国家教育方针、政策，是其开展工作的主要依据，这体现了教学督导的独特价值。重视教学督导可以增强全校依法办学的意识，树立正确的教学思想。当前，国家正在进行"放管服"改革，对高等学校自主办学提出很高的要求。高校只有依法办学，才能保证办学的方向。

其次，高校内部教学督导以提高教学质量为出发点和归宿，可以保证教学的中心地位。在我国的一些高校中，特别是在研究型大学中，偏重科

研的管理机制已经对教师的教学投入和效果产生了影响。在这种情形下，实施教学督导的制度安排，成为我国高校的独特选项，其可以增强教学意识，调动各方积极性，实现教学目标。

再次，高校内部教学督导形成了一支特殊的教学管理队伍，可以健全教学管理运行系统，及时获得反馈信息。在有的高校，教学督导事实上已经成为学校教务管理的一支"别动队"，既可以发挥桥梁沟通作用，又可以及时发现教学工作中的问题，并提出改进建议。

最后，高校内部教学督导将各学科专业的优秀教师聚在一起，在一定程度上有利于提升教学管理的权威性、专业性和规范化与科学化水平，并促进教师的专业发展。在调研案例中，有的高校已经意识到，校内教学督导工作要真正取得效果，就必须遵循教学规律，依靠优秀教师，不断创新督导工作方法，通过调查研究和总结经验，发挥督导的专业咨询和服务作用，并推动形成一种机制，实现优良教学传统的"传帮带"。

二、中国特色的高校内部教学督导制度建设有良好的发展前景

中国特色的高校内部教学督导制度，是我国高校本科教学质量保障体系的重要组成部分，具有良好的发展前景。随着高等教育的改革与发展，特别是在国家于2002年强力推行本科教学评估制度之后，各校相继建立了专门的教学评估部门，比如教学质量评估办公室、教学质量监控办公室等，这与教学督导的教学评估工作产生了一定的交叉。

2012年前后，在国家的鼓励支持下，各高校纷纷设立教师教学发展机构，这些机构虽然名称不同、规模大小不一，但是与教学督导部门的咨询服务工作，包括青年教师培养工作也产生了一定的重叠。

此外，近年来，国外高校特别是美国高校中流行的院校研究活动对国

内高校产生了较大的影响。学术界最近又有重启院校研究中国化议题的动向。受此影响，有的高校已经成立了类似的研究机构，国内一些高校原有的高教研究（如高教所或高教室）和发展规划部门（如发展规划处）也在纷纷谋求转向。这与教学督导的调查研究等工作又交错在一起。

在上述情形下，有的高校有意将所有的这些相关机构进行合并，成立一个所谓的"教学研究、评估、督导、发展与规划办公室"，名字很长，但没有从根本上解决问题。教学督导的边界不明确、工作职责和范围不清晰，这是其在有的高校出现可替代性和边缘化现象的重要原因。当前，一方面，高校内部教学督导属于高校自我管理的范畴，面临着怎么处理与教学评价、院校研究、高校规划和教师发展等部门之间的关系的难题；另一方面，高校应该珍惜传统，用心思考怎样用好这支传统的力量，加强教学督导工作的研究与实践。

从国家层面看，教育督导部门于 2014 年就已经介入普通高等学校《本科教学质量报告》的编制发布工作，目前已经开展普通高校本科教学质量报告公开发布情况检查并发布了督导报告。2016 年，国家教育督导部门颁布了"高等职业院校适应社会需求能力评估"的指标和标准，并组织开展了评估工作，随后研究制定高职院校专业评估方案，并启动了本科专业评估试点工作，目前正在研究进一步推进高校本科教学评估的政策措施。国家教育督导部门已经成为我国高校本科教学质量保障体系中的重要机构。2016 年，教育部教育督导团办公室变更为教育部教育督导局，进一步加强了督导工作的管理。因此，高校内部教学督导工作应该适应形势发展，适时做出反应，在发扬优良传统的同时，做好对接工作，在高校本科教学质量保障体系中准确定位，如此会呈现出良好的发展前景。

附　录

附录1　问卷调查结果的描述性分析

第一部分　调查样本的个体背景信息

附表1-1　学科类别与学校的交叉表

学科类别	学校				总计
	A大学	B大学	C大学	D大学	
哲学	5	0	1	1	7
经济学	8	2	1	0	11
法学	3	0	1	2	6
教育学	3	0	1	3	7
文学	12	1	1	2	16
历史学	3	1	0	1	5
理学	20	4	11	7	42
工学	21	12	22	2	57

我国高校内部教学督导制度建设的现状和效果的实证研究

续表

学科类别	学校				总计
	A 大学	B 大学	C 大学	D 大学	
农学	0	1	0	0	1
医学	16	1	5	0	22
管理学	8	2	5	2	17
艺术学	1	1	1	1	4
总计	100	25	49	21	195

附表 1-2 性别和职称的交叉表

性别	职称			总计
	1.00	2.00	3.00	
男	90	36	0	126
女	35	31	3	69
总计	125	67	3	195

```
频率        茎    叶
 3.00      3 .   244
12.00      3 .   557777888999
13.00      4 .   0022222233444
22.00      4 .   5555556666667777788889
36.00      5 .   000000011222222233333333333334444444
42.00      5 .   555555555555555555666666666777777788899999
34.00      6 .   0000000111222222233333333444444444
25.00      6 .   5555555555567888889999999
 7.00      7 .   0001224
 1.00      7 .   5

主干宽度：    10.00
每个叶：     1 个案
```

附图 1-1 督导人员年龄分布的茎叶图

频率	茎	叶
37.00	1.	0000000000000000000000000000000000000
40.00	2.	0000000000000000000000000000000000000000
46.00	3.	0000000000000000000000000000000000000000000000
30.00	4.	000000000000000000000000000000
10.00	5.	0000000000
6.00	6.	000000
3.00	7.	000
23.00 极值		(≥8.0)

主干宽度： 1.00

每个叶： 1个案

附图1-2 督导人员督导年限分布的茎叶图

频率	茎	叶
1.00	0.	4
10.00	0.	5666788899
24.00	1.	000000000000011222334444
14.00	1.	55556678888888
23.00	2.	00000000123333334444444
25.00	2.	5556666777777888888999999
49.00	3.	0000000000000000001112222222333333333344444444444
32.00	3.	55555555555555555555556667778889
16.00	4.	0000000000001123
1.00	4.	6

主干宽度： 10.00

每个叶： 1个案

附图1-3 督导人员工作年限分布的茎叶图

第二部分 高校教学督导工作的调查

附表 2-1 高校教学督导工作的现状与效果（问卷调查结果）

观察指标	平均值	标准差	最小值	最大值	偏度	峰度	N
重视程度	4.574	0.633	2.000	5.000	−1.455	2.049	195
规范程度	4.523	0.661	2.000	5.000	−1.278	1.322	195
工作水平	4.441	0.601	3.000	5.000	−0.562	−0.594	195
提高程度	3.892	0.669	2.000	5.000	0.022	−0.508	195
学习成效	3.723	0.777	2.000	5.000	−0.074	−0.452	195
教改成效	3.872	0.703	2.000	5.000	−0.266	0.014	195
文化成效	4.026	0.677	2.000	5.000	−0.232	−0.157	195
总体成效	4.056	0.576	3.000	5.000	0.002	0.031	195
总工作量	3.923	0.688	3.000	5.000	0.100	−0.873	195
目标实现程度	4.113	0.656	2.000	5.000	−0.231	−0.257	195

第三部分 高校教学督导人员素养及成效的调查

附表 3-1 高校教学督导人员的素养及成效（问卷调查结果）

观察指标	平均值	标准差	最小值	最大值	偏度	峰度	N
政策法规	3.841	0.850	1.00	5.00	−0.606	0.443	195
教改政策	4.195	0.676	2.00	5.00	−0.46	0.032	195
督导态度	4.600	0.531	3.00	5.00	−0.824	−0.489	195
督导知识	4.292	0.602	3.00	5.00	−0.228	−0.593	195
督导能力	4.123	0.622	3.00	5.00	−0.088	−0.448	195

续表

观察指标	平均值	标准差	最小值	最大值	偏度	峰度	N
督导职责	4.472	0.595	3.00	5.00	-0.633	-0.539	195
督导标准	4.174	0.681	3.00	5.00	-0.233	-0.846	195
督导内容	4.344	0.666	3.00	5.00	-0.521	-0.72	195
督导方法	4.195	0.637	3.00	5.00	-0.19	-0.613	195
评价技术	4.241	0.608	3.00	5.00	-0.175	-0.529	195
公平公正	4.831	0.402	3.00	5.00	-2.246	4.336	195
组织表达	4.072	0.613	2.00	5.00	-0.176	0.182	195
身体健康	4.508	0.629	2.00	5.00	-1.034	0.612	195
多样体验	3.877	0.770	2.00	5.00	-0.059	-0.735	195
督导创新	3.549	0.747	1.00	5.00	-0.018	0.518	195
难忘经历	3.651	0.800	2.00	5.00	-0.017	-0.507	195
成功经历	3.569	0.818	1.00	5.00	-0.196	0.41	195
培训兴趣	4.026	0.783	1.00	5.00	-0.631	0.585	195
待遇水平	3.626	0.890	1.00	5.00	-0.075	-0.33	195
工作重点	3.380	1.157	1.00	5.00	-0.277	-0.758	195
工作方法	3.903	0.822	1.00	5.00	-0.323	-0.208	195
评教参考	3.723	1.082	1.00	5.00	-0.441	-0.789	195
提升空间	3.928	0.803	1.00	5.00	-0.473	0.188	195
完成任务	2.795	1.055	1.00	5.00	-0.007	-0.469	195
反馈体系	3.780	0.811	1.00	5.00	-0.338	0.311	195
质量中心	4.626	0.564	3.00	5.00	-1.206	0.486	195
督导必要	4.744	0.524	3.00	5.00	-1.952	2.967	195
督导前景	2.128	1.040	1.00	5.00	0.685	-0.117	195
个体效能	3.856	0.806	1.00	5.00	-0.33	-0.03	195
集体效能	4.364	0.663	3.00	5.00	-0.563	-0.684	195

附录2 "高校内部教学督导工作"调查问卷（教学督导人员卷）

尊敬的老师：

您好！这是一份有关高校内部教学督导工作的匿名调查问卷，结果只用于课题研究和学校工作改进，请您根据实际情况填写！衷心感谢您的支持！

课题组

2017年9月19日

第一部分

填写说明：请在最符合自己实际情况的选项上画"√"，或在恰当位置填上信息。

1. 您的性别：A. 男； B. 女

2. 您所在的学校：A. 复旦大学；B. 上海交大；C. 同济大学；D. 华东师大

3. 您所在的学科专业类别：

A. 哲学；B. 经济学；C. 法学；D. 教育学；E. 文学；F. 历史学；G. 理学；H. 工学；I. 农学；J. 医学；K. 管理学；L. 艺术学

4. 您的职称：A. 教授（研究员）； B. 副教授（副研究员）； C. 讲师等

5. 您的年龄：_____。您从事教学督导工作的年限：_____。
6. 您从事高校教育管理、教学或者教育研究工作的年限：_____。

第二部分

填写说明：在下表中，1＝很低；5＝很高。请您根据观察到的或体验到的本校实际情况，对照每个题项，在相应的数字上画"√"。

题号	题目	很低				很高
1	学校对教学督导工作的重视程度	1	2	3	4	5
2	学校的教学督导制度的规范性程度	1	2	3	4	5
3	学校的教学督导队伍的总体工作水平	1	2	3	4	5
4	督导听课对本校教师的教学水平的提高程度	1	2	3	4	5
5	教学督导改进学风、促进学生学习方面的成效	1	2	3	4	5
6	教学督导在促进学校教学改革上的成效	1	2	3	4	5
7	教学督导在提升学校教学质量文化上的成效	1	2	3	4	5
8	教学督导在教学质量管理中取得的总体成效	1	2	3	4	5
9	教学督导人员总体承担的督导工作量	1	2	3	4	5
10	教学督导工作目标的实现程度	1	2	3	4	5

第三部分

填写说明：表中 1 = 完全不符合；5 = 完全符合。请如实在适当数字上画"√"。

题号	题项	完全不符合				完全符合
1	我熟悉与教学督导相关的国家政策法规	1	2	3	4	5
2	我熟悉本校教学改革的政策	1	2	3	4	5
3	我高度重视所承担的教学督导工作	1	2	3	4	5
4	我很了解教学督导的业务知识	1	2	3	4	5
5	我有很强的教学督导的工作能力	1	2	3	4	5
6	我非常清楚教学督导的工作职责	1	2	3	4	5
7	我非常清楚教学督导的各类工作标准	1	2	3	4	5
8	我非常了解教学督导的日常工作内容	1	2	3	4	5
9	我非常熟悉教学督导的各类工作方法	1	2	3	4	5
10	我能够熟练运用听课评课等教学评价技术	1	2	3	4	5
11	我在教学督导中能够做到公平、公正	1	2	3	4	5
12	我具有很强的组织协调能力和表达能力	1	2	3	4	5
13	我身体健康，能适应高强度的督导工作要求	1	2	3	4	5
14	我有丰富多样的教学督导活动体验	1	2	3	4	5
15	我有许多创造性开展教学督导活动的体验	1	2	3	4	5
16	我有深刻难忘的教学督导经历	1	2	3	4	5
17	我有许多成功的教学督导经历	1	2	3	4	5
18	我有浓厚的兴趣参加督导工作培训	1	2	3	4	5
19	我对教学督导人员的经济待遇水平很满意	1	2	3	4	5
20	我认为督导工作重点应该转向督促学生学习	1	2	3	4	5
21	我认为督导工作的主要方法是对话和研讨	1	2	3	4	5
22	我认为"学生评教"结果只有参考价值	1	2	3	4	5
23	我认为自己的督导工作水平还有很大的提升空间	1	2	3	4	5
24	我从事教学督导只是为了完成学校的任务	1	2	3	4	5

续表

题号	题项	完全不符合				完全符合
25	我认为教学督导的反馈体系亟待加强	1	2	3	4	5
26	我认为督导应以提升教育教学质量为中心	1	2	3	4	5
27	我认为高校很有必要开展教学督导工作	1	2	3	4	5
28	我对教学督导工作的前景持有悲观的看法	1	2	3	4	5
29	我相信自己可以帮助督导对象提升水平	1	2	3	4	5
30	我相信督导队伍可以帮助学校提升教学质量	1	2	3	4	5

请检查是否有漏答。感谢您的如实回答！

附录3　上海四所高校教学督导文献资料和调研纪要

上海《A大学本科教学督导工作条例（2016年8月修订）》

第一章　总则

第一条　为建立健全学校教学质量保障体系，发挥教学督导在稳定教学秩序、规范教学活动、培养青年教师、提高教学质量、促进教学改革等方面的重要作用，特制定本条例。

第二章　组织聘任

第二条　学校教学督导组（以下简称"督导组"）由具备丰富的本科教学相关工作经验和先进的教育教学理念，熟悉高等教育教学的现状和规律，热心本科教学事业，身体健康可胜任督导工作的我校退休或在编教师及资深教学管理人员组成。

第三条　督导由院系推荐，教务处提名，主管校长批准，学校颁发聘书，聘期1学年，可连聘连任。学校根据督导工作完成情况，统一发放工作补贴。

第四条　督导组按人文学科、社会科学、自然科学、技术科学、医学、国际课程划分为6个小组。督导组设组长1名，副组长6名（分别为6个小组的召集人）。教务处作为督导组的秘书处，负责协助督导组开展日常工作。

第三章　工作职能

第五条　督导工作是学校教学质量保障体系的重要组成部分，督导组的主要职能是负责对学校教学工作的各个环节进行检查督办、研究分析、评估指导等，为学校教育教学各项事业的发展提供政策咨询和建议。

第四章　工作内容

第六条　督导组因开展工作需要，可事先不通知相关单位或人员，开展以下活动：

（一）随堂听课：开展听课评课工作，深入了解教情、学情，及时发现课堂教学中存在的各种问题，积极与师生交流并反馈意见，针对性地帮助教师提高教学水平，改善课堂教学效果。

（二）专项检查：参加学校、院系开展的各项教学检查活动，包括教学秩序和考试秩序的巡视，教学大纲和教学计划的审阅，试卷、毕业论文及各类教学档案的检查等。

（三）专题调研：对学校人才培养中存在的重点问题、突出问题等进行专项调研，为相关部门提供决策依据。

（四）遴选推荐：发掘和遴选各类优秀教师、优秀课程、优秀教学改革项目，并向院系及教务处推荐。

（五）参加督导工作会议，撰写督导工作报告。

（六）学校或院系委托的其他教学督导工作。

第五章　工作要求

第七条　督导组实行工作例会制度，每学期应召开1~2次督导工作会议，并根据学校教学工作安排，制订具体工作计划。

第八条　督导需参加随堂听课，建议每学期听课12~20个课时，并积极参加学校指定的包括专项检查在内的其他各类督导工作。

第九条　督导在开展各项工作时，需佩戴督导证，做好书面记录，并做到实事求是、公正客观、重视沟通。

第十条　学校各相关单位、广大师生应积极配合和支持督导组开展工作，接受督导人员提出的意见和建议，认真核实、积极改进并及时反馈整改落实情况。

第十一条　单位或个人如对督导提出的意见和建议有异议，可在收到意见后的 10 个工作日内向秘书处提出复核申请，由秘书处组织复核。

第六章　附则

第十二条　各教学单位可参照本条例组建本单位的教学督导队伍，并制订督导工作实施条例，组织开展教学督导工作。

第十三条　本条例自发布之日起实施，由学校负责解释。

上海《B 大学本科教学督导工作细则》（2010 年 1 月修订）

为了传承我校优良的教学传统，使学术造诣高、责任心强的退休教师有机会指导和参与教学建设和教学改革，用他们丰富的教学和教学管理经验、治学严谨的工作作风以及对教学工作高度的责任心影响和教育青年教师，实现对青年教师的传帮带，学校专门成立校本科教学督导专家组。为了进一步做好教学督导工作，特制订本细则。

第一章　指导思想

以党的方针政策和国家的法律、法规、规章、规范性文件以及学校的规章制度为依据，对学校的教学建设、教学改革、教学管理、教学质量和水平、效果进行检查、评估、指导、研究、咨询，为国家有关教育的法律法规、方针政策的贯彻执行，为学校人才培养目标的实现提供意见和建议，达到推进我校的教学建设和提高教学质量的目的。

第二章　组织方式（形式）

第一条　教学督导的选聘一般由教务处和原教学督导组组长商议，经被推荐教师同意，向学校推荐，由校长聘任，颁发聘任证书。教学督导任期三年，可连聘连任。

第二条 教学督导组设组长一名，副组长两名，均由教学督导兼任。

第三条 为方便日常工作的开展，设立教学督导办公室，配置秘书一名。教学督导办公室挂靠教务处。

第三章 任职资格

第一条 教学督导应由身体健康、德高望重的退休教师担任，年龄一般不超过70周岁。

第二条 热爱教育事业，爱学生，爱学校，热心教学改革和教学管理工作，责任心强；治学严谨，有丰富的教学经验，有较高的学术造诣。

第四章 职责

教学督导的职责主要是教学管理的调查研究、监督评估、咨询参谋以及培养青年教师。

第一条 调查研究。以维护学校正常的教学秩序、提高教学质量为目标，通过听课、个别交谈、召开座谈会等途径，对日常教学运行状况进行调查研究，总结经验教训，发现先进、找出问题，向学校有关部门提供完善教学工作的建议和意见。

第二条 教学质量督察。通过质询、考察、检查等活动，对我校教学改革、教学建设及教学质量和水平进行监督评估。

第三条 专题调研与咨询。通过对我校教学状况和发展趋势的调查、归纳，为学校教育教学重大决策提供参谋咨询。

第四条 教学评比。参与教育教学改革项目选拔、教师评选、教学竞赛评选等，以及教务处委托的其他教学评比与评选工作。

第五条 传帮带。指导青年教师，参与青年教师培养工作。

第五章 工作要求

第一条 结合学校工作，确定每学期工作重点，制定学期工作计划，编辑督导工作简报。

第二条 根据年龄和身体健康状况，适度安排工作。开展听课等调查研究的时间，可根据工作需要及个人情况安排，以能掌握日常教学情况为原则。经常交流从听课、座谈会等途径了解的第一手资料，定期对学校本科教学工作开展分析和研究。

第三条 接受学校委托，开展（专题）工作。如对教师的教学、课程或专业的教学与建设状况进行检查、评估和指导。

教学督导的意见将作为学校和教务处开展工作的依据之一。

第六章 其他

为支持教学督导开展工作，学校提供活动经费，并向教学督导发放津贴。津贴每学期按五个月计算，学期结束时一并支付；学校根据发展情况逐步增加津贴。

上海《C 大学校院两级教学督导工作实施办法》(2017 年发布)

第一章 总则

第一条 教学督导工作是学校对教学活动实施监督与指导的一项管理制度，也是学校内部教学质量保证体系的重要组成部分。为进一步加强和改进教学督导工作，充分发挥教学督导在稳定教学秩序、规范教学活动、促进教学改革等方面的作用，保证和提高教学质量，特制定本办法。

第二条 教学督导工作要全面贯彻落实党的教育方针，按照学校本科和研究生教育质量保证体系的质量标准、要求和制度，围绕学校人才培养目标，开展对影响教育教学质量的关键因素和关键环节的监督、检查和指导，为学校教育教学改革和教学质量持续改进提供意见和建议，引导教师开展教学法研究、促进教师教学水平提升和教学基层组织建设。

第三条 坚持立德树人、教书育人。教学督导工作要充分体现"以学生为本"的理念,坚持"督学与督管"和"监督与指导"并重,促进由聚焦教师"教"到关注学生"学"、由"传授知识"到"培养能力与人格"的转变,引导教师热爱教学、敬畏讲台,坚持客观公正、弘扬质量文化。

第二章 组织机构和职责

第四条 学校设立校院两级教学督导队伍,分别开展校级层面和院级层面的教学督导工作。教学质量管理办公室(以下简称"质管办")在学校党政领导和主管教学副校长的直接领导下,组织开展校级层面的教学督导工作,并对院级层面的教学督导工作给予指导、支持和服务。

第五条 按照学校本科生和研究生教育质量保证体系要求,教学督导工作主要包括课堂教学质量监控、实验教学质量监控、研究生论文开题工作检查、研究生成果阶段考核等日常监督,以及试卷质量检查、毕业与学位论文(设计)检查等定点监督,并为专业评估、专业认证、院级教学基本状态监测等定期监督提供重要支撑。

第六条 质管办有关教学督导工作的主要职责:

1. 组织开展教学督导工作,履行学校本科生和研究生教育质量保证体系赋予的工作职责;

2. 组织制订教学督导工作的相关规章制度;

3. 做好校级教学督导队伍建设工作,包括教学督导的聘用、管理和培训等;

4. 定期组织召开教学督导工作会议或专题研讨会;

5. 收集相关信息,查找教学质量的存在问题,分析影响因素和提出解决办法,并及时反馈信息;

6. 了解、掌握院级教学督导队伍信息和教学督导工作的具体情况,对院级层面的教学督导工作给予督促、指导和支持;

7. 做好有关教学督导工作的数据分析、总结工作，为决策咨询提供服务。

第七条　院级教学督导工作由各学院分管教学院长负责（或指定专人负责），主要工作包括组织制订院级教学督导工作的相关规章制度，加强院级教学督导队伍建设，积极开展院级层面的教学督导工作。及时将院级教学督导名单及教学督导工作计划和总结提交质管办备案，接受质管办的督促和指导。

第三章　教学督导任职资格和组织架构

第八条　教学督导的任职资格：

1. 坚持立德树人，热心教学工作，熟悉国家教育方针政策和学校教学管理规章制度，治学严谨、为人师表，教学经验丰富，学术水平高；

2. 具有高级专业技术职务的在职教师和退休教师，或获得青年教师讲课比赛一等奖的优秀青年在职教师（中级专业技术职务）；

3. 教学思想理念先进，了解教学改革动态，积极参与和推动教学模式、方法手段的改革创新；

4. 为人正派，处事客观、公平、公正，善于与人沟通，敢于发表意见；

5. 身体健康，年龄原则上不超过70周岁。

第九条　校级教学督导聘任，采取教师自荐、学院推荐、质管办初审、教学督导与评价委员会审定相结合的方式。教学督导实行聘用制，每届聘期为两年。工作成绩突出的教学督导可以连续聘任，但原则上不超过三届。若在聘期内，因身体状况、工作变化等原因连续一学期不能正常履行教学督导工作职责者，或工作失职者，终止其聘任。

第十条　坚持教授治学、同行指导，成立学校教学督导与评价委员会，成员由校长聘任，每届任期四年。设主任1名，副主任3名，委员（顾问）9~15人。学校教学督导与评价委员会主任由学校主管教学副校长兼任。委员主要从校级督导中推选，包括国家督学、市级督学以及来自本科生院、研究生院、质管办、教学职能部门等方面的代表。

第十一条 教学督导与评价委员会是学校教学工作督导检查、审议、评估、指导、咨询的机构，在学校党政领导下开展工作，保证国家教育方针、政策和学校教学管理规章制度的贯彻执行。秘书处设在质管办。教学督导与评价委员会的主要职责：

1. 对学校人才培养模式改革和人才培养方案进行分析、研究和审议、评估；

2. 对学科、专业、课程和教材的建设方案及实施情况进行督察、检查和审议、评估；

3. 对学校的教风、学风建设工作进行调查研究和监督指导；

4. 审议学校教学督导工作报告，对校院两级教学督导工作中反映的新情况和新问题给出意见；

5. 审定校级教学督导的定期聘任，指导专业认证、专业评估的专家库建设；

6. 参与学校各类教学评奖评优、教师职称晋升、教师专业发展、教学基层组织建设等相关工作提出意见和建议；

7. 对学校人才培养和教学改革、教学管理创新等建言献策。

第十二条 校级教学督导工作范围分组设人文经管组、理学组、工学组（分2个组）、生命医学组和体育艺术组等小组。每个组设组长、副组长各1人。校级教学督导总人数保持在200人左右。

1. 人文经管组：由经济与管理学院、外国语学院、人文学院、法学院、国际政治与关系学院、马克思主义学院、职业技术教育学院、上海国际知识产权学院、国际文化交流学院等学院的督导组成。

2. 理学组：由数学科学学院、物理科学与工程学院、化学科学与工程学院、航空航天与力学学院、海洋与地球科学学院等学院的督导组成。

3. 工学一组：由土木工程学院、测绘与地理信息学院、建筑与城市规划学院、环境科学与工程学院等学院的督导组成。

4. 工学二组：由交通运输工程学院、汽车学院、铁道与城市轨道交通研究院、机械与能源工程学院、中德工程学院、电子与信息工程学院、软件学院、材料科学与工程学院、中德学院等学院的督导组成。

5. 生命医学组：由医学院（含各附属医院）、口腔医学院、生命科学技术学院等学院的督导组成。

6. 体育艺术组：由体育部、艺术与传媒学院、设计创意学院、国际设计创新学院等学院的督导组成。

第十三条　各学院院级教学督导设组长1名，承担学院与学校的联系工作。学院督导组成员应按专业数配备，各学院督导组成员不少于3人，且保证每个专业至少有一人。

第四章　教学督导工作要求

第十四条　校级教学督导的工作要求：

1. 根据质管办要求和分组安排，完成本科生和研究生教育的课堂教学检查、实验教学检查、研究生论文开题工作、研究生阶段成果考核等日常监督工作。每学期教学督导完成本科和研究生教育的课堂教学评价工作量一般不少于8次。完成听课后，认真填写《课堂教学评价表》，对教师的上课情况做出评价并提出改进意见和建议，于三天内在网上或者通过电子信箱提交电子的课程评价表，或者将纸质的课堂教学评价表提交到相应的管理部门。学期末要提交一学期的听课工作总结。

2. 深入教学第一线，可采用访谈、召开座谈会、问卷调查、专题调研、教学文件抽查等方式，收集有关教风、学风和教学管理方面的意见，检查发现影响教学质量的教学环境和教学条件等问题，及时向学校教学质量管理办公室反馈并提出意见和建议。

3. 配合学校相关管理部门做好试卷质量检查、毕业与学位论文（设计)检查以及校内外实践教学检查等定点监督;并为专业评估、专业认证、院级教学基本状态监测等定期监督提供重要支撑;参与学校期初、期中、期末教学常规检查,对教学管理工作和教学实施过程进行监督、检查和指导。

4. 发现和推荐教学效果突出的教师,包括推荐"名课优师"和有特色课程。总结推广好的教学方法,发现教学过程中的不足,力促问题的改进。

5. 积极参加学校或国内外举办的各种培训,学习先进的教学理念和教学方法,不断提升自己的"督"与"导"的能力。

6. 参加学校教学评估、教学改革、专业建设、课程建设等有关咨询及论证工作,为学校教学管理的决策提供参考意见。

7. 完成质管办和教学督导与评价工作委员会交办的其他工作。

第十五条 院级教学督导的工作职责:

1. 根据学院分管教学院长(或负责人)的要求,做好院级教学督导工作。

2. 参与学院教学过程的日常监督,参加教研活动,了解学院教学基层组织建设情况。对学院教师队伍建设、教学安排、教学大纲修订等提出意见和建议;对教师备课教案、课堂教学、学生实践教学的情况进行检查。

3. 与学院分管教学院长(或负责人)和质量管理员沟通,及时反馈教学质量检查情况。对于影响教学质量的突出问题,有责任向教学质量管理办公室反映。

4. 配合学校教学工作重点,参加所在单位的教学专项检查工作。

5. 完成学校督导及学院领导交付的其他工作。

第五章 经费和待遇

第十六条 校级督导工作经费和酬金纳入质管办年度经费预算。院级督导工作经费和酬金纳入各学院年度经费预算。

第十七条 学校和学院应根据教学督导承担的工作量及完成质量情况发放酬金。校级教学督导的酬金由质管办发放，院级教学督导的酬金由各学院发放。原则上按听课课时数计算酬金，具体标准由质管办、各学院各自制订。

第十八条 学校和学院应提供必要的工作条件，保证教学督导工作的正常开展。

第十九条 教学督导享有参加学校教学工作会议、参加学习交流的权利，享有要求相关学校职能部门或学院就教学督导过程中所反映的问题或意见进行处理和反馈信息的权利。学院督导享有参与学院教学基层组织教研活动并提出指导意见的权利，以及要求相应学院向学校相关职能部门反馈的权利。教学督导享受有与工作相关的现场调查研究权利。有关单位应给予配合，任何单位和个人不得拒绝、干扰教学督导工作的正常开展。

第六章 附则

第二十条 各学院、各部（处）应该尊重、支持和配合教学督导开展工作，重视教学督导提出的意见与建议，并加以认真研究，努力改进。

第二十一条 各学院应按照学校教学质量保证体系的总体框架和要求，健全和完善本学院的教学质量保证体系，并切实落实各个教学环节的质量监控和教学督导工作。

第二十二条 本办法自公布之日起执行，由质管办会同本科生院、研究生院负责解释。原《C大学教学质量督导工作办法（2015年修订）》同时废止。

附 录

上海《D大学本科教学督导工作办法（2015年修订）》

第一章 总则

第一条 为了进一步健全学校教学质量保障体系，加强本科教学质量监控，促进教育教学改革，提高人才培养质量，根据《教育部关于全面提高高等教育质量的若干意见》（教高〔2012〕4号）等文件精神，结合学校实际，制订本办法。

第二条 教学督导是学校本科教学质量保障体系的重要组成部分。学校、学部和院系应建立本科教学督导组织，加强督导队伍建设。

第三条 教学督导必须坚持实事求是、客观公正的原则，以专家身份检查、监督、评价和指导教学工作，向学校和任课教师反馈教学状况、教学质量，提出改进教学工作的建议。

第四条 教学督导的工作范围根据学校、学部和院系的教学工作需要确定，主要在相关学部和院系展开，也可根据督导工作需要在全校展开。

第五条 随堂听课是教学督导的基本形式。此外，教学督导可以采取其他适当形式履行职责，如通过座谈会、个别访谈、问卷调查等方式考察教学环节，调研和分析评价教学质量等。

第六条 学校、学部和院系为教学督导工作提供必要条件，支持教学督导开展工作。教学督导根据听课或调研的情况对教学质量做出独立判断和评价，不受任何组织和个人的干涉。教学督导随堂听课和调研的评价作为教师本科教学质量同行评价的重要依据。

第二章 组织机构

第七条 学校设立本科教学督导组（以下简称"教学督导组"），作为校教学委员会的专门机构，对校教学委员会负责，向校教学委员会和分管本科教学校领导汇报工作。

教务处作为教学督导组的秘书处，负责拟订教学督导组工作计划，协调教学督导组的工作安排。

第八条　校教学督导组由各学科专业具有丰富教学经验和教学管理经验的教师组成，教学督导组设组长1名，副组长2~3名。

第九条　校教学督导组每届聘期三年，可连聘连任。

第十条　学部、院系应根据本单位教学工作需要设立教学督导组，或聘请专人担任教学督导，并将教学督导名单报送教务处备案。

学部、院系分管教学的领导负责协调指导本单位教学督导工作。

第三章　督导遴选

第十一条　符合下列条件的本校在职教师和退休教师，均可自荐或被推荐作为教学督导人选：

（一）年龄一般不超过65周岁，身体健康，能够胜任教学督导工作。

（二）具有丰富的本科教学工作经验和教学管理经验，教学效果优良，具有高级职称。

（三）热爱本科教学工作，具有先进教育理念，熟悉学校本科教学规章制度，具有较高政策水平和指导能力。

第十二条　校教学督导人选由教师自荐、学部、院系和职能部门推荐，经校教学委员会审核遴选产生，由校长颁发聘书。

第十三条　学部、院系必须根据学校要求推荐一定名额的教学督导候选人，并优先推荐教学效果好、在师生中享有较高威信的教师，以及获得学校及以上重要教学奖项的优秀教师。

第十四条　符合条件的在职教师（包括延聘的教授）均有义务担任本科教学督导。

第四章　工作职责

第十五条　教学督导的主要职责包括：

（一）调研学校本科教学状况、评价教学质量和效果，总结先进经验，发现存在问题，提出改进建议；

（二）承担教务处安排的听课计划，随堂听课，了解和分析教师教学和学生学习情况，反馈听课评价与教学建议，帮助任课教师提高课堂教学质量；

（三）参加青年教师教学比赛随堂听课评审，参加教务处组织的教学观摩、教学经验交流、教学方法研讨，指导青年教师提升教学能力；

（四）参加教务处组织的教学评估及教学检查、考核工作；

（五）参加教学秩序和考试秩序巡视工作，总结反馈巡视情况；

（六）根据学校要求，针对影响本科教学质量的关键问题进行调查研究，并写出书面报告、提出咨询意见；

（七）参加学校、学部、学院（学系）的本科教学重大活动；

（八）参加校际教学督导的学习交流；

（九）教学委员会授权教学督导履行的其他职责。

第十六条　教学督导在履行职责过程中，可以行使以下职权：

（一）查阅与督导工作有关的文件、资料，开展巡视、听课、专项检查与调研。

（二）进入教室、实验室或其他教学现场听课和了解情况。教学督导听课可不事先通知任课教师和有关人员。

（三）查阅和调阅教师的教学档案（包括教学大纲、教案、试卷等）。

（四）向任课教师和学生查询有关教学情况。

（五）向教务处、学部或院系、教师本人反馈督导情况，反映发现的问题，提出改进意见和建议。

第十七条　教学督导一般每人每月听课不少于4次。听课后应及时填写《听课记录表》，并提交教务处作为教学档案保存备查。

教学督导应优先完成学校教学管理部门确定的听课任务。

第十八条 教务处、学部和院系应支持和配合教学督导的工作，落实以下工作：

（一）向教学督导通报教学工作计划。

（二）向教学督导开放本科教学活动的各个环节。

（三）学校本科教学的重要会议，教务处应邀请校教学督导组成员出席或列席；学部和院系本科教学的重要会议，应邀请本单位教学督导出席或列席。

（四）学校、学部和院系至少每学期召开一次教学督导工作会议，交流情况，研究工作。

（五）教务处负责每学期一次书面通报校教学督导组、学部和院系督导的工作情况。

第十九条 教学督导实行工作津贴制度。校教学督导津贴列入学校预算，由教务处负责考核并按月支付。学部和院系教学督导的工作津贴由学部和院系确定。

第五章 附则

第二十条 学部和院系可根据本办法制订教学督导工作规范。

第二十一条 本办法经校长办公会议讨论决定，自公布之日起实行，《教学督导组工作管理办法》（某大学教〔2006〕47号）同时废止。

第二十二条 本办法由教务处负责解释。

上海某大学访谈纪要

访谈时间：2017年7月3日9：15~10：50

访谈地点：上海某大学的教务处办公室

访谈对象：教务处分管教学督导工作的负责人

访谈人：童康

（注：以下采用简洁方式汇总访谈内容，访谈人提出的问题和访谈对象的回答之间，以冒号或问号分开。）

1. 督导现状：督导工作一直在摸索、改革和完善。

2. 校院两级督导进展：开始是校级督导，近五年内开展了学院督导。

3. 督导人员构成：目前以在职老师为主，所占比例更大。还有退休老师。

4. 督导人员聘任标准和流程：对教学热爱，责任心强，教学经验和教学管理经验丰富，学术造诣高，学生评教比较好，做过教改项目。职称一般是正高或副高，没有讲师，正高为主，副高比例较少。有一定的威信。各院系向上推荐。

5. 督导组织管理：督导机构仅仅是教务处下面的组织，名称是教学督导组。督导组长是由督导成员里德高望重的成员担任。这一届的督导工作模式主要是听课、抽查、评奖和验收。督导组的工作名义上是由教务处领导，但实际工作其实是相对独立的。

6. 督导重点工作：上一届是由督导组成员自己找一个主题，比如这个学期查通识课，下个学期查毕业设计等。

7. 督导政策文本：督导工作办法。

8. 督导组主要是向谁负责？工作的方向是由学校传递下来的，由教务处传递给督导组。每个月开例会，有会议纪要。上一届的调研报告由督导组反馈，因为任务是由教务处下给督导组的。

9. 特色做法：如何去抓督导工作？通过调研报告反馈意见，先到教务处，再反馈给学院。有一个工作内容的汇编。

10. 督导组工作安排：具体工作是由组长来安排工作。处领导仅只是工作内容的传递。

11. 督导纪律要求：每个月一次会议，每个负责人都参加。每个月进行一次总结，安排下个月工作计划。每个月做经验交流。领导重视对学校发展规划做一些交流和传递。学期末再做一个大的总结。

12. 督导人员的待遇：会有一些补贴，每个月都有固定工作量和补贴，老师们主要是为了教育改革、提高教育教学质量而进行督导。教师工作比较积极。

13. 督导人员工作量：秋季听了183门次，这学期将近200门。

14. 督导队伍：正在扩充督导队伍，网站上列出23位，实际已补增40位，共六十多位。每个学院希望在校级督导中做到每个院系都覆盖到。督导人员都有专业背景。原来督导队伍人数太少，需要扩充。

15. 督导听课：督导人员从全方位（通识课、专业课等）进行听课，还针对一些评教不太好的课程重点关注，听课是一对一进行指导。一门课程对接一名督导老师，但督导组成员在一开始是自由选择对接的课程。

16. 课程覆盖面：现在主要是专业课程的全覆盖。全覆盖是指全面覆盖全校本科课程，每一门学科课程都能够覆盖。重点是青年教师身上，以及评价体系考核靠后的课程。听课并不按照职称来分。在督导评价表里要明确写出课程为什么是好，或为什么是不好的理由。

17. 督导反馈：督导组有反馈评价表。反馈维度包括教材使用、教学内容、教学方法、教师表达、教师上课状态以及一个开放性的建议。

18. 督导反馈出来的主要问题是什么，优点是什么？评价不好的课程问题：老师不重视教学工作，教学经验不充足，教师内向（讲课枯燥），课件上PPT的设计，内容不够丰富。评价好的反馈：理论和实践相结合。

19. 督导反馈后的跟进：每个会议纪要，会分享给督导组成员，也会发给教务处，明确哪些需要改革。

20. 处理意见：目前教务处不会采取惩罚性的措施。

21. 督导工作方式的效果：对于评价体系中排名靠后课程的提高还是显著的。

22. 如何看待对教师教学效果进行排名的工作机制？这对提高教学效果，比较有针对性。

23. 督导工作任务：教学督导主要是听课，也会参加学校的教学改革的督察、评比（中期检查、立项）以及青年教师的帮助、调研和报告。

24. 督导工作安排：大的框架是《督导工作办法》里规定的，但具体的内容是每年会议讨论决定的。

25. 督导培训：有交流讨论，但没有专门安排督导组成员的业务培训，专家关于如何开展督导的研究也比较少。

26. 督导组成员的建议和想法：他们的工作和建议会反馈到学校，反馈是实时的。每个月都会有一些建议和讨论，每一届都会有一个汇编纪要。一般不需要年度总结，学期末的一个总结是对本学期的一个汇总。

27. 督导与领导：校领导支持，每个月的会议纪要都会发给校长。教务处长和副处长会参加督导组工作会议，但校长不参加督导组日常工作会议。

28. 督导的改革：增加督导成员人数，督导会议如何开展也需要进一步考虑。听课也考虑改革，目前听课结果是综合评价。一位老师的课程由两位督导组成员听课之后的评价资料的汇总，进行前后的对比。

29. 如何理解教学督导？这是对教学工作起到监督、检查和评估的工作。这个活动很复杂。

30. 督导的前景：督导队伍会一直存在，这是学校的需求和必要的改革措施，以后督导分工会细化，团队会越来越壮大，会吸收一些青年教师、已经取得一些教学成果的优秀教师、退休教师，以使督导建议更综合。

31. 学生对课程的反馈：学生对课程的反馈会考虑进去，督导成员会有和学生的交流。学生反馈是实时的，重视每门课的微信平台建设。

32. 教学督导部门关于督导地位和作用的真实想法：督导人员以前是

退休的老师，新补的老师一定要在职。边做边完善。另外，要加强对督导组成员的培训，教学督导不单单是教学，还要和管理、办学思路、指导思想相契合。教学督导管理要在开展工作中去了解具体情况，才能更符合实际发展的要求。教学督导有利于教学增值，落实学校教学战略规划。

33. 督导组成员素质：督导老师在工作之余为学校做贡献也不容易。跨校区的奔波也是个问题。从学校层面来说，督导队伍还是不够的。督导队伍要不断优化，要加强督导队伍建设，在这个基础上不断完善督导工作的规划。我们很尊重督导组长的意见和建议。

34. 教学督导制度的利弊：有利有弊。可以多尝试几个模式，按目前的运作模式，教学督导的重要性其实是排在本科教学评价之后的。

附录4 英国高校教学督导的特色：校外审核员制度的历史梳理

本部分内容为笔者在英国伦敦大学教育学院做访问学者期间（2010年8月至2011年8月）搜集的第一手资料整理而成，未公开发表。

根据笔者的考察，英国传统的高校质量管理活动是校外审核员制度，而高校内部教学督导则体现了中国的特色，因为我们在国外高校中迄今没有找到与此相同的案例和实施过程。

高校外部审核员制度（External Examiner System），或称校外审核员制度，作为英国高等教育系统中一种传统的自我评估制度，在过去曾被译为外部考试员制度、外部检查者制度等，从近年来的情况看，其涉及的范围已超过单纯考试的范围，被赋予了新的内涵。

考察当代校外审核员工作，可发现其与中国高校教学督导有一定相似之处。因此，从一定意义上可以说，校外审核员制度反映了英国高校教学督导的鲜明特色。

以下主要梳理校外审核员制度的发生发展过程，以供读者参考。

根据有关资料（Silver，1994，1996），英国高校外部审核员制度至今约有190年的历史，其形成与发展是与英国高校的改革与发展、考试制度的确立和完善，以及学术标准的观念逐渐为人们所关注与接受等影响因素相关的。

1. 发端于达勒姆（Durham）大学

1833年，达勒姆（Durham）大学（在建校后的第二年）开始于本校外部聘请考试员，主持终结性考试（Final Examination）的"编制和评分"

（Setting and Marking）（Silver，1994）。这些外部考试员主要来自牛津大学和剑桥大学。由于学生人数较少，1833 年，达勒姆（Durham）大学只聘请了 2 名外部考试员，其分别来自牛津大学和剑桥大学；此后直到 19 世纪 50 年代末（不包括 1843 年），外部考试员都来自牛津大学；19 世纪 80 年代，外部考试员增加到 3 名，其中 2 名通常来自剑桥大学，1 名来自牛津大学。达勒姆大学的这一举措，显然旨在（向外部）宣示该大学执行了相当于牛津大学和剑桥大学的（学术）标准（Silver，1996）。

2. 牛津大学和剑桥大学的早期活动

由于采用了学院制系统，牛津大学和剑桥大学内部的各个学院之间的考试员的流动，在一定意义上扮演了其外部考试员的角色，以保证考试标准的客观性。但有资料表明（Silver，1996），在 19 世纪，牛津大学也间或（Occasionally）于剑桥大学、伦敦大学、都柏林（Dublin）大学临时聘请外部考试员作为"帮手"（Extra Pair of Hands）；至 20 世纪，随着高等教育规模的扩张和功能的拓展，牛津大学和剑桥大学才认可了现代意义上的外部考试员（广泛）存在的价值。

3. 维多利亚大学（Victoria University）的正式确立

1880 年，维多利亚大学建立。其建校宪章规定，学校考试由内部考试员和外部考试员共同主持（Silver，1996）。其一方面强调了本校教师参加主持考试的重要性，另一方面也强调了校外考试员的意义：由于存在偏爱和竞争，学校的内部考试在道德或理智方面会面临风险，应该加入校外考试员。根据 Silver（1994）的观点，这是建立现代意义上英国高校外部考试员制度最重要的步骤，明确宣示了在新建院校中建立可比性标准的承诺；由此开始，校外考试员的参与逐渐成为英国大学活动的一项原则和判断高校发展能力（Viability）和课程标准的要件，成为英国高等教育系统中的本科生教育层次乃至随后的研究生教育层次活动的必要组织部分。

4. 伦敦大学的推动

伦敦大学在 19 世纪实际上扮演了考试机构的角色，其广泛聘请考试员参与各种类型的考试，包括参与新建学院的学生学位申请考试和城市行会的考试等。根据其于 1898 年通过的有关规定（Silver，1996），每一个学科都应该尽可能地聘请 1 位校外考试员（根据笔者阅读的资料，这实际上再次宣示了维多利亚大学建校宪章中的有关规定）；授予校内学生和校外学生的学位，应该尽可能地代表同等的知识和成就的标准。不同于其他大学，伦敦大学聘请的考试员不仅参与试卷的编制和评分，还参与授予学生学位的活动。

5. NCTA 和 CNAA 的认可和重新界定

1955 年，英国全国技术资格证书授予委员会（National Council for Technological Awards，NCTA）成立。NCTA 将校外考试员的参与和意见作为进行技术资格证书（Diplomas in Technology）核准（Approval）和相关课程审核的先决条件（Silver，1994），指出校外考试员不仅被高校视为学生成绩的评定者（Assessor），还实际上充当了高校教师的朋友、顾问（Counsellor）和指导者（Guide），鼓励校外考试员主动参与有关课程的评估与认可活动（Silver，1996）。显然，正如 Silver（1996）所指出的，NCTA 重新界定了外部考试员的角色。因此，笔者认为，可以尝试称其为审核员，其实际上反映了现代的考试员与传统的考试员之间的差异，并早已超越单纯的考试员的职责。1964 年，CNAA 成立，接管了 NCTA 的有关工作，并于 1980 年发布了《关于课程领域的外部审核员指南》（*Notes of Guidance for External Examiners for Courses*）（CNAA，1980），突出了校外审核员在课程评估领域的价值。

6. CVCP 行业规则的发布

20 世纪 80 年代，英国高等教育面临着财政紧张状态下凸显的管理与监控学术质量与标准的问题。英国大学校长协会（CVCP）于 1983 年 9 月建立了学术标准小组（Academic Standards Group）展开相关研究。该小组在雷诺兹（Reynolds）教授的领导下，将外部审核员制度的行业规则（Code of Practice）作为第一项研究任务，并于 1984 年 4 月发布了《关于第一级学位和授课型硕士课程的外部审核员制度》（*The External Examiner System for First Degree and Taught Master's Courses*），提出外部审核员制度安排应该遵循 19 条行业规则，随后于 1986 年 7 月进一步将其修订为 23 条，涉及"该制度的目的和功能、基本要求、审核员的选拔和聘任以及服务期限、审核员应该参与的评估活动、审核员在课程结构的讨论和学位授予计划中应该发挥的作用、审核员的报告及其处理"6 个方面（CVCP, 1986），较系统地总结了英国高校长期以来广泛遵循的有关实践范例和当代评论，阐述了有着悠久历史的英国高校校外考试员制度的现代架构。1993 年，CVCP 出版了工作手册，即《高等教育中校外审核员手册》（*Handbook for External Examiners in Higher Education*）。

7. HEQC 的工作

1994 年 4 月 15 日，高等教育质量委员会（HEQC）和高等教育促进能力发展项目研究与推广小组（Higher Education for Capability）在当时的英国就业部（The Employment Department）的支持下，以"改进校外审核制度，促进学生能力发展"（External Examining for Capability）为主题，于阿斯顿大学（University of Aston）召开了研讨会（HEQC, 1994a）。1994 年 11 月，HEQC 出版了《关注外部审核制度》（*External Examining in Focus*），集中讨论了当时广为关注的外部审核系统的效能（Efficacy）问题，提出了建立外部审核员的全国数据库等改革设想（HEQC, 1994b）。

8. 1997 年之后的工作

1997 年，教师与教育发展协会（SEDA）出版了《充分利用外部审核员》（*Making the Most of the External Examiner*）文集（Wisker, 1997）。当代 QAA 等行业组织发布了校外审核员的行业规则。不同于上述历史资料，当代

QAA 等行业组织的资料容易搜集，因此笔者不在此详述。感兴趣的读者可自行检索。

9. 有关学者的调查和研究工作

笔者通过检索发现了一篇重要的研究文献。1985 年，派佩（Piper）发表了一项调查研究结果，即《校外审核员角色的调研》（*Enquiry into the Role of External Examiners*）。该研究根据所抽样的英国 9 所高校（包括 3 所多科性技术学院、3 所大学和 3 所伦敦大学的学院[①]）的 168 位学系负责人的问卷调查结果，分析了外部审核员的具体职责和工作方式，发现院校类型是其主要的影响因素。该研究指出需要区分 4 种类型的标准的一致性，即在某一课程上历年标准的维持；选修课之间一致（Equivalents）标准的监控；不同大学之间（以及双元系统之间）同一学科领域的标准的对等（Parity）；不同学科之间在国家认可的认证水平上的对等（Parity）。根据作者的观点，CNAA 和 CVCP 主要强调学位授予等级上的公平性（Fairness）和标准的可比性，这显然是合乎标准的举措（Normative），英国学位隐含的标准一致性的观念已深深嵌入在该系统中，但多少人真正相信呢？这篇文献发人深思，但总体而言，有关的专题研究文献较少，这与中国学者研究中国高校教学督导的文献较少，有惊人的一致性。

[①] 当时英国高等教育实行双轨制，高校分为大学和非大学。伦敦大学是实行邦联制的大学系统，其国王学院、伦敦大学学院、伦敦政治经济学院等实际上都是相对独立的高校。

附录5　学生发展：高校教学督导的新方向

目前，高校教学督导工作关注对教师的教的督导，对于规范管理发挥了积极作用，同时面临发展的困境。这反映了教学督导工作的复杂性。教学工作涉及方方面面，教学问题具有多因性质，教学督导难免与其他工作有一定交叉，没有多方面的协调、明确的授权和教师的支持，督导工作往往难以开展。解决困境的途径之一，就是进行督导创新，开拓新领域，寻找新的突破口。关注学生发展，或许就是高校教学督导的新方向。笔者做出这种判断，有以下三个方面的理由：

第一，以学生为中心的教学理念逐渐流行。虽然在教学理论上这种提法存疑，但反映了当下由"关注教转向关注学"的改革动向和潮流。我国传统教育学反对教师中心论和学生中心论的提法，主张辩证地看待师生关系。但在实践中，教师的教与学生的学之间关系的处理一直是一个难题。学生要对自己的学习负责，这样的理念缺少足够的支持。尤其在高等教育领域，高深知识的学习和掌握需要一定的条件，一方面要重视选拔人才，另一方面要改变传统的灌输式教学方式，引导学生自主学习。培养学生的自主学习和自主发展能力和意识已经成为培养创新人才的关键举措。以学生为中心的改革显示出重要的现实意义。当然，从理论上来说，提"以学生学习为中心或以学生发展为中心"较为严谨，其含义也更明确，更有吸引力。教是为了不教，教学要培养学生的学习能力。因此，教学督导应该顺应历史发展潮流，引导教师关注学生学习，与教师们一起研究如何引导学生学习，实实在在为教学做好服务。

第二，从国际上看，学生的学习发展正在成为一个新兴的研究和实践领域。Hartley 等（2011）出版了专著，将学习发展作为 21 世纪大学发展的主题之一，专题讨论了高等教育领域的学习发展（Learning Development in Higher Education），特别介绍了发生在英国的这场学习发展改革的背景和进展。在英国，越来越多的关注学生学习的人将有关工作称之为学习发展。所谓学习发展，是指一套复杂的多学科和跨学科的学术工作及其功能，包括教学、辅导、研究、学习材料的设计和生产，也涉及参与教师发展、政策制定和其他咨询工作（Hartley et al.，2011）。英国的学习发展实践可以追溯到 20 世纪 70 年代，当时主要关注学生辅导、学生咨询和教育发展工作。当下，学习发展关注学生对大学学习活动和学术实践的理解和体验，这不仅是学习议题，而且已经成为一种社会政治实践，以帮助处境不利的学生适应大学生活，发展就业能力。学习发展不单纯是补救性的针对部分学生的工作，而是学校的中心工作，学校的院系管理、课程体系等各个层面都要围绕这项工作。学习发展的主要目的是通过提升学生的学术实践，比如研究技能、交流、自我意识和批判性思维，使学生获得自主发展能力，从而从高等教育经历中充分获益。高校中与学生相关的所有人员都是学生发展工作者，但各方对此理解不同。教学督导人员是如何理解这个问题的？教学督导可以做什么？这些都是有重要意义的问题。教学督导进入学生学习发展领域，督导人员与教师和学生一起工作，会由可能的边缘地带进入高等教育的真正中心。目前，英国几所大学的学习发展从业人员组建了学习网络和平台，积极开展交流和业务培训，提升学习发展的专业性。有关详情，研究者可参阅 Hartley 等（2011）的专著。

第三，从国家层面的动向看，教育督导的改革与发展已经成为政策议题。在院校层面，高校内部教学督导也已经纳入本科教学质量保障体系，在教学质量保障领域强调学生参与，给学生学习以全面支持和引导。教学督导发展前景良好，但在实践层面各校进展不一。在研究层面，政府已发布有关招标课题，但仍处于探索和理论准备阶段。在这种情形下，教学督导领域的改革和探索，具有创新的意义和价值。

综上所述，高校教学督导应该重视引导教师关注学生学习，逐渐由督教转向督学；倡导融合式督导理念，融合教师、学生、管理人员、校友等各方力量，聚焦学生发展，因为复杂的教学问题只有各方合作才能真正解决。教学督导工作应重视以学习发展凝聚各方力量，推动学生学习发展成为改革的新方向。

附表 5-1 督导效果对三个协变量的分位数回归估计值

序号	(1)	(2)	(3)	(4)	(5)	(6)	(7)	(8)	(9)	(10)
模型	OLS	QR_05	QR_10	QR_15	QR_20	QR_25	QR_30	QR_35	QR_40	QR_45
x_1	0.437***	0.550	0.298	0.294*	0.313**	0.417***	0.417***	0.417***	0.461***	0.427***
	(0.083)	(0.348)	(0.273)	(0.156)	(0.130)	(0.115)	(0.087)	(0.118)	(0.120)	(0.110)
x_2	0.067	-0.150	0.024	0.015	0.000	0.000	-0.000	-0.000	0.026	0.073
	(0.064)	(0.269)	(0.211)	(0.121)	(0.101)	(0.089)	(0.067)	(0.091)	(0.093)	(0.085)
x_3	0.571***	0.480	0.452	0.676***	0.750***	0.750***	0.833***	0.750***	0.711***	0.646***
	(0.083)	(0.348)	(0.274)	(0.156)	(0.130)	(0.115)	(0.087)	(0.118)	(0.120)	(0.110)
常数	-0.684**	-0.800	-0.083	-0.809	-1.063**	-1.417***	-1.667***	-1.250***	-1.303***	-1.018**
	(0.331)	(1.380)	(1.084)	(0.618)	(0.516)	(0.457)	(0.346)	(0.468)	(0.475)	(0.437)
R^2	0.484	0.197	0.140	0.159	0.209	0.249	0.266	0.288	0.313	0.320
序号	(11)	(12)	(13)	(14)	(15)	(16)	(17)	(18)	(19)	(20)
模型	QR_50	QR_55	QR_60	QR_65	QR_70	QR_75	QR_80	QR_85	QR_90	QR_95
x_1	0.511***	0.500***	0.476***	0.455***	0.469***	0.536***	0.529***	0.625***	0.521***	0.353**
	(0.109)	(0.111)	(0.105)	(0.095)	(0.106)	(0.104)	(0.100)	(0.104)	(0.100)	(0.154)
x_2	0.068	0.088	0.095	0.136*	0.132	0.107	0.154**	0.250***	0.250***	0.256**
	(0.084)	(0.085)	(0.081)	(0.074)	(0.082)	(0.080)	(0.077)	(0.080)	(0.077)	(0.119)
x_3	0.591***	0.575***	0.571***	0.500***	0.479***	0.464***	0.385***	0.250**	0.292***	0.385**
	(0.109)	(0.111)	(0.105)	(0.095)	(0.106)	(0.104)	(0.100)	(0.104)	(0.100)	(0.154)
常数	-1.000**	-0.925**	-0.821*	-0.523	-0.399	-0.429	-0.192	-0.250	0.021	0.359
	(0.431)	(0.439)	(0.417)	(0.377)	(0.419)	(0.412)	(0.395)	(0.413)	(0.396)	(0.609)
R^2	0.321	0.325	0.323	0.313	0.317	0.336	0.337	0.358	0.368	0.367

注：括号内为标准误；* 表示 $p<0.10$，** 表示 $p<0.05$，*** 表示 $p<0.01$；表中 QR 的 R^2 是指 Pseudo R^2；N=195。

我国高校内部教学督导制度建设的现状和效果的实证研究

附表 5-2 督导效果对工作模式协变量的分位数回归估计值

模型	OLS	QR_05	QR_10	QR_15	QR_20	QR_25	QR_30	QR_35	QR_40	QR_45
W1	0.206***	0.289	0.250*	0.250**	0.125	0.125	0.115	0.163	0.149	0.150
	(0.075)	(0.215)	(0.142)	(0.112)	(0.093)	(0.108)	(0.110)	(0.099)	(0.105)	(0.108)
W2	0.149***	0.211*	0.250***	0.167***	0.150***	0.125**	0.125**	0.115**	0.149**	0.138**
	(0.042)	(0.121)	(0.080)	(0.063)	(0.053)	(0.061)	(0.062)	(0.056)	(0.059)	(0.061)
W3	0.052	−0.158	0.000	−0.083	0.025	0.000	−0.010	0.048	0.032	0.087
	(0.058)	(0.166)	(0.109)	(0.086)	(0.072)	(0.084)	(0.085)	(0.076)	(0.081)	(0.083)
W4	0.069*	0.026	0.000	−0.083	−0.075	0.000	0.019	0.010	0.023	0.013
	(0.040)	(0.113)	(0.075)	(0.059)	(0.049)	(0.057)	(0.058)	(0.052)	(0.055)	(0.057)
W5	0.291***	0.250	0.250**	0.333***	0.250***	0.250***	0.337***	0.375***	0.362***	0.350***
	(0.060)	(0.170)	(0.112)	(0.089)	(0.074)	(0.086)	(0.087)	(0.079)	(0.083)	(0.086)
常数	0.608	0.263	0.000	0.583	1.225**	1.250**	1.019*	0.606	0.672	0.663
	(0.410)	(1.170)	(0.770)	(0.609)	(0.508)	(0.590)	(0.597)	(0.540)	(0.571)	(0.588)
R^2	0.325	0.213	0.136	0.115	0.125	0.160	0.174	0.194	0.221	0.224

续表

模型	QR_50	QR_55	QR_60	QR_65	QR_70	QR_75	QR_80	QR_85	QR_90	QR_95
W1	0.208**	0.172*	0.211**	0.217**	0.146	0.118	0.125	0.146	0.269**	0.328
	(0.099)	(0.096)	(0.094)	(0.097)	(0.095)	(0.091)	(0.091)	(0.117)	(0.110)	(0.209)
W2	0.125**	0.141***	0.132**	0.117**	0.120**	0.132**	0.125**	0.104	0.154**	0.047
	(0.056)	(0.054)	(0.053)	(0.055)	(0.054)	(0.051)	(0.051)	(0.066)	(0.062)	(0.118)
W3	0.125	0.094	0.132*	0.133*	0.117	0.103	0.125*	0.188**	0.192**	0.250
	(0.077)	(0.074)	(0.072)	(0.074)	(0.073)	(0.070)	(0.070)	(0.090)	(0.084)	(0.161)
W4	0.042	0.063	0.079	0.058	0.079	0.074	0.125***	0.063	0.077	0.109
	(0.052)	(0.051)	(0.049)	(0.051)	(0.050)	(0.048)	(0.048)	(0.062)	(0.058)	(0.110)
W5	0.375***	0.391***	0.395***	0.417***	0.443***	0.471***	0.375***	0.354***	0.269***	0.219
	(0.079)	(0.076)	(0.074)	(0.076)	(0.075)	(0.072)	(0.072)	(0.092)	(0.087)	(0.166)
常数	0.167	0.344	0.079	0.117	0.392	0.515	0.750	0.833	0.462	0.609
	(0.541)	(0.521)	(0.509)	(0.526)	(0.517)	(0.493)	(0.493)	(0.635)	(0.597)	(1.139)
R^2	0.215	0.214	0.211	0.199	0.200	0.216	0.208	0.226	0.221	0.200

注：括号内为标准误；* 表示 $p<0.1$，** 表示 $p<0.05$，*** 表示 $p<0.01$；表中 QR 的 R^2 是指 Pseudo R^2；$N=195$。

我国高校内部教学督导制度建设的现状和效果的实证研究

附录 6　教育研究：伦理考试申请合格证书

**华东师范大学
人体实验伦理考试通过证书**

姓　　　名：　童康

学号/工号：　20070046

学　　　校：　华东师范大学

院　　　系：　高等教育研究所

考试时间：　2019年12月29日18时47分

参加　20191229 人体实验伦理审查考试，成绩合格（得分：90.0分）

证书有效期：　2019 年 12 月 29 至 2024 年 12 月 29 日

特发此证

打印时间：2019 年 12 月 29 日

参考文献

1. 英文文献

［1］Braun H I, Jones D H, Rubin D B, et al. Empirical Bayes Estimation of Coefficients in the General Linear Model from Data of Deficient Rank ［R］. Princeton: Educational Testing Service, 1982.

［2］Browne W J, Draper D. A Comparison of Bayesian and Likelihood-Based Methods for Fitting Multilevel Models ［J］. Bayesian Analysis, 2006, 1 (3): 473-514.

［3］Buchinsky M, Mar N. Changes in the U. S. Wage Structure 1963-1987: Application of Quantile Regression ［J］. Journal of Econometrica, 1994, 62 (2): 405-458.

［4］CNAA. Notes of Guidance for External Examiners for Courses ［R］. London: CNAA, 1980.

［5］CVCP. The External Examiner System for First Degree and Taught Master's Courses ［R］. London: CVCP, 1986.

［6］Chernozhukov V, Hansen C. Instrumental Variable Quantile Regression: A Robust Inference Approach ［J］. Journal of Econometrics, 2008, 142 (1): 379-398.

［7］Rubin D B. Estimating Causal Effects of Treatments in Experimental and Observational Studies ［J］. Ets Research Bulletin, 1972, 1972 (2): i-31.

[8] Firpo S, Fortin N M, Lemieux T. Unconditional Quantile Regressions [J]. Journal of Econometrica, 2009, 77 (3): 953-973.

[9] Hayes, Andrew F. Introduction to Mediation, Moderation, and Conditional Process Analysis: A Regression-Based Approach [M]. New York: NY: The Guilford Press, 2013.

[10] Hartley P, Hilsdon J, Sinfield S, et al. Learning Development in Higher Education [M]. New York: Palgrave Macmillan, 2011.

[11] HEQC. External Examining for Capability [R]. London: HEQC, 1994.

[12] HEQC. External Examining in Focus [R]. London: HEQC, 1994.

[13] James J. Heckman. Sample Selection Bias as a Specification Error [J]. Econometrica, 1979, 47 (1): 153-161.

[14] Killewald A, Bearak J. Is the Motherhood Penalty Larger for Low-Wage Women? A Comment on Quantile Regression [J]. American Sociological-Review, 2014, 79 (2): 350-357.

[15] Koenker R, Bassett G. Regression Quantiles [J]. Journal of Econometrica, 1978, 46 (1): 33-50.

[16] Koenker R W, D'Orey V. Computing Regression Quantiles [J]. Journal of the Royal Statistical Society: Series C (Applied Statistics), 1987, 36 (3): 383-393.

[17] Lippmann R. An Introduction to Computing with Neural Nets [J]. 1987, 4 (2): 4-22.

[18] Lecun Y, Bengio Y, Hinton G. Deep learning [J]. Nature, 2015, 521 (5): 436-444.

[19] Ming Cheng, John Taylor, James Williams, Kang Tong. Student Satisfaction and Perceptions of Quality: Testing the Linkages for PhD Students [J]. Higher Education Research & Development, 2016, 35 (6): 1-14.

［20］Mcneish D M, Stapleton L M. The Effect of Small Sample Size on Two-Level Model Estimates: A Review and Illustration ［J］. Educational Psychology Review, 2016, 28（2）: 295-314.

［21］Maas C, Hox J J. Sufficient Sample Sizes for Multilevel Modeling ［J］. Methodology, 2005, 1（3）: 86-92.

［22］Mcneish D M, Stapleton L M. The Effect of Small Sample Size on Two-Level Model Estimates: A Review and Illustration ［J］. Educational Psychology Review, 2016, 28（2）: 295-314.

［23］Paul R. Rosenbaum, Donald B. Rubin. The Central Role of the Propensity Score in Observational Studies for Causal Effects ［J］. Biometrika, 1983, 70（1）: 41-55.

［24］Paul R. Rosenbaum, Donald B. Rubin. Constructing a Control Group Using Multivariate Matched Sampling Methods That Incorporate the Propensity Score ［J］. The American Statistician, 1985, 39（1）: 33-38.

［25］Powell D. Unconditional Quantile Treatment Effects in the Presence of Covariates. RAND Working Paper Series WR-816 ［R］. Santa Monica, CA: RAND Corporation, 2010.

［26］Powell D. A New Framework for Estimation of Quantile Treatment Effects: Nonseparable Disturbance in the Presence of Covariates ［R］. Santa Monica, CA: RAND Corporation, 2013.

［27］Rumelhart D E, Hinton G H, Williams R J. Learning Internal Representations by Error Propagation ［C］// Parallel DistributedProcessing: Explorations in the Microstructure of Cognition: Foundations. Cambridge: MIT Press, 1986: 318-362.

［28］Rumelhart D E, Hinton G E, Williams R J. Learning Representations by Back-propagating Errors ［J］. Nature, 1986, 323（6088）: 533-536.

[29] Stathakis D. How many hidden layers and nodes? [J]. International Journal of Remote Sensing, 2009, 30 (8): 2133-2147.

[30] Sarkar, Dilip. Methods to Speed up Error Back-propagation Learning Algorithm [J]. Acm Computing Surveys, 1995, 27 (4): 519-544.

[31] Silver H. External Examining in the UK: How Did It Start? In QRG of HEQC. (Ed.). External Examining in Focus [R]. London: HEQC, 1994.

[32] Silver H. External Examining in Higher Education: A Secret History [M] // Aldrich, R. (Ed.). In History and in Education. London: The Woburn Press, 1996.

[33] Wisker G. Making the Most of the External Examiner [C]. Birmingham: SEDA, 1997.

[34] Werbos P. J. Beyond Regression: New Tools for Prediction and Analysis in the Behavioral Sciences [D]. Boston: Doctoral Dissertation of Harvard University, 1974.

2. 中文文献

[35] 白润才, 殷伯良, 孙庆宏. BP神经网络模型在城市环境质量评价中的应用 [J]. 辽宁工程技术大学学报（自然科学版）, 2001 (3): 373-375.

[36] 陈绪赣, 郑家茂, 单炳梓. 坚持本科督导, 培养教学中坚——东南大学本科教学督导体系探略 [J]. 高等工程教育研究, 2006 (4): 53-55+74.

[37] 陈敬良等. 内涵与发展: 上海高校教学管理改革和发展 [M]. 上海: 华东理工大学出版社, 2010.

[38] 陈春峰, 张德鹏, 刘思. 用户自我建构对社交媒体疲劳的影响: 一个条件过程模型 [J]. 情报杂志, 2020, 39 (4): 176-184.

[39] 蔡坚, 傅光轩, 聂方彦. 一种基于BP神经网络的异常检测系统的实现 [J]. 计算机应用, 2004 (S2): 131-133.

[40] 蔡锋. 高等学校教学督导队伍建设探讨 [J]. 黑龙江科技信息,

2007（20）：170.

[41] 杜云梅，刘东. 朴素贝叶斯分类算法在大学生体质分析中的应用［J］. 体育学刊，2018，25（1）：117-121.

[42] 范国睿. 教育政策辞典［M］. 上海：华东师范大学出版社，2017.

[43] 冯玉芳，卢厚清，殷宏，曹林. 基于BP神经网络的故障诊断模型研究［J］. 计算机工程与应用，2019，55（6）：24-30.

[44] 樊增增. 中国家庭收入不平等及其影响因素——基于分位数回归模型的实证［J］. 统计与决策，2020（19）：60-64.

[45] 谷人. 有关教育督导队伍建设中的几个问题［J］. 国家高级教育行政学院学报，1999（2）：3-5.

[46] 顾群. 高校教学督导员应具备的素质结构分析［J］. 黑龙江教育（高教研究与评估），2012（12）：18-19.

[47] 高琪凤. 上海市高校教学督导现状的调查与研究［D］. 上海：华东师范大学硕士学位论文，2014.

[48] 郭申阳，马克·W. 弗雷泽. 倾向值分析：统计方法与应用［M］. 郭志刚，巫锡炜等译. 重庆：重庆大学出版社，2012：15-56.

[49] 淦未宇，徐细雄，林丁健. 高管性别、权力结构与企业反伦理行为——基于上市公司违规操作PSM配对样本的实证检验［J］. 外国经济与管理，2015，37（10）：18-31.

[50] 郝令昕，丹尼尔·Q. 奈曼. 分位数回归模型［M］. 肖东亮译. 上海：格致出版社，2017.

[51] 黄葳. 教育督导学［M］. 北京：中国人民大学出版社，2011：25-26.

[52] 黄杰，唐春勇. 克扣型领导影响员工创意领地行为的条件过程研究［J］. 管理学报，2020，17（10）：1489-1497.

[53] 胡咏梅，唐一鹏. 高中生科学素养的性别差异——基于无条件

分位数回归的经验研究[J].北京大学教育评论,2013,11(4):110-128+188.

[54] 蒋杨永,何朝阳.基于贝叶斯网络的独立学院学生满意度评价实证分析[J].复旦教育论坛,2012,10(6):36-41.

[55] 蒋炳威.关于开展教学督导工作的一些思考[J].交通高教研究,1995(1):35-36+12.

[56] 蒋平,叶令,潘笃武,钟万蘅,诸长生.教学是一门艺术——复旦大学物理学系课堂教学督导组工作体会[J].中国大学教学,2013(7):11-12.

[57] 贾利锋,李海龙.临场感对在线学习者学习认知的影响——基于探究社区理论的条件过程分析[J].电化教育研究,2020,41(2):45-52.

[58] 孔繁辉,李健.深度信念网络优化BP神经网络的交通流预测模型[J].管理评论,2020,32(3):300-306.

[59] 劳登布什,布里克.分层线性模型:应用与数据分析方法[M].郭志刚等译.北京:社会科学文献出版社,2016.

[60] 卢克.多层次模型[M].郑冰岛译.上海:格致出版社,上海人民出版社,2012.

[61] 吕开东.基于贝叶斯网络的大学学情分析研究[J].学校党建与思想教育,2020(9):69-71.

[62] 李荣林,于明言.亚洲区域贸易协定的贸易效应——基于PSM方法的研究[J].国际经贸探索,2014,30(12):4-16.

[63] 李云飞.倾向评分方法在因果推断中的应用——兰德公司的实践[J].图书情报工作,2016,60(19):135-142.

[64] 李楠博.环境规制与企业绿色技术创新——一个条件过程分析[J].内蒙古社会科学(汉文版),2019,40(6):109-115.

[65] 李敏强,徐博艺,寇纪淞.遗传算法与神经网络的结合[J].系

统工程理论与实践, 1999, 19 (2): 65-69.

[66] 李泽民. 高校教学督导现状与发展调查报告 [J]. 广东教育学院学报, 2004 (4): 79-83.

[67] 刘晓东, 马飞, 张玉, 杜立夫. 基于BP神经网络的模型参考自适应姿态控制 [J]. 航天控制, 2019, 37 (6): 3-7.

[68] 刘光亮. 高校教学督导员队伍建设探析 [J]. 中国成人教育, 2015 (1): 68-70.

[69] 刘生龙. 教育和经验对中国居民收入的影响——基于分位数回归和审查分位数回归的实证研究 [J]. 数量经济技术经济研究, 2008 (4): 75-85.

[70] 明茨伯格. 经理工作的性质 [M]. 北京: 中国社会科学出版社, 1986.

[71] 穆岚. 教育督导人员的职业性质与职业素养 [J]. 教育探索, 2007 (4): 18-19.

[72] 倪渊, 李子峰, 张健. 基于AGA-BP神经网络的网络平台交易环境下数据资源价值评估研究 [J]. 情报理论与实践, 2020, 43 (1): 135-142.

[73] 潘华, 李本强, 雷元新. 神经网络模型预测结果的正确率评价方法 [J]. 工业建筑, 2007, 37 (z1): 973-974+1003.

[74] 邱皓政、林碧芳. 结构方程模型的原理与应用 [M]. 北京: 中国轻工业出版社, 2012.

[75] 全国教育科学规划领导小组办公室. "高校内部院系评估模式研究"成果报告 [J]. 大学 (研究版), 2015 (2): 79-83.

[76] 任燕燕, 李劭珉. 中国股市收益率与成交量动态关系的研究——基于工具变量的分位数回归 (IVQR) 模型 [J]. 中国管理科学, 2017, 25 (8): 11-18.

[77] 盛正德，于中琴，邓继光.高校教学督导工作若干问题探讨[J].重庆工学院学报（社会科学版），2007（1）：171-175.

[78] 孙新宪，李夏琳.基于BP神经网络模型的我国航空公司财务风险预警实证研究[J].交通财会，2019（6）：52-59.

[79] 童康.高校内部教学督导人员专业知识和业务能力的影响效应——基于BP人工神经网络的仿真研究[J].教育发展研究，2021，41（7）：28-37.

[80] 童康，袁倩，陈旺，Ming Cheng.推进高校内部教学督导制度建设的思考[J].教师教育研究，2017，29（5）：64-68.

[81] 童康，袁倩，周启坤，Ming Cheng.高校内部教学督导工作效果的研究[J].教师教育研究，2018，30（5）：20-24.

[82] 童康.高校内部教学督导人员的政策素养对其督导成效的影响——基于倾向值匹配（PSM）的实证分析[J].教育发展研究，2019，39（5）：74-81.

[83] 童康、孙玟璐.教师效能分析[M]//丁钢.中国中小学教师专业发展状况调查与政策分析报告.上海：华东师范大学出版社，2010：131-145.

[84] 童中贤，杨娟.论提高农村领导干部政策水平[J].湖南行政学院学报，2002（4）：14-16.

[85] 屠兴勇.主管教练对员工问题解决的条件过程影响机制[J].社会科学，2020（10）：67-79.

[86] 王茹婧，李虹，倪士光，王新洋.家庭功能对流动青少年睡眠质量的影响：一个条件过程模型[J].中国临床心理学杂志，2017，25（4）：704-708.

[87] 王忠萍.高校教学督导员素质论[J].山东教育学院学报，2005（6）：104-107.

[88] 王京芝. 浅论新闻编辑的政策意识和政策水平 [J]. 国际关系学院学报, 1996 (2): 50-54.

[89] 王鹏. "农转非"、人力资本回报与收入不平等——基于分位数回归分解的方法 [J]. 社会, 2017, 37 (5): 217-241.

[90] 王桃英. 教育督导专业化的政策性探讨 [J]. 现代教育管理, 2009 (3): 59-62.

[91] 王世远, 吴国瑞. 重研究是海大教学督导工作的特色 [D] // 中国高等教育学会, 南昌大学. 全国高校教学督导论文集. 北京: 中国高等教育学会; 南昌: 南昌大学, 2005.

[92] 王天宇. BP神经网络用于石油工程的项目管理 [J]. 油气田地面工程, 2014, 33 (2): 3-4.

[93] 吴建南, 马伟. 分位数回归与显著加权分析技术的比较研究 [J]. 统计与决策, 2006 (7): 4-7.

[94] 吴喜之. 贝叶斯数据分析 [M]. 郭志刚等译. 北京: 中国人民大学出版社, 2020.

[95] 伍兴国. 分位数回归下的因果关系检验 [J]. 统计与信息论坛, 2018, 33 (3): 10-16.

[96] 白雪梅, 李莹. 教育对中国居民收入的影响分析——基于分位数回归和收入分布的考察 [J]. 财经问题研究, 2014 (4): 11-18.

[97] 袁振国. 教育政策学 [M]. 南京: 江苏教育出版社, 1996: 1.

[98] 袁振国. 决策者的研究意识与研究者的政策意识 [J]. 国家高级教育行政学院学报, 2001 (1): 13-17.

[99] 于慧. 我国教育督导工作专业化探析 [J]. 教育发展研究, 2009, 28 (Z2): 16-19.

[100] 袁梦, 程莉, 党晶晶, 时愈. 基于BP神经网络的数字调制信号样式识别 [J]. 计算机与数字工程, 2019, 47 (8): 2075-2079+2089.

［101］姚相全等. 高校教师对教学督导的认识与期望的调查研究［J］. 教育研究与实验，2011（5）：39-41.

［102］严学丰等. 教学督导成果汇编［M］. 上海：上海财经大学出版社，2007.

［103］叶黔元. 教学相长——上海理工大学本科教学督导文集［M］. 上海：文汇出版社，2012.

［104］杨玉萍. 健康的收入效应——基于分位数回归的研究［J］. 财经科学，2014（4）：108-118.

［105］左飚. 教海导航：教学督导文集［M］. 上海：华东师范大学出版社，2004：10.

［106］赵正斌. 论企业领导者的政策意识［J］. 理论与改革，1993（5）：56-57.

［107］郑家茂. 东南大学本科教学督导创新18年［M］. 南京：东南大学出版社，2008：4.

［108］张勤. 普通高校教学督导现状与联盟问题探讨——基于杭州下沙高教园区的调查分析［J］. 高等工程教育研究，2012（3）：158-161.

［109］张勤. 高校教学督导联盟组织的实践与发展趋向［J］. 教育研究，2014，35（1）：154-158.

［110］张勤. 高校教学督导联盟：内涵、动因及路径［J］. 教育发展研究，2012，32（3）：50-53.

［111］张勤. 探索大学城高校区域教学督导联盟［J］. 中国高教研究，2010（6）：92-93.

［112］张勤，汤俊雅. 创新高教第三方评价体系的路径探析——基于高校教学督导联盟组织转型的思考［J］. 教育发展研究，2018，38（3）：38-43.

［113］张菊清，聂建亮，杨淑靖. 基于BP神经网络的地图数字化误

差纠正 [J]. 测绘科学, 2008 (3): 107-109.

[114] 朱继洲. 高等学校教学督导的作用和定位 [J]. 江苏高教, 2005 (1): 62-64.

[115] 朱安达, 张永令. 试论教学督导的作用及组织形式 [J]. 上海海运学院学报, 1995 (3): 118-121.

[116] 朱喜, 李子奈. 农户借贷的经济影响: 基于 IVQR 模型的实证研究 [J]. 系统工程理论与实践, 2007, 27 (2): 68-75.

[117] 朱平芳, 邸俊鹏. 无条件分位数处理效应方法及其应用 [J]. 数量经济技术经济研究, 2017, 34 (2): 139-155.

[118] 朱平芳, 张征宇. 无条件分位数回归: 文献综述与应用实例 [J]. 统计研究, 2012, 29 (3): 88-96.

后 记

时间总是不够用！相信不少教师和我一样，当全身心投入到研究和教学工作中时，都会有这样的感受。每天的生活都是"三点一线"：家、食堂、办公室，每天来去匆匆，头发长了是不会在意的，穿着不合时宜也不会花费心思，在食堂就餐最节约时间，但还是感到时间不够用，因为要学习的东西实在太多了。

我是20世纪80年代的大学生，于1990年本科毕业，学的是教育学专业。本科阶段开设课程较多，我当时用心学过高等数学、心理测量、教育统计、教育经济学、教育社会学、计算机语言、电化教育等课程，各门课程考试成绩都不错，因而担任过班级学习委员和教育系学生会学习部长，获得过专业一等奖学金、三好学生和学习优秀单项奖。由于我国教育学过去对实证研究不够重视，研究方法以哲学思辨为主，学过的量化知识被用到的机会不多。再次接触量化类课程是在20世纪90年代末，当时我在华东师大攻读硕士学位，开始接触教育评价学，从此与这门学科结下不解之缘。教育评价学作为教育学的分支学科，有自身的理论体系和量化技术，但要为广大教师教学工作实践服务，因此在教学和研究实践中主要采用传统的统计分析方法。从国际上看，20世纪60年代以来，教育评价领域出现了由传统的强调测量学模式或量化研究模式向关注所谓的社会学模式发展的趋势。这种局面近年来发生了很大变化。随着数学、统计学、计算机科学和社会科学领域量化应用方法和技术的快速发展，教育评价研究包括

后　记

考试研究开始出现所谓的回归浪潮，高级量化方法和技术不断引入。与此同时，我国教育学研究在华东师范大学和有关院校有影响力的学者的推动下，开始了实证研究的转向。这时候，我已不再年轻。我本科毕业工作时不到22周岁，随后辗转多个单位，还有过2年在地方教育局教研室工作的经历，但一直在师范院校和教育研究部门从事教育学教学和研究工作。那时，每到一个单位，都属于年轻人。随着时光流逝，不知不觉已年华老去。

对照快速发展的时代要求，我们这一代人确实先天不足，很多东西要与年轻人一起学。但是我们这一代人也有自己的优势，其中一个很大的优势在于，我们有更多机会接触老一辈学者，和他们朝夕相处，耳濡目染，受他们的影响很大。我接触到的一些老师辈的学者都有那种让人高山仰止的学者风骨，他们生活简朴、品行高洁，重信守诺、待人真诚，勤奋刻苦、一心向学，尤其是做任何事都要实事求是，这一点对我影响很大。我虽然离退休不到10年，但应该像老一辈学者那样，不到退休不放弃。多年来，我一直努力和年轻人同步追踪量化研究方法的新进展，本书是我的阶段性研究成果，期待能给有需要的读者提供一些研究线索。由于时间和精力有限，其中有不少遗憾，甚至可能有错漏之处，敬请批评指正。

童康

（2021年5月27日于华东师范大学丽娃河畔）

致　谢

本书由 2016 年度教育部人文社会科学研究一般项目"我国高校内部教学督导制度建设的现状和效果的实证研究"（16YJA880040）经费资助，首先向批准该课题立项的有关机构和专家表示感谢。

同时，感谢华东师范大学人文与社会科学研究院在课题管理方面所做的辛勤工作和指导。我所在的华东师范大学教育学部和高等教育研究所，一直重视为教师科研工作提供良好的环境，在此表示感谢。

感谢上海四所国家重点建设的研究型大学的有关领导和专家对调研工作的支持和帮助，出于免于打扰的考虑，没有在此一一列出他（她）们的姓名，但感激之情永记于心！感谢我的硕士毕业生袁倩、陈旺在专家访谈和现场发放问卷上提供的帮助。

感谢多年来一直给予包容、关心和帮助的国内外恩师、学长、学友和诸位同事，感谢我的学生和家人，你们永远是我工作、学习的动力。本书参考的国内外研究文献已列在书后，感谢诸位专家的启迪！

特别感谢经济管理出版社的诸位编辑，谢谢你们为本书的出版所付出的时间和精力。